漢書

漢蘭臺令史 班固 撰
唐祕書少監 顏師古 注

第十册

卷七一至卷八四（傳四）

中華書局

漢書卷七十一

雋疏于薛平彭傳第四十一

雋不疑字曼倩，勃海人也。〔一〕治春秋，爲郡文學，進退必以禮，名聞州郡。

〔一〕師古曰：「雋音字兗反，又辭兗反。」

武帝末，郡國盜賊羣起，暴勝之爲直指使者，衣繡衣，持斧，逐捕盜賊，督課郡國，〔二〕東至海，以軍興誅不從命者，〔三〕威振州郡。勝之素聞不疑賢，至勃海，遣吏請與相見。不疑冠進賢冠，帶櫑具劍，〔三〕佩環玦，〔四〕褒衣博帶，〔五〕盛服至門上謁。〔六〕門下欲使解劍，不疑曰：「劍者君子武備，所以衞身，不可解。請退。」吏白勝之。勝之開閤延請，望見不疑容貌尊嚴，衣冠甚偉，勝之躧履起迎。〔七〕登堂坐定，不疑據地曰：「竊伏海瀕，聞暴公子威名舊矣，〔八〕今乃承顏接辭。凡爲吏，太剛則折，太柔則廢，威行施之以恩，然後樹功揚名，永終天祿。」〔九〕勝之知不疑非庸人，〔一〇〕敬納其戒，深接以禮意，問當世所施行。門下諸從事皆州郡選吏，〔一一〕側聽不疑，莫不驚駭。至昏夜，罷去。勝之遂表薦不疑，徵詣公車，拜爲青州刺史。

〔一〕師古曰：「督謂察視之。」

〔二〕師古曰：「有所追捕及行誅罰，皆依興軍之制。」

〔三〕應劭曰：「櫑具，木摽首之劍，櫑落壯大也。」晉灼曰：「古長劍首以玉作井鹿盧形，上刻木作山形，如蓮花初生未敷時。今大劍木首，其狀似此。」師古曰：「晉說是也。櫑音磊。摽音匹遙反。」

〔四〕師古曰：「環，玉環也。玦即玉佩之玦也。帶環而又著玉佩也。禮記曰『孔子佩象環』也。」

〔五〕師古曰：「褒，大裾也。言着褒大之衣，廣博之帶也。而說者乃以爲朝服垂褒之衣，非也。」

〔六〕師古曰：「上謁，若今通名也。」

〔七〕文穎曰：「躧音纚。」師古曰：「履不著跟曰躧。躧謂納履未正，曳之而行，言其遽也。躧音山爾反。」

〔八〕師古曰：「瀕，厓也。公子，勝之字也。舊，久也。瀕音頻，又音賓。」

〔九〕師古曰：「樹，立也。」

〔一〇〕師古曰：「庸，常也。」

〔一一〕師古曰：「選州郡吏之最者乃得爲從事。」

久之，武帝崩，昭帝即位，而齊孝王孫劉澤交結郡國豪傑謀反，欲先殺青州刺史。不疑發覺，收捕，皆伏其辜。擢爲京兆尹，賜錢百萬。京師吏民敬其威信。每行縣錄囚徒還，〔一〕其母輒問不疑：「有所平反，活幾何人？」〔二〕即不疑多有所平反，母喜笑，爲飲食語言異於他時；或亡所出，母怒，爲之不食。故不疑爲吏，嚴而不殘。

〔一〕師古曰：「省錄之，知其情狀有寃滯與不也。今云慮囚，本錄聲之去者耳，音力具反。而近俗不曉其意，訛其文遂爲思慮之慮，失其源矣。行音下更反。」

〔二〕如淳曰：「反音幡。幡，奏使從輕也。」師古曰：「幾音居起反。」

始元五年，有一男子乘黃犢車，建黃旐，〔一〕衣黃襜褕，著黃冒，〔二〕詣北闕，自謂衛太子。〔三〕公車以聞，〔四〕詔使公卿將軍中二千石雜識視。〔五〕長安中吏民聚觀者數萬人。右將軍勒兵闕下，以備非常。丞相御史中二千石至者(立)〔並〕莫敢發言。京兆尹不疑後到，叱從吏收縛。或曰：「是非未可知，且安之。」〔六〕不疑曰：「諸君何患於衛太子！昔蒯聵違命出奔，輒距而不納，春秋是之。〔七〕衛太子得罪先帝，亡不卽死，今來自詣，此罪人也。」遂送詔獄。

〔一〕師古曰：「旐，旌旗之屬，畫龜蛇曰旐。」

〔二〕師古曰：「襜褕，直裾襌衣。襜音昌瞻反。褕音踰。冒所以覆冒其首，卽今之下裙冒也。」

〔三〕師古曰：「戾太子。」

〔四〕師古曰：「公車，主受章奏者。」

〔五〕師古曰：「雜，共也。有素識之者，令視知其是非也。」

〔六〕師古曰：「安猶徐也。」

〔七〕師古曰：「蒯聵，衞靈公太子。輒，蒯聵子也。蒯聵得罪於靈公而出奔晉。及靈公卒，使輒嗣位，而晉趙鞅納蒯聵於戚，欲求入衞。魯哀公三年春，齊國夏、衞石曼姑帥師圍戚。公羊傳曰：『曼姑受命於靈公而立輒，曼姑之義固可以距蒯聵也。輒之義可以立乎？曰可。柰何不以父命辭王父命也。』」

天子與大將軍霍光聞而嘉之，曰：「公卿大臣當用經術明於大誼。」繇是名聲重於朝廷，〔一〕在位者皆自以不及也。大將軍光欲以女妻之，不疑固辭，不肯當。久之，以病免，終於家。京師紀之。後趙廣漢爲京兆尹，言「我禁姦止邪，行於吏民，至於朝廷事，不及不疑遠甚。」廷尉驗治何人，竟得姦詐。〔二〕本夏陽人，姓成名方遂，居湖，〔三〕以卜筮爲事。有故太子舍人嘗從方遂卜，謂曰：「子狀貌甚似衞太子。」方遂心利其言，幾得以富貴，〔四〕即詐自稱詣闕。廷尉逮召鄉里識知者張宗祿等，方遂坐誣罔不道，要斬東市。一〔云〕姓張名延年。〔五〕

〔一〕師古曰：「繇讀與由同。」
〔二〕師古曰：「凡不知姓名及所從來者，皆曰何人。他皆類此。」
〔三〕師古曰：「湖，縣名。」
〔四〕師古曰：「幾讀曰冀。」
〔五〕師古曰：「故昭紀謂之張延年。」

疏廣字仲翁，東海蘭陵人也。少好學，明春秋，家居教授，學者自遠方至。徵爲博士太中大夫。地節三年，立皇太子，選丙吉爲太傅，廣爲少傅。數月，吉遷御史大夫，廣徙爲太傅，廣兄子受字公子，亦以賢良舉爲太子家令。受好禮恭謹，敏而有辭。〔一〕宣帝幸太子宮，受迎謁應對，及置酒宴，奉觴上壽，辭禮閑雅，上甚讙說。〔二〕頃之，拜受爲少傅。

〔一〕師古曰：「敏謂所見捷利。」

〔二〕師古曰：「說讀曰悅。」

太子外祖父特進平恩侯許伯以爲太子少，白使其弟中郎將舜監護太子家。上以問廣，廣對曰：「太子國儲副君，師友必於天下英俊，不宜獨親外家許氏。且太子自有太傅少傅，官屬已備，今復使舜護太子家，視陋，非所以廣太子德於天下也。」〔一〕上善其言，以語丞相魏相，相免冠謝曰：「此非臣等所能及。」廣繇是見器重，數受賞賜。〔二〕太子每朝，因進見，太傅在前，少傅在後。父子並爲師傅，朝廷以爲榮。

〔一〕師古曰：「視讀曰示。言獨親外家，示天下以淺陋。」

〔二〕師古曰：「繇讀與由同。」

在位五歲，皇太子年十二，通論語、孝經。廣謂受曰：「吾聞『知足不辱，知止不殆』，『功遂身退，天之道』也。〔一〕今仕(宦)〔官〕至二千石，宦成名立，如此不去，懼有後悔，豈如父子相隨出關，歸老故鄉，以壽命終，不亦善乎？」受叩頭曰：「從大人議。」卽日父子俱移病。〔二〕滿三月賜告，廣遂稱篤，上疏乞骸骨。上以其年篤老，皆許之，加賜黃金二十斤，皇太子贈以五十斤。公卿大夫故人邑子設祖道，供張東都門外，〔三〕送者車數百兩，辭決而去。及道路觀者皆曰：「賢哉二大夫！」或歎息爲之下泣。

〔一〕師古曰：「此皆老子之言，廣引之。殆，危也。遂，成也。」

〔二〕師古曰：「移病卽移書言病也。一曰以病而移居。」

〔三〕蘇林曰：「長安東郭門也。」師古曰：「祖道，餞行也，解在景十三王及劉屈氂傳。供音居共反。張音竹亮反。」

廣既歸鄉里，日令家共具設酒食，〔一〕請族人故舊賓客，與相娛樂。數問其家金餘尚有幾所，趣賣以共具。〔二〕居歲餘，廣子孫竊謂其昆弟老人廣所愛信者曰：「子孫幾及君時頗立產業基阯，〔三〕今日飲食(廢)〔費〕且盡。宜從丈人所，勸說君買田宅。」〔四〕老人卽以閒暇時爲廣言此計，〔五〕廣曰：「吾豈老誖不念子孫哉？〔六〕顧自有舊田廬，〔七〕令子孫勤力其中，足以共衣食，與凡人齊。今復增益之以爲贏餘，但教子孫怠墯耳。賢而多財，則損其志；愚而多財，則益其過。且夫富者，衆人之怨也；吾既亡以教化子孫，不欲益其過而生怨。又此金者，聖主所以惠養老臣也，故樂與鄉黨宗族共饗其賜，以盡吾餘日，不亦可乎！」於是族人說服。〔八〕皆以壽終。

〔一〕師古曰：「日日設之也。共讀曰供。其他類此。」

〔二〕師古曰：「幾所猶言幾許也。趣讀曰促。」

〔三〕師古曰：「幾讀曰冀。」

〔四〕鄧展曰：「宜令意自從丈人所出，無泄吾言也。」師古曰：「丈人，莊嚴之稱也，故親而老者皆稱焉。」

〔五〕師古曰：「閒卽閑字也。」

〔六〕師古曰：「誖，惑也，音布內反。」

〔七〕師古曰：「顧，思念也。」

〔八〕師古曰：「說讀曰悅。」

于定國字曼倩，東海郯人也。〔一〕其父于公爲縣獄史，郡決曹，決獄平，羅文法者于公所決皆不恨。〔二〕郡中爲之生立祠，號曰于公祠。

〔一〕師古曰：「郯音談。」

〔二〕師古曰：「羅，罹也，遭也。」

東海有孝婦，少寡，亡子，養姑甚謹，姑欲嫁之，終不肯。姑謂鄰人曰：「孝婦事我勤苦，哀其亡子守寡。我老，久絫丁壯，柰何？」〔一〕其後姑自經死，〔二〕姑女告吏：「婦殺我母。」吏捕孝婦，孝婦辭不殺姑。吏驗治，孝婦自誣服。具獄上府，〔三〕于公以爲此婦養姑十餘年，以孝聞，必不殺也。太守不聽，于公爭之，弗能得，乃抱其具獄，哭於府上，〔四〕因辭疾去。太守竟論殺孝婦。郡中枯旱三年。後太守至，卜筮其故，于公曰：「孝婦不當死，前太守彊斷之，咎黨在是乎？」〔五〕於是太守殺牛自祭孝婦冢，因表其墓，天立大雨，歲孰。郡中以此大敬重于公。

〔一〕師古曰：「絫，古累字也，音力瑞反。」
〔二〕師古曰：「不欲累婦，故自殺。」
〔三〕師古曰：「府，郡之曹府也。上音時掌反。」
〔四〕師古曰：「具獄者，獄案已成，其文備具也。」
〔五〕師古曰：「黨音他朗反。」

定國少學法于父，父死，後定國亦爲獄史，郡決曹，補廷尉史，以選與御史中丞從事治反者獄，以材高舉侍御史，遷御史中丞。會昭帝崩，昌邑王徵即位，行淫亂，定國上書諫。後王廢，宣帝立，大將軍光領尚書事，條奏羣臣諫昌邑王者皆超遷。定國繇是爲光祿大夫，〔一〕平尚書事，甚見任用。數年，遷水衡都尉，超爲廷尉。

〔一〕師古曰：「繇與由同。」

定國乃迎師學春秋，身執經，北面備弟子禮。爲人謙恭，尤重經術士，雖卑賤徒步往過，定國皆與鈞禮，〔一〕恩敬甚備，學士咸(聲)〔稱〕焉。其決疑平法，務在哀鰥寡，罪疑從輕，加審慎之心。朝廷稱之曰：「張釋之爲廷尉，天下無冤民；〔二〕于定國爲廷尉，民自以不冤。」〔三〕定國食酒至數石不亂，〔四〕冬月請治讞，飲酒益精明。〔五〕爲廷尉十八歲，遷御史大夫。

〔一〕師古曰：「鈞禮猶言亢禮。」

〔二〕師古曰：「言決罪皆當。」

〔三〕師古曰：「言知其寬平，皆無冤枉之慮。」

〔四〕如淳曰：「食酒猶言喜酒也。」師古曰：「若依如氏之說，食字當音嗜，此說非也。下敍定國子永乃言嗜酒耳。食酒者，謂能多飲，費盡其酒，猶云食言焉。今流俗書本輒改食字作飲字，失其眞也。」

〔五〕師古曰：「讞，平議也，音魚列反。」

甘露中，代黃霸爲丞相，封西平侯。三年，宣帝崩，元帝立，以定國任職舊臣，敬重之。時陳萬年爲御史大夫，與定國並位八年，論議無所拂。〔一〕後貢禹代爲御史大夫，數處駁議，〔二〕定國明習政事，率常丞相議可。〔三〕然上始即位，關東連年被災害，民流入關，言事者歸咎於大臣。〔四〕上於是數以朝日引見丞相、御史，〔五〕入受詔，條責以職事，曰：「惡吏負賊，妄意良民，〔六〕至亡辜死。或盜賊發，吏不亟追而反繫亡家，〔七〕後不敢復告，以故寖廣。〔八〕民多冤結，州郡不理，連上書者交於闕廷。二千石選舉不實，是以在位多不任職。〔九〕民田有災害，吏不肯除，收趣其租，以故重困。〔一〇〕關東流民飢寒疾疫，已詔吏轉漕，虛倉廩開府臧相振救，賜寒者衣，至春猶恐不贍。〔一一〕今丞相、御史將欲何施以塞此咎？〔一二〕悉意條狀，陳朕過失。」〔一三〕定國上書謝罪。

〔一〕師古曰：「言不相違戾也。拂音佛。」
〔二〕師古曰：「言與定國不同。」
〔三〕師古曰：「（言事者）〔天子皆〕可定國所言。」
〔四〕師古曰：「言事者謂上書陳事也。」
〔五〕師古曰：「五日一聽朝，故云朝日也。」
〔六〕師古曰：「賊發不得，恐負其殿，故妄疑善人，致其罪也。」
〔七〕師古曰：「亟，急也。不急追賊，反禁繫失物之家。」
〔八〕師古曰：「寖，漸也。」
〔九〕師古曰：「謂令長丞尉。」
〔一〇〕師古曰：「趣讀曰促。重音直用反。」
〔一一〕師古曰：「贍，足也。」
〔一二〕師古曰：「塞，補也。」
〔一三〕師古曰：「悉，盡也。」

永光元年，春霜夏寒，日青亡光，上復以詔條責曰：「郎有從東方來者，言民父子相棄。〔一〕丞相、御史案事之吏匿不言邪？將從東方來者加增之也？何以錯繆至是？〔二〕欲知其實。方今年歲未可預知也，卽有水旱，其憂不細。公卿有可以防其未然，救其已然者不？各以誠對，〔三〕毋有所諱。」定國惶恐，上書自劾，歸侯印，乞骸骨。上報曰：「君相朕躬，不敢怠息，〔四〕萬方之事，大錄于君。〔五〕能毋過者，其唯聖人。方今承周秦之敝，俗化陵夷，〔六〕民寡禮誼，陰陽不調，災咎之發，不爲一端而作，自聖人推類以記，不敢專也，況於非聖者乎！〔七〕日夜惟思所以，未能盡明。〔八〕經曰：『萬方有罪，罪在朕躬。』〔九〕君雖任職，何必顓焉？〔一〇〕其勉察郡國守相（郡）〔羣〕牧，非其人者毋令久賊民。永執綱紀，務悉聰明，彊食愼疾。」〔一一〕定國遂稱篤，固辭。上乃賜安車駟馬、黃金六十斤，罷就第。數歲，七十餘薨，謚曰安侯。

〔一〕師古曰：「以遭飢饉不能相養。」

〔二〕師古曰：「錯，互也。繆，違也。謂吏及東方人言不相同也。」

〔三〕師古曰：「言能防救已不，宜各以實對。」

〔四〕師古曰：「息謂自休息。」

〔五〕師古曰：「大錄，總錄也。」

〔六〕師古曰：「言頹替也。」

〔七〕師古曰：「非聖者謂常人。」

〔八〕師古曰：「所以，所由也。言何由致此災。」
〔九〕師古曰：「此論語堯曰篇載殷湯伐桀告天之辭。」
〔一〇〕師古曰：「顓與專同。事不專由君也。」
〔一一〕師古曰：「悉，盡也。」

子永嗣。少時，耆酒多過失，〔一〕年且三十，乃折節修行，以父任爲侍中中郎將、長水校尉。定國死，居喪如禮，孝行聞。由是以列侯爲散騎光祿勳，至御史大夫。尚館陶公主施。施者，宣帝長女，成帝姑也，賢有行，永以選尚焉。上方欲相之，會永薨。子恬嗣。恬不肖，薄於行。

〔一〕師古曰：「耆讀曰嗜。」

始定國父于公，其閭門壞，父老方共治之。〔一〕于公謂曰：「少高大閭門，令容駟馬高蓋車。我治獄多陰德，未嘗有所冤，子孫必有興者。」至定國爲丞相，永爲御史大夫，封侯傳世云。

〔一〕師古曰：「閭門，里門也。」

薛廣德字長卿，沛郡相人也。以魯詩教授楚國，龔勝、舍師事焉。蕭望之爲御史大夫，除廣德爲屬，數與論議，器之，〔一〕薦廣德經行宜充本朝。〔二〕爲博士，論石渠，〔三〕遷諫大夫，代貢禹爲長信少府、御史大夫。

〔一〕師古曰：「以爲大器也。」

〔二〕師古曰：「經明行修，宜於本朝任職也。」

〔三〕張晏曰：「石渠，閣名也。」

廣德爲人溫雅有醖藉。〔一〕及爲三公，直言諫爭。始拜旬日間，上幸甘泉，郊泰畤，禮畢，因留射獵。廣德上書曰：「竊見關東困極，人民流離。陛下日撞亡秦之鐘，聽鄭衞之樂，〔二〕臣誠悼之。今士卒暴露，從官勞倦，願陛下亟反宮，〔三〕思與百姓同憂樂，天下幸甚。」上卽日還。其秋，上酎祭宗廟，出便門，〔四〕欲御樓船，廣德當乘輿車，免冠頓首曰：「宜從橋。」詔曰：「大夫冠。」廣德曰：「陛下不聽臣，臣自刎，以血汙車輪，陛下不得入廟矣！」〔五〕上不說。〔六〕先敺光祿大夫張猛進曰：〔七〕「臣聞主聖臣直。乘船危，就橋安，聖主不乘危。御史大夫言可聽。」上曰：「曉人不當如是邪！」〔八〕乃從橋。

〔一〕服虔曰：「寬博有餘也。」師古曰：「醖言如醖釀也。藉，有所薦藉也。醖音於問反。藉，才夜反。」

〔二〕師古曰：「撞音丈江反。」

〔三〕師古曰：「亟，急也。」

〔四〕師古曰：「長安城南面西頭第一門。」

〔五〕師古曰：「言不以理，終不得立廟也。一曰以見死傷，犯於齊絜，不得入廟祠也。」
〔六〕師古曰：「說讀曰悅。」
〔七〕師古曰：「先敺，導乘輿也。敺與驅同。猛，張騫之孫。」
〔八〕師古曰：「謂諫爭之言，當如猛之詳善也。」

後月餘，以歲惡民流，〔一〕與丞相定國、大司馬車騎將軍史高俱乞骸骨，皆賜安車駟馬、黃金六十斤，罷。廣德為御史大夫，凡十月免。東歸沛，太守迎之界上。沛以為榮，縣其安車傳子孫。〔二〕

〔一〕師古曰：「歲惡，年穀不熟也。」
〔二〕師古曰：「縣其所賜安車以示榮也。致仕縣車，蓋亦古法。韋孟詩云『縣車之義，以洎小臣』也。」

平當字子思，祖父以訾百萬，自下邑徙平陵。〔一〕當少為大行治禮丞，功次補大鴻臚文學，察廉為順陽長，栒邑令，〔二〕以明經為博士，公卿薦當論議通明，給事中。每有災異，當輒傅經術，言得失。〔三〕文雅雖不能及蕭望之、匡衡，然指意略同。

〔一〕師古曰：「下邑，梁國之縣也。」
〔二〕師古曰：「栒音詢。」
〔三〕師古曰：「傅讀曰附。」

自元帝時，韋玄成爲丞相，奏罷太上皇寢廟園，當上書言：「臣聞孔子曰：『如有王者，必世而後仁。』〔一〕三十年之間，道德和洽，制禮興樂，災害不生，禍亂不作。今聖漢受命而王，繼體承業二百餘年，孜孜不怠，政令清矣。然風俗未和，陰陽未調，災害數見，意者大本有不立與？〔二〕何德化休徵不應之久也！禍福不虛，必有因而至者焉。宜深迹其道而務修其本。〔三〕昔者帝堯南面而治，先『克明俊德，以親九族』，而化及萬國。〔四〕孝經曰：『天地之性人爲貴，人之行莫大於孝，孝莫大於嚴父，嚴父莫大於配天，則周公其人也。』〔五〕夫孝子善述人之志，周公既成文武之業而制作禮樂，修嚴父配天之事，知文王不欲以子臨父，故推而序之，上極於后稷而以配天。〔六〕此聖人之德，亡以加於孝也。高皇帝聖德受命，有天下，尊太上皇，猶周文武之追王太王、王季也。此漢之始祖，後嗣所宜尊奉以廣盛德，孝之至也。書云：『正稽古建功立事，可以永年，傳於亡窮。』」〔七〕上納其言，下詔復太上皇寢廟園。

〔一〕師古曰：「論語載孔子之言也。言治天下者，三十年然後仁道成著也。」

〔二〕師古曰：「與讀曰歟。」

〔三〕師古曰：「迹謂求其蹤迹也。」

〔四〕師古曰：「虞書堯典序堯之德曰：『克明俊德，以親九族。九族既睦，平章百姓。百姓昭明，協和萬邦。』故云然也。」

〔五〕師古曰：「言嚴謂尊嚴。」

〔六〕師古曰：「言文王始受命，宜爲周之始祖。乃追王太王、王季，以及后稷，是不以卑臨尊。」

〔七〕師古曰：「今文泰誓之辭。言能正考古道以立功立事，則可長年享國。」

頃之，使行流民幽州，〔一〕舉奏刺史二千石勞倈有意者，〔二〕言勃海鹽池可且勿禁，以救民急。〔三〕所過見稱，奉使者十一人爲最，遷丞相司直。坐法，左遷朔方刺史，〔四〕復徵入爲太中大夫給事中，絫遷長信少府、大鴻臚、光祿勳。〔五〕

〔一〕師古曰：「行音下更反。」

〔二〕師古曰：「勞倈謂勸勉也。勞者，恤其勤勞也。倈者，以恩招倈也。勞音盧到反。倈音盧代反。」

〔三〕師古曰：「恣民煮鹽，官不專也。」

〔四〕師古曰：「武帝初置朔方郡，別令刺史監之，不在十三州之限。」

〔五〕師古曰：「絫，古累字。」

先是太后姊子衞尉淳于長白言昌陵不可成，下有司議。當以爲作治連年，可遂就。〔一〕上既罷昌陵，以長首建忠策，復下公卿議封長。當又以爲長雖有善言，不應封爵之科。坐前議不正，左遷鉅鹿太守。〔二〕後上遂封長。當以經明禹貢，使行河，〔三〕爲騎都尉，領河隄。

〔一〕師古曰：「就亦成也。」

〔二〕師古曰：「前議謂罷昌陵。」

〔三〕師古曰：「尙書禹貢載禹治水次第，山川高下，當明此經，故使行河也。行音下更反。」

哀帝卽位，徵當爲光祿大夫諸吏散騎，復爲光祿勳，御史大夫，至丞相。以冬月，賜爵關內侯。明年春，上使使者召，欲封當。〔一〕當病篤，不應召。室家或謂當：「不可強起受侯印爲子孫邪？」當曰：「吾居大位，已負素餐之責矣，起受侯印，還臥而死，死有餘罪。今不起者，所以爲子孫也。」遂上書乞骸骨。上報曰：「朕選於衆，以君爲相，視事日寡，輔政未久，陰陽不調，冬無大雪，旱氣爲災，朕之不德，何必君罪？君何疑而上書乞骸骨，歸關內侯爵邑？使尙書令譚賜君養牛一，上尊酒十石。〔二〕君其勉致醫藥以自持。」後月餘，卒。子晏以明經歷位大司徒，封防鄉侯。漢興，唯韋、平父子至宰相。〔三〕

〔一〕如淳曰：「漢儀注御史大夫爲丞相，更春乃封，故先賜爵關內侯。」李奇曰：「（一）以冬月非封侯時，故且先賜爵關內侯也。」師古曰：「李說是也。」

〔二〕如淳曰：「律，稻米一斗得酒一斗爲上尊，稷米一斗得酒一斗爲中尊，粟米一斗得酒一斗爲下尊。」師古曰：「稷卽粟也。中尊者宜爲黍米，不當言稷。且作酒自有澆醇之異爲上中下耳，非必繫之米。」

〔三〕師古曰：「韋謂韋賢也。」

彭宣字子佩，淮陽陽夏人也。〔一〕治易，事張禹，舉爲博士，遷東平太傅。禹以帝師見尊信，薦宣經明有威重，可任政事，繇是入爲右扶風，〔二〕遷廷尉，以王國人出爲太原太守。〔三〕

數年，復入爲大司農、光祿勳、右將軍。哀帝卽位，徙爲左將軍。歲餘，上欲令丁、傅處爪牙官，乃策宣曰：「有司數奏言諸侯國人不得宿衞，將軍不宜典兵馬，處大位。朕唯將軍任漢將之重，而子又前取淮陽王女，婚姻不絕，非國之制。使光祿大夫曼賜將軍黃金五十斤、安車駟馬，其上左將軍印綬，以關內侯歸家。」

〔一〕師古曰：「夏音假。」

〔二〕師古曰：「繇讀與由同。」

〔三〕李奇曰：「初，漢制王國人不得在京師。」

宣罷數歲，諫大夫鮑宣數薦宣。會元壽元年正月朔日蝕，鮑宣復(上言)〔言，上〕乃召宣爲光祿大夫，遷御史大夫，轉爲大司空，封長平侯。

會哀帝崩，新都侯王莽爲大司馬，秉政專權。宣上書言：「三公鼎足承君，一足不任，則覆亂美實。〔一〕臣資性淺薄，年齒老眊，〔二〕數伏疾病，昏亂遺忘，願上大司空、長平侯印綬，乞骸骨歸鄉里，竢寘溝壑。」〔三〕莽白太后，策宣曰：「惟君視事日寡，功德未效，迫于老眊昏亂，非所以輔國家，綏海內也。使光祿勳豐册詔君，其上大司空印綬，便就國。」莽恨宣求退，故不賜黃金安車駟馬。宣居國數年，薨，謚曰頃侯。傳子至孫，王莽敗，乃絕。

〔一〕師古曰：「美實謂鼎中之實也。易鼎卦九四爻辭曰：『鼎折足，覆公餗。』餗，食也。故宣引以爲言。覆音芳目反。」
〔二〕師古曰：「眊與耄同。」
〔三〕師古曰：「竢，古俟字。」

贊曰：雋不疑學以從政，臨事不惑，遂立名迹，終始可述。疏廣行止足之計，免辱殆之絫，〔一〕亦其次也。于定國父子哀鰥哲獄，爲任職臣。〔二〕薛廣德保縣車之榮，平當逡遁有恥，彭宣見險而止，〔三〕異乎「苟患失之」者矣。〔四〕

〔一〕師古曰：「絫音力瑞反。」
〔二〕應劭曰：「哲，智也。」鄭氏曰：「當言折獄。」師古曰：「哀鰥，哀恤鰥寡也。哲獄，知獄情也。」
〔三〕師古曰：「遁讀與巡同。」
〔四〕師古曰：「論語稱孔子曰：『鄙夫不可與事君。其未得之，患得之；既得之，患失之。苟患失之，無所不至矣。』謂其患於失位而爲傾邪也。贊言當、宣二人立操有異於此矣。」

校勘記

三〇三七頁七行　丞相御史中二千石至者(立)〔並〕莫敢發言。　各本都作「立」。王念孫說「立」當爲「並」。王先謙說通鑑亦作「並」。

三〇三八頁九行　一〔云〕姓張名延年。　王念孫說「一」下本有「云」字，漢紀正作「一云姓張名延年」。

三〇三九頁一五行　今仕(宦)〔官〕至二千石，景祐、殿本都作「官」。

三〇四〇頁一〇行　今日飲食(廢)〔費〕且盡。景祐、殿本都作「費」。王先謙說作「費」是。

三〇四三頁一行　學士咸(聲)〔稱〕焉。錢大昭說「聲」當作「稱」。按景祐、殿本都作「稱」。

三〇四四頁五行　(言事者)〔天子皆〕可定國所言。景祐、殿本都作「天子皆」。王先謙說此涉下「言事者」而誤。

三〇四五頁七行　其勉察郡國守相(郡)〔羣〕牧，景祐、殿本都作「羣」。王先謙說作「羣」是。

三〇五一頁八行　(一)以冬月非封侯時，景祐、殿、局本無「一」字。

三〇五二頁八行　鮑宣復(上言)〔言，上〕乃召宣爲光祿大夫，景祐、殿本都作「言上」。王先謙說「上」屬下讀。

漢書卷七十二

王貢兩龔鮑傳第四十二

昔武王伐紂，遷九鼎於雒邑，〔一〕伯夷、叔齊薄之，〔二〕餓〔死〕于首陽，不食其祿，〔三〕周猶稱盛德焉。然孔子賢此二人，以爲「不降其志，不辱其身」也。〔四〕而孟子亦云：「聞伯夷之風者，貪夫廉，懦夫有立志；」〔五〕「奮乎百世之上，（行乎）百世之下莫不興起，非賢人而能若是乎！」

〔一〕師古曰：「九鼎，卽夏禹所鑄者也。遷謂從紂都遷之以來。春秋左氏傳曰：『夏之方有德也，遠方圖物，貢金九牧以鑄鼎象物。桀有昏德，鼎遷于商，載祀六百。商紂暴虐，鼎遷于周。』」

〔二〕師古曰：「夷、齊以武王父死不葬而用干戈爲不孝，以臣伐君爲不忠。」

〔三〕師古曰：「馬融云首陽山在河東蒲阪華山之北，河曲之中。高誘則云在雒陽東北。阮籍詠懷詩亦以爲然。今此二山並有夷齊祠耳。而曹大家注幽通賦云隴西首陽縣是也。今隴西亦有首陽山。許愼又云首陽山在遼西。諸說不同，致有疑惑，而伯夷歌云『登彼西山』，則當隴西者近爲是也。」

〔四〕師古曰：「事見論語。」

〔三〕師古曰：「懦，柔弱也，音乃喚反，又音儒。」

漢興有園公、綺里季、夏黃公、甪里先生，〔一〕此四人者，當秦之世，避而入商雒深山，〔二〕以待天下之定也。自高祖聞而召之，不至。其後呂后用留侯計，使皇太子卑辭束帛致禮，安車迎而致之。四人既至，從太子見，高祖客而敬焉，太子得以爲重，遂用自安。語在留侯傳。

〔一〕師古曰：「四皓稱號，本起於此，更無姓名可稱知。此蓋隱居之人，匿跡遠害，不自標顯，祕其氏族，故史傳無得而詳。至於後代皇甫謐、圈稱之徒，及諸地理書說，競爲四人施安姓字，自相錯互，語又不經，班氏不載於書。諸家皆臆說，今並棄略，一無取焉。」

〔二〕師古曰：「即今之商州商雒縣山也。」

其後谷口有鄭子眞，蜀有嚴君平，〔一〕皆修身自保，非其服弗服，非其食弗食。成帝時，元舅大將軍王鳳以禮聘子眞，子眞遂不詘而終。君平卜筮於成都市，以爲「卜筮者賤業，而可以惠衆人。有邪惡非正之問，則依蓍龜爲言利害。與人子言依於孝，與人弟言依於順，與人臣言依於忠，各因勢導之以善，從吾言者，已過半矣。」裁日閱數人，〔二〕得百錢足自養，則閉肆下簾而授老子。〔三〕博覽亡不通，依老子、嚴周之指著書十餘萬言。〔四〕楊雄少時從遊學，以而仕京師顯名，數爲朝廷在位賢者稱君平德。杜陵李彊素善雄，久之爲益州牧，喜謂雄曰：「吾眞得嚴君平矣。」雄曰：「君備禮以待之，彼人可見而不可得詘也。」彊心以爲不然。及至蜀，致禮與相見，卒不敢言以爲從事，乃歎曰：「楊子雲誠知人！」君平年九十餘，遂以其業終，蜀人愛敬，至今稱焉。及雄著書言當世士，稱此二人。其論曰：「或問：君子疾沒世而名不稱，〔五〕盍勢諸名卿可幾？曰：君子德名爲幾。〔六〕梁、齊、楚、趙之君非不富且貴也，〔七〕惡虖成其名！〔八〕谷口鄭子眞不詘其志，耕於巖石之下，名震於京師，豈其卿？豈其卿？楚兩龔之絜，其清矣乎！蜀嚴湛冥，〔九〕不作苟見，不治苟得，〔一〇〕久幽而不改其操，雖隨、和何以加諸？〔一一〕舉茲以旃，不亦寶乎！」〔一二〕

〔一〕師古曰：「地理志謂君平爲嚴遵。三輔決錄云子眞名樸，君平名尊，則君平、子眞皆其字也。」

〔二〕師古曰：「裁與才同。閱，歷也。」

〔三〕師古曰：「肆者，市也，列所坐之處也。」

〔四〕師古曰：「嚴周即莊周。」

〔五〕師古曰：「以身沒而無名爲病。」

〔六〕孟康曰：「盍，何不也，言何不因名卿之勢以求名。」韋昭曰：「言有勢之名卿，庶幾可不朽。楊子以爲不然，唯有德者可以有名。」師古曰：「或人以事有權力之卿，用自表顯，則其名可庶幾而立。楊雄以爲自蓄其德，則有名也。」

〔七〕師古曰：「謂當時諸侯王也。」

〔八〕師古曰：「惡，於何也。惡音烏。」

〔九〕孟康曰：「蜀郡嚴君平湛深玄默無欲也。」師古曰：「湛讀曰沈。」
〔10〕師古曰：「不爲苟顯之行，不事苟得之業。」
〔11〕師古曰：「隨，隨侯珠也。和，和氏璧也。諸，之也。」
〔12〕師古曰：「旃亦之也。言舉此人而用之，不亦國之寶乎！自此以上皆楊雄之言也。」

自園公、綺里季、夏黃公、甪里先生、鄭子眞、嚴君平皆未嘗仕，然其風聲足以激貪厲俗，近古之逸民也。若王吉、貢禹、兩龔之屬，皆以禮讓進退云。

王吉字子陽，琅邪皋虞人也。少（時）〔好〕學明經，以郡吏舉孝廉爲郎，補若盧右丞，〔一〕遷雲陽令。舉賢良爲昌邑中尉，而王好遊獵，驅馳國中，動作亡節，吉上疏諫，曰：

〔一〕師古曰：「少府之屬官有若盧令丞。漢舊儀以爲主治庫兵者。」

臣聞古者師日行三十里，吉行五十里。詩云：「匪風發兮，匪車揭兮，顧瞻周道，中心怛兮。」〔一〕說曰：是非古之風也，發發者；是非古之車也，揭揭者。蓋傷之也。〔二〕今者大王幸方與，〔三〕曾不半日而馳二百里，百姓頗廢耕桑，治道牽馬，臣愚以爲民不可數變也。〔四〕昔召公述職，〔五〕當民事時，舍於棠下而聽斷焉。〔六〕是時人皆得其所，後世思其仁恩，至虖不伐甘棠，甘棠之詩是也。〔七〕

〔一〕師古曰：「檜國匪風之篇。發發，飄風貌。揭揭，疾驅貌。怛，古怛字，傷也。言見此飄風及疾驅，則顧念哀傷，思周道也。揭音丘列反。」
〔二〕師古曰：「今之發發然者非古有道之風也，今之揭揭然者非古有道之車也，故傷之。」
〔三〕師古曰：「縣名也，音房預。」
〔四〕師古曰：「數音所角反。」
〔五〕師古曰：「召讀曰邵。邵公名奭。自陝以西邵公主之。」
〔六〕師古曰：「舍，止息。」
〔七〕師古曰：「邵南之詩也，其詩曰：『蔽芾甘棠，勿翦勿伐，邵伯所茇。』蔽芾，小樹貌也。甘棠，杜也。茇，舍也。蔽音必二反。芾音方未反。茇音步末反。」

大王不好書術而樂逸游，馮式撙銜，〔一〕馳騁不止，口倦乎叱咤，〔二〕手苦於箠轡，〔三〕身勞乎車輿；朝則冒霧露，晝則被塵埃，〔四〕夏則爲大暑之所暴炙，冬則爲風寒之所匽薄。〔五〕數以耎脆之玉體犯勤勞之煩毒，〔六〕非所以全壽命之宗也，〔七〕又非所以進仁義之隆也。〔八〕

〔一〕臣瓚曰：「撙，促也。」師古曰：「撙，挫也，音子本反。」
〔二〕師古曰：「咤亦吒字也，音竹駕反。」
〔三〕師古曰：「箠，馬策，音止蘂反。」
〔四〕師古曰：「冒，犯也，音莫克反。」

〔五〕師古曰：「匽與偃同，言遇疾風則偃靡也。薄，迫也。」

〔六〕師古曰：「耎，柔也，音而兗反。」

〔七〕師古曰：「宗，尊也。」

〔八〕師古曰：「隆，高也。」

夫廣夏之下，細旃之上，〔一〕明師居前，勸誦在後，上論唐虞之際，下及殷周之盛，考仁聖之風，習治國之道，訢訢焉發憤忘食，日新厥德，〔二〕其樂豈徒銜橛之間哉！〔三〕休則俛仰詘信以利形，〔四〕進退步趨以實下，〔五〕吸新吐故以練臧，專意積精以適神，〔六〕於以養生，豈不長哉！大王誠留意如此，則心有堯舜之志，體有喬松之壽，〔七〕美聲廣譽登而上聞，則福祿其臻而社稷安矣。〔八〕

〔一〕師古曰：「廣夏，大屋也。旃與氈同。」

〔二〕師古曰：「訢，古欣字。」

〔三〕師古曰：「銜，馬銜也。橛，車鉤心也。張揖以橛爲馬之長銜，非也。橛音其月反。」

〔四〕師古曰：「形，體也。信讀曰伸。」

〔五〕如淳曰：「今人不行，則膝已下虛弱不實。」

〔六〕師古曰：「臧，五臧也。練，練其氣也。適，和也。」

〔七〕師古曰：「喬松，仙人伯喬及赤松子也。」

〔八〕師古曰：「轃與臻同。臻，至也。」

皇帝仁聖，至今思慕未怠，〔一〕於宮館囿池弋獵之樂未有所幸，大王宜夙夜念此，以承聖意。諸侯骨肉，莫親大王，大王於屬則子也，於位則臣也，一身而二任之責加焉，恩愛行義孅介有不具者，於以上聞，非饗國之福也。臣吉愚戇，願大王察之。

〔一〕師古曰：「皇帝謂昭帝也。言武帝晏駕未久，故尚思慕。」

王賀雖不遵道，然猶知敬禮吉，乃下令曰：「寡人造行不能無惰，中(慰)〔尉〕甚忠，數輔吾過。使謁者千秋賜中尉牛肉五百斤，酒五石，脯五束。」其後復放從自若。〔一〕吉輒諫爭，甚得輔弼之義，雖不治民，國中莫不敬重焉。

〔一〕師古曰：「從音子用反。」

久之，昭帝崩，亡嗣，大將軍霍光秉政，遣大鴻臚宗正迎昌邑王。吉卽奏書戒王曰：「臣聞高宗諒闇，三年不言。〔一〕今大王以喪事徵，宜日夜哭泣悲哀而已，愼毋有所發。〔二〕且何獨喪事，凡南面之君何言哉？天不言，四時行焉，百物生焉，〔三〕願大王察之。大將軍仁愛勇智，忠信之德天下莫不聞，事孝武皇帝二十餘年未嘗有過。先帝棄羣臣，屬以天下，寄幼孤焉，〔四〕大將軍抱持幼君襁緥之中，布政施敎，海內晏然，雖周公、伊尹亡以加也。今帝崩亡嗣，大將軍惟思可以奉宗廟者，攀援而立大王，〔五〕其仁厚豈有量哉！〔六〕臣願大王事之敬之，政事壹聽之，大王垂拱南面而已。願留意，〔嘗〕〔常〕以爲念。」

〔一〕師古曰：「已解於上。」

〔二〕師古曰：「發謂興舉衆事。」

〔三〕師古曰：「論語稱孔子曰『天何言哉？四時行焉，百物生焉。天何言哉？』故吉引之。」

〔四〕師古曰：「屬音之欲反。」

〔五〕師古曰：「援，引也，音爰。」

〔六〕師古曰：「言其深多也。量音力向反。」

王既到，即位二十餘日以行淫亂廢。昌邑羣臣坐在國時不舉奏王罪過，令漢朝不聞知，又不能輔道，陷王大惡，〔一〕皆下獄誅。唯吉與郎中令龔遂以忠直數諫正得減死，髡爲城旦。

〔一〕師古曰：「道讀曰導。」

起家復爲益州刺史，病去官，復徵爲博士諫大夫。是時宣帝頗修武帝故事，宮室車服盛於昭帝。時外戚許、史、王氏貴寵，而上躬親政事，任用能吏。吉上疏言得失，曰：

陛下躬聖質，總萬方，帝王圖籍日陳于前，惟思世務，將興太平。詔書每下，民欣然若更生。臣伏而思之，可謂至恩，未可謂本務也。〔一〕

〔一〕師古曰：「言天子如此，雖於百姓爲至恩，然未盡政務之本也。」

欲治之主不世出，〔一〕公卿幸得遭遇其時，言聽諫從，然未有建萬世之長策，舉明主於三代之隆者也。〔二〕其務在於期會簿書，斷獄聽訟而已，此非太平之基也。

〔一〕師古曰：「言有時遇之不常値。」

〔二〕師古曰：「三代，夏、殷、周。」

臣聞聖王宣德流化，必自近始。朝廷不備，難以言治；左右不正，難以化遠。民者，弱而不可勝，愚而不可欺也。聖主獨行於深宮，得則天下稱誦之，失則天下咸言之。行發於近，必見於遠，故謹選左右，審擇所使；左右所以正身也，所使所以宣德也。詩云：「濟濟多士，文王以寧。」〔一〕此其本也。

〔一〕師古曰：「大雅文王之詩。」

春秋所以大一統者，六合同風，九州共貫也。〔一〕今俗吏所以牧民者，非有禮義科指可世世通行者也，獨設刑法以守之。其欲治者，不知所繇，〔二〕以意穿鑿，各取一切，權譎自在，故一變之後不可復修也。〔三〕是以百里不同風，千里不同俗，戶異政，人殊服，詐僞萌生，刑罰亡極，〔四〕質樸日銷，恩愛寖薄。〔五〕孔子曰「安上治民，莫善於禮」，〔六〕非空言也。王者未制禮之時，引先王禮宜於今者而用之。臣願陛下承天心，發大業，與公卿大臣延及儒生，述舊禮，明王制，敺一世之民濟之仁壽之域，〔七〕則俗何

以不若成康，壽何以不若高宗？〔八〕竊見當世趨務不合於道者，謹條奏，〔九〕唯陛下財擇焉。〔一〇〕

〔一〕師古曰：「解在董仲舒傳。」
〔二〕師古曰：「繇與由同。」
〔三〕師古曰：「言其敝深難久行。」
〔四〕師古曰：「萌生，言其爭出，如草木之初生。」
〔五〕師古曰：「寖，漸也。」
〔六〕師古曰：「孝經載孔子之言。」
〔七〕師古曰：「以仁撫下，則羣生安逸而壽考。」
〔八〕師古曰：「高宗，殷王武丁也，享國百年。」
〔九〕師古曰：「趨讀曰趣。趣，向也。」
〔一〇〕師古曰：「財與裁同。」

吉意以爲「夫婦，人倫大綱，夭壽之萌也。〔一〕世俗嫁娶太早，未知爲人父母之道而有子，是以教化不明而民多夭。聘妻送女亡節，則貧人不及，故不舉子。又漢家列侯尚公主，諸侯則國人承翁主，〔二〕使男事女，夫詘於婦，逆陰陽之位，故多女亂。古者衣服車馬貴賤有章，以褒有德而別尊卑，今上下僭差，人人自制，〔三〕是以貪財（趨）〔誅〕利，不畏死亡。周之所以能致治，刑措而不用者，以其禁邪於冥冥，絕惡於未萌也。」〔四〕又言「舜、湯不用三公九卿之世而舉皋陶、伊尹，〔五〕不仁者遠。〔六〕今使俗吏得任子弟，〔七〕率多驕驁，不通古今，〔八〕至於積功治人，亡益於民，此伐檀所爲作也。〔九〕宜明選求賢，除任子之令。外家及故人可厚以財，不宜居位。去角抵，減樂府，省尚方，〔一〇〕明視天下以儉。〔一一〕古者工不造琱瑑，商不通侈靡，〔一二〕非工商之獨賢，政教使之然也。民見儉則歸本，本立而末成。」其指如此，上以其言迂闊，不甚寵異也。〔一三〕吉遂謝病歸琅邪。

〔一〕師古曰：「由之而生，故云萌。」
〔二〕晉灼曰：「娶天子女則曰尚公主。國人娶諸侯女曰承翁主。尚承皆卑下之名也。」師古曰：「翁主者，言其父自主婚也。解具在高紀。」
〔三〕師古曰：「言無節度。」
〔四〕師古曰：「冥冥，言未有端緒。」
〔五〕李奇曰：「不繼世而爵也。言皋陶、伊尹非三公九卿之世。」
〔六〕師古曰：「任用賢人，放黜讒佞。」
〔七〕張晏曰：「子弟以父兄任爲郎。」
〔八〕師古曰：「驁與傲同。」
〔九〕師古曰：「伐檀，詩篇名，刺不用賢也，在魏國風也。」

〔10〕師古曰：「倘方主巧作。」

〔11〕師古曰：「視讀曰示。」

〔12〕師古曰：「瑑者，刻鏤爲文。瑑音篆。」

〔13〕師古曰：「迂，遠也，音于。」

始吉少時學問，居長安。東家有大棗樹垂吉庭中，吉婦取棗以啖吉。〔一〕吉後知之，乃去婦。東家聞而欲伐其樹，鄰里共止之，因固請吉令還婦。里中爲之語曰：「東家有樹，王陽婦去；東家棗完，去婦復還。」其厲志如此。

〔一〕師古曰：「啖謂使食之，音徒濫反。啖亦啗字耳。此義與高紀『啗以利』同。」

吉與貢禹爲友，世稱「王陽在位，貢公彈冠」，〔一〕言其取舍同也。〔二〕元帝初即位，遣使者徵貢禹與吉。吉年老，道病卒，上悼之，復遣使者弔祠云。

〔一〕師古曰：「彈冠者，且入仕也。」

〔二〕師古曰：「取，進趣也。舍，止息也。」

初，吉兼通五經，能爲騶氏春秋，以詩、論語教授，好梁丘賀說易，令子駿受焉。駿以孝廉爲郎。左曹陳咸薦駿賢父子，經明行修，宜顯以厲俗。光祿勳匡衡亦舉駿有專對材。〔一〕遷諫大夫，使責淮陽憲王。〔二〕遷趙內史。吉坐昌邑王被刑後，戒子孫毋爲王國吏，故駿道病，免官歸。起家復爲幽州刺史，遷司隸校尉，奏免丞相匡衡，遷少府。八歲，成帝欲大用之，出駿爲京兆尹，試以政事。先是京兆有趙廣漢、張敞、王尊、王章，至駿皆有能名，故京師稱曰：「前有趙、張，後有三王。」而薛宣從左馮翊代駿爲少府，會御史大夫缺，谷永奏言：「聖王不以名譽加於實效。〔三〕考績用人之法，〔四〕薛宣政事已試。」〔五〕上然其議。宣爲少府月餘，遂超御史大夫，至丞相。駿乃代宣爲御史大夫，並居位。六歲病卒，翟方進代駿爲大夫。數月，薛宣免，遂代爲丞相。衆人爲駿恨不得封侯。駿爲少府時，妻死，因不復娶，或問之，駿曰：「德非曾參，子非華、元，〔六〕亦何敢娶？」

〔一〕師古曰：「專對謂見問即對，無所疑也。論語稱孔子曰：『使於四方，不能專對，雖多亦奚以爲？』」

〔二〕師古曰：「以其有口辯。」

〔三〕師古曰：「言不聽虛名。」

〔四〕師古曰：「言用人之法，皆須考以功績。」

〔五〕師古曰：「言有效也。」

〔六〕如淳曰：「華與元，曾參之二子也。韓詩外傳曰曾參喪妻不更娶，人問其故，曾子曰：『以華、元善人也。』一曰曾參之子字華元。」師古曰：「二子是也。」

駿子崇以父任爲郎，歷刺史、郡守，治有能名。建平三年，以河南太守徵入爲御史大夫數月。是時成帝舅安成恭侯夫人放寡居，共養長信宮，〔一〕坐祝詛下獄，崇奏封事，爲放言。放外家解氏與崇爲昏，〔二〕哀帝以崇爲不忠誠，策詔崇曰：「朕以君有累世之美，故踰列次。〔三〕在位以來，忠誠匡國未聞所繇，〔四〕反懷詐諼之辭，〔五〕欲以攀救舊姻之家，大逆之辜，舉錯專恣，〔六〕不遵法度，亡以示百僚。」左遷爲大司農，後徙衞尉左將軍。平帝即位，王莽秉政，大司空彭宣乞骸骨罷，崇代爲大司空，封扶平侯。歲餘，崇復謝病乞骸骨，皆避王莽，莽遣就國。歲餘，爲傅婢所毒，薨，國除。〔七〕

〔一〕師古曰：「放者，夫人之名也。共音居用反。養音弋亮反。」

〔二〕師古曰：「婚姻之家。」

〔三〕師古曰：「謂自祖及身皆有名也。」

〔四〕師古曰：「繇與由同。由，從也。」

〔五〕師古曰：「諼，詐言也，音虛袁反。」

〔六〕師古曰：「錯，置也。」

〔七〕師古曰：「凡言傅婢者，謂傅相其衣服衽席之事。一說傅曰附，謂近幸也。」

自吉至崇，世名清廉，然材器名稱稍不能及父，而祿位彌隆。皆好車馬衣服，其自奉養極爲鮮明，而亡金銀錦繡之物。及遷徙去處，所載不過囊衣，〔一〕不畜積餘財。〔二〕去位家居，亦布衣疏食。天下服其廉而怪其奢，故俗傳「王陽能作黃金」。〔三〕

〔一〕師古曰：「一囊之衣也。有底曰囊，無底曰橐。」

〔二〕師古曰：「畜讀曰蓄。」

〔三〕師古曰：「以其無所求取，不營產業而車服鮮明，故謂自作黃金以給用。」

貢禹字少翁，琅邪人也。以明經絜行著聞，徵爲博士，涼州刺史，病去官。復舉賢良爲河南令。歲餘，以職事爲府官所責，〔一〕免冠謝。禹曰：「冠壹免，安復可冠也！」遂去官。

〔一〕師古曰：「太守之府。」

元帝初即位，徵禹爲諫大夫，數虛己問以政事。〔一〕是時年歲不登，郡國多困，禹奏言：

〔一〕師古曰：「虛己謂聽受其言也。」

古者宮室有制，宮女不過九人，秣馬不過八匹；〔一〕牆塗而不琱，木摩而不刻，〔二〕車輿器物皆不文畫，苑囿不過數十里，與民共之；任賢使能，什一而稅，亡它賦斂繇戍之役，使民歲不過三日，千里之內自給，千里之外各置貢職而已。〔三〕故天下家給人足，頌聲並作。

〔一〕師古曰：「秣，養也，謂以粟米（飯）〔飤〕也。」

〔二〕師古曰：「琱字與彫同。彫，畫也。」

〔三〕師古曰：「言天子以畿內賦斂自供，千里之外令其以時入貢，不欲煩勞也。」

至高祖、孝文、孝景皇帝，循古節儉，宮女不過十餘，廄馬百餘匹。孝文皇帝衣綈履革，〔一〕器亡琱文金銀之飾。後世爭爲奢侈，轉轉益（盛）〔甚〕，臣下亦相放效，〔二〕衣服履絝刀劍亂於主上，〔三〕主上時臨朝入廟，衆人不能別異，甚非其宜。然非自知奢僭也，猶魯昭公曰：「吾何僭矣？」

〔一〕師古曰：「綈，厚繒，音徒奚反。」

〔二〕師古曰：「放音甫往反。其下亦同。」

〔三〕師古曰：「絝，古袴字。」

今大夫僭諸侯，諸侯僭天子，天子過天道，其日久矣。承衰救亂，矯復古化，在於陛下。〔一〕臣愚以爲盡如太古難，宜少放古以自節焉。論語曰：「君子樂節禮樂。」〔二〕方今宮室已定，亡可奈何矣，其餘盡可減損。故時齊三服官輸物不過十笥，〔三〕方今齊三服官作工各數千人，一歲費數鉅萬。蜀廣漢主金銀器，歲各用五百萬。三工官官費五千萬，〔四〕東西織室亦然。廄馬食粟將萬匹。臣禹嘗從之東宮，〔五〕見賜杯案，盡文畫金銀飾，非當所以賜食臣下也。〔六〕東宮之費亦不可勝計。天下之民所爲大飢餓死者，是也。今民大飢而死，死又不葬，爲犬豬（所）食。〔七〕人至相食，而廄馬食粟，苦其大肥，氣盛怒至，乃日步作之。〔八〕王者受命於天，爲民父母，固當若此乎！天不見邪？武帝時，又多取好女至數千人，以塡後宮。〔九〕及棄天下，昭帝幼弱，霍光專事，不知禮正，妄多臧金錢財物，鳥獸魚鼈牛馬虎豹生禽，凡百九十物，盡瘞臧之，又皆以後宮女置於園陵，大失禮，逆天心，又未必稱武帝意也。昭帝晏駕，光復行之。至孝宣皇帝時，陛下(烏)〔惡〕有所言，〔一〇〕羣臣亦隨故事，甚可痛也！故使天下承化，取女皆大過度，〔一一〕諸侯妻妾或至數百人，豪富吏民畜歌者至數十人，是以內多怨女，外多曠夫。〔一二〕及衆庶葬埋，皆虛地上以實地下。其過自上生，〔一三〕皆在大臣循故事之辠也。

〔一〕師古曰：「正曲曰矯。復音方目反。」

〔二〕師古曰：「論語稱孔子曰『益者三樂，樂節禮樂，樂道人之善，樂多賢友』也。」

〔三〕師古曰：「三服官主作天子之服，在齊地。笥，盛衣竹器，音先嗣反。」

〔四〕如淳曰：「地理志河內懷、蜀郡成都、廣漢皆有工官。工官，主作漆器物者也。」師古曰：「如說非也。三工官，謂少府之屬官，考工室也，右工室也，東園匠也。上已言蜀漢主金銀器，是不入三工之數也。」

〔五〕師古曰：「從天子往太后宮。」

〔六〕師古曰：「食讀曰飤。」

〔七〕師古曰：「食人之骸骨。」

〔八〕師古曰：「日日行步而動作之，以散充溢之氣。」

〔九〕師古曰：「此塡字讀與寘同。」

〔一〇〕師古曰：「不能自言減省之事。」

〔一〕師古曰：「取讀曰娶。」

〔二〕師古曰：「曠，空也。室家空也。」

〔三〕師古曰：「自，從也。上謂天子也。」

唯陛下深察古道，從其儉者，大減損乘輿服御器物，三分去二。子產多少有命，審察後宮，擇其賢者留二十人，餘悉歸之。〔一〕及諸陵園女亡子者，宜悉遣。獨杜陵宮人數百，誠可哀憐也。廄馬可亡過數十匹。獨舍長安城南苑地以爲田獵之囿，〔二〕自城西南至山西至鄠皆復其田，以與貧民。〔三〕方今天下飢饉，可亡大自損減以救之，稱天意乎？天生聖人，蓋爲萬民，非獨使自娛樂而已也。故詩曰：「天難諶斯，不易惟王；」「上帝臨女，毋貳爾心。」〔四〕「當仁不讓」，〔五〕獨可以聖心參諸天地，揆之往古，〔六〕不可與臣下議也。若其阿意順指，隨君上下，〔七〕臣禹不勝拳拳，不敢不盡愚心。〔八〕

〔一〕師古曰：「言人產子多少自有定命，非由廣妾媵也，故請止留二十人。」

〔二〕師古曰：「舍，置也。獨留置之，其餘皆廢去。」

〔三〕師古曰：「復音方目反。」

〔四〕師古曰：「大雅大明之詩也。諶，誠也。上帝亦天也。言承天之意，此誠難也。王者之命不妄改易，天常降監，信可畏也，毋貳爾心，機事易失，勿猶豫也。」

〔五〕師古曰：「論語稱孔子曰『當仁不讓於師』，故引之。」

〔六〕師古曰：「揆，度也。」

〔七〕師古曰：「上下猶言高下，謂苟順從也。上音時掌反。」

〔八〕師古曰：「拳拳，解在劉向傳。下鮑宣傳『(倦倦)〔惓惓〕』音義亦同。」

天子納善其忠，乃下詔令太僕減食穀馬，水衡減食肉獸，省宜春下苑以與貧民，又罷角抵諸戲及齊三服官。遷禹爲光祿大夫。

頃之，禹上書曰：「臣禹年老貧窮，家訾不滿萬錢，妻子穅豆不贍，裋褐不完。〔一〕有田百三十畝，陛下過意徵臣，〔二〕臣賣田百畝以供車馬。至，拜爲諫大夫，秩八百石，奉錢月九千二百。〔三〕廩食太官，〔四〕又蒙賞賜四時雜繒緜絮衣服酒肉諸果物，德厚甚深。疾病侍醫臨治，〔五〕賴陛下神靈，不死而活。又拜爲光祿大夫，秩二千石，奉錢月萬二千。祿賜愈多，家日以益富，身日以益尊，誠非屮茅愚臣所當蒙也。〔六〕伏自念終亡以報厚(恩)〔德〕，日夜慙愧而已。臣禹犬馬之齒八十一，血氣衰竭，耳目不聰明，非復能有補益，所謂素餐尸祿洿朝之臣也。〔七〕自痛去家三千里，凡有一子，年十二，非有在家爲臣具棺椁者也。誠恐一旦蹎仆氣竭，不復自還，〔八〕洿席薦於宮室，骸骨棄捐，孤魂不歸。不勝私願，願乞骸骨，及身生歸鄕里，〔九〕死亡所恨。」

〔一〕師古曰：「裋者，謂僮豎所著布長襦也。褐，毛布之衣也。裋音豎。」

〔二〕師古曰：「過猶誤也。」

〔三〕師古曰：「奉音扶用反。其下亦同。」

〔四〕師古曰：「謂太官給其食。」

〔五〕師古曰：「侍醫，天子之醫也。」

〔六〕師古曰：「屮，古草字。」

〔七〕師古曰：「洿與汚同，音一故反。」

〔八〕師古曰：「蹎音顚，蹷蹎也。仆音赴。仆，頓也。不自還者，遂死也。還讀曰旋。」

〔九〕師古曰：「及身生，謂及未死之前。」

天子報曰：「朕以生有伯夷之廉，史魚之直，〔一〕守經據古，不阿當世，孳孳於民，俗之所寡，〔二〕故親近生，幾參國政。〔三〕今未得久聞生之奇論也，而云欲退，意豈有所恨與？〔四〕將在位者與生殊乎？〔五〕往者嘗令金敞語生，欲及生時祿生之子，既已諭矣，今復云子少。夫以王命辨護生家，雖百子何以加？傳曰亡懷土，〔六〕何必思故鄉！生其强飯愼疾以自輔。」後月餘，以禹爲長信少府。會御史大夫陳萬年卒，禹代爲御史大夫，列於三公。

〔一〕師古曰：「生謂先生也。史魚，衞大夫史鰌也。論語稱孔子曰『直哉史魚，邦有道如矢，邦無道如矢』，言其壹志。」

〔二〕師古曰：「孳與孜同。孜孜，不怠也。寡，少也，言少有此人。」

〔三〕師古曰：「幾讀曰冀。」

〔四〕師古曰：「與讀曰歟。」

〔五〕師古曰：「言志趣不同。」

〔六〕師古曰：「論語孔子曰：『君子懷德，小人懷土。』」

自禹在位，數言得失，書數十上。禹以爲古民亡賦算口錢，起武帝征伐四夷，重賦於民，民產子三歲則出口錢，故民重困，〔一〕至於生子輒殺，甚可悲痛。宜令兒七歲去齒乃出口錢，年二十乃算。

〔一〕師古曰：「重音直用反。」

又言古者不以金錢爲幣，專意於農，故一夫不耕，必有受其飢者。今漢家鑄錢，及諸鐵官皆置吏卒徒，攻山取銅鐵，一歲功十萬人已上，中農食七人，是七十萬人常受其飢也。鑿地數百丈，銷陰氣之精，地臧空虛，不能含氣出雲，斬伐林木亡有時禁，水旱之災未必不繇此也。〔一〕自五銖錢起已來七十餘年，民坐盜鑄錢被刑者衆，富人積錢滿室，猶亡厭足。民心（搖動）〔動搖〕商賈求利，東西南北各用智巧，好衣美食，歲有十二之利，〔二〕而不出租稅。農夫父子暴露中野，不避寒暑，捽屮杷土，手足胼胝，〔三〕已奉穀租，又出稾稅，〔四〕鄉部私求，不可勝供。〔五〕故民棄本逐末，耕者不能半。貧民雖賜之田，猶賤賣以賈，〔六〕窮則起爲盜賊。何者？末利深而惑於錢也。是以姦邪不可禁，其原皆起於錢也。疾其末者絕其本，宜罷採珠玉金銀鑄錢之官，亡復以爲幣。市井勿得販賣，〔七〕除其租銖之律，〔八〕租稅祿賜皆以布帛及穀。使百姓壹歸於農，復古道便。〔九〕

〔一〕師古曰：「繇讀與由同。」
〔二〕師古曰：「若有萬錢爲賈，則獲二千之利。」
〔三〕師古曰：「捽，拔取也。屮，古草字也。杷，手掊之也。胼，併也。胝，繭也。捽音才兀反。杷音蒲巴反，其字從木。胼音步千反。胝音竹尸反。掊音蒲交反。」
〔四〕師古曰：「稾，禾稈也。」
〔五〕師古曰：「言鄉部之吏又私有所求，不能供之。」
〔六〕師古曰：「賣田與人而更爲商賈之業。」
〔七〕師古曰：「賤買貴賣曰販。」
〔八〕師古曰：「租稅之法皆依田畝，不得雜計百物之銖兩。」
〔九〕師古曰：「追遵古法，於事便也。復音扶目反。」

又言諸離宮及長樂宮衞可減其太半，以寬繇役。〔一〕又諸官奴婢十萬餘人戲遊亡事，稅良民以給之，歲費五六鉅萬，宜免爲庶人，廩食，〔二〕令代關東戍卒，乘北邊亭塞候望。〔三〕

〔一〕師古曰：「繇讀曰傜。」
〔二〕師古曰：「給其食。」

〔三〕師古曰：「乘，登也。」

又欲令近臣自諸曹侍中以上，家亡得私販賣，與民爭利，犯者輒免官削爵，不得仕宦。

禹又言：

孝文皇帝時，貴廉絜，賤貪汙，賈人、贅壻及吏坐贓者皆禁錮不得爲吏，賞善罰惡，不阿親戚，罪白者伏其誅，〔一〕疑者以與民，〔二〕亡贖罪之法，故令行禁止，海內大化，天下斷獄四百，與刑錯亡異。武帝始臨天下，尊賢用士，闢地廣境數千里，自見功大威行，遂從耆欲，〔三〕用度不足，乃行壹切之變，使犯法者贖罪，入穀者補吏，是以天下奢侈，官亂民貧，盜賊並起，亡命者衆。郡國恐伏其誅，則擇便巧史書習於計簿能欺上府者，以爲右職；〔四〕姦軌不勝，則取勇猛能操切百姓者，以苛暴威服下者，使居大位。〔五〕故亡義而有財者顯於世，欺謾而善書者尊於朝，〔六〕誖逆而勇猛者貴於官。〔七〕故俗皆曰：「何以孝弟爲？財多而光榮。何以禮義爲？史書而仕宦。何以謹愼爲？勇猛而臨官。」故黥劓而髡鉗者猶復攘臂爲政於世，行雖犬彘，家富勢足，目指氣使，是爲賢耳。〔八〕故謂居官而置富者爲雄桀，處姦而得利者爲壯士，兄勸其弟，父勉其子，俗之壞敗，乃至於是！察其所以然者，皆以犯法得贖罪，求士不得眞賢，相守崇財利，〔九〕誅不行之所致也。

〔一〕師古曰：「白，明也。」
〔二〕師古曰：「罪疑從輕也。」
〔三〕師古曰：「從讀曰縱。耆讀曰嗜。」
〔四〕師古曰：「上府謂所屬之府。右職，高職也。」
〔五〕師古曰：「操，持也。切，刻也。操音千高反。」
〔六〕師古曰：「謾，誑也。謾音慢，又音武連反。」
〔七〕師古曰：「誖，亂也。音布內反。」
〔八〕師古曰：「動目以指物，出氣以使人。」
〔九〕師古曰：「相，諸侯相也。守，郡守也。崇，尙也。」

今欲興至治，致太平，宜除贖罪之法。相守選舉不以實，及有臧者，輒行其誅，亡但免官，〔一〕則爭盡力爲善，貴孝弟，賤賈人，進眞賢，舉實廉，而天下治矣。孔子，匹夫之人耳，以樂道正身不解之故，〔二〕四海之內，天下之君，微孔子之言亡所折中。〔三〕況乎以漢地之廣，陛下之德，處南面之尊，秉萬乘之權，因天地之助，其於變世易俗，調和陰陽，陶冶萬物，化正天下，易於決流抑隊。〔四〕自成康以來，幾且千歲，〔五〕欲爲治者甚衆，然而太平不復興者，何也？以其舍法度而任私意，奢侈行而仁義廢也。

〔一〕師古曰：「不止免官而已。」

〔二〕師古曰：「解讀曰懈。」
〔三〕師古曰：「微亦無也。折，斷也。非孔子之言則無以爲中也，音竹仲反。斷音丁煥反。」
〔四〕師古曰：「決欲流之水，抑將隊之物，言其便易。」
〔五〕師古曰：「幾音鉅依反。」

陛下誠深念高祖之苦，〔一〕醇法太宗之治，正己以先下，選賢以自輔，開進忠正，致誅姦臣，遠放讇佞，〔二〕放出園陵之女，罷倡樂，絕鄭聲，去甲乙之帳，退僞薄之物，修節儉之化，驅天下之民皆歸於農，如此不解，〔三〕則三王可侔，五帝可及。唯陛下留意省察，天下幸甚。

〔一〕師古曰：「言取天下艱難也。」
〔二〕師古曰：「遠，離也。音于萬反。讇，古諂字。」
〔三〕師古曰：「解讀曰懈。」

天子下其議，令民產子七歲乃出口錢，自此始。又罷上林宮館希幸御者，及省建章、甘泉宮衞卒，減諸侯王廟衞卒省其半。餘雖未盡從，然嘉其質直之意。禹又奏欲罷郡國廟，定漢宗廟迭毁之禮，皆未施行。〔一〕

〔一〕師古曰：「迭，互也。親盡則毁，故曰迭毁。迭音大結反。」

爲御史大夫數月卒，天子賜錢百萬，以其子爲郎，官至東郡都尉。禹卒後，上追思其議，竟下詔罷郡國廟，定迭毀之禮。〔然通儒或非之〕，語在韋玄成傳。

兩龔皆楚人也，勝字君賓，舍字君倩。〔一〕二人相友，並著名節，故世謂之楚兩龔。少皆好學明經，勝爲郡吏，舍不仕。

〔一〕師古曰：「倩音千見反。」

久之，楚王入朝，聞舍高(明)〔名〕，聘舍爲常侍，不得已隨王，歸國固辭，願卒學，復至長安。〔一〕而勝爲郡吏，三舉孝廉，以王國人不得宿衞。補吏，再爲尉，壹爲丞，勝輒至官乃去。州舉茂材，爲重泉令，〔二〕病去官。大司空何武、執金吾閻崇薦勝，哀帝自爲定陶王固已聞其名，徵爲諫大夫。引見，勝薦龔舍及亢父甯壽、濟陰侯嘉，〔三〕有詔皆徵。勝曰：「竊見國家徵醫巫，常爲駕，徵賢者宜駕。」上曰：「大夫乘私車來邪？」勝曰：「唯唯。」〔四〕有詔爲駕。龔舍、侯嘉至，皆爲諫大夫。甯壽稱疾不至。

〔一〕師古曰：「卒，終也，終其經業。」

〔二〕師古曰：「重泉，左馮翊縣也。」

〔三〕師古曰：「亢音抗。父音甫。」

〔四〕師古曰：「唯唯，恭應之詞也，音(戈)〔弋〕癸反。」

勝居諫官，數上書求見，言百姓貧，盜賊多，吏不良，風俗薄，災異數見，不可不憂。制度泰奢，刑罰泰深，賦斂泰重，宜以儉約先下。其言祖述王吉、貢禹之意。爲大夫二歲餘，遷丞相司直，徙光祿大夫，守右扶風。數月，上知勝非撥煩吏，乃復還勝光祿大夫〔一〕諸吏給事中。勝言董賢亂制度，繇是逆上指。〔二〕

〔一〕師古曰：「依舊官。」

〔二〕師古曰：「繇讀與由同。」

後歲餘，丞相王嘉上書薦故廷尉梁相等，尙書劾奏嘉「言事恣意，迷國罔上，不道。」下將軍中朝者議，左將軍公孫祿、司隸鮑宣、光祿大夫孔光等十四人皆以爲嘉應迷國不道法。勝獨書議曰：「嘉資性邪僻，所舉多貪殘吏。位列三公，陰陽不和，諸事並廢，咎皆繇嘉，〔一〕迷國不疑，〔二〕今舉相等，過微薄。」日暮議者罷。明日復會，左將軍祿問勝：「君議亡所據，今奏當上，宜何從？」〔三〕勝曰：「將軍以勝議不可者，通劾之。」〔四〕博士夏侯常見勝應祿不和，起至勝前謂曰：「宜如奏所言。」〔五〕勝以手推常曰：「去！」

〔一〕師古曰：「繇讀與由同。」

〔二〕文穎曰：「信必迷國，不疑也。」

〔三〕師古曰：「今欲奏此事，君定從何議也？」

〔四〕師古曰：「幷劾勝。」

〔五〕師古曰：「謂如尚書所劾奏也。」

後數日，復會議可復孝惠、孝景廟不，議者皆曰宜復。勝曰：「當如禮。」常復謂勝：「禮有變。」勝疾言曰：「去！是時之變。」〔一〕常恚，謂勝曰：「我視君何若，〔二〕君欲小與衆異，外以采名，君乃申徒狄屬耳！」〔三〕

〔一〕師古曰：「疾，急也。言時人意自變耳，禮不變也。」

〔二〕師古曰：「何若，言無所似也。」

〔三〕服虔曰：「殷之末世介士也，自沈於河者。」

先是常又爲勝道高陵有子殺母者。勝白之，尚書問：「誰受？」〔一〕對曰：「受夏侯常。」尚書使勝問常，常連恨勝，〔二〕卽應曰：「聞之白衣，戒君勿言也。〔三〕奏事不詳，妄作觸罪。」〔四〕勝窮，亡以對尚書，卽自劾奏與常爭言，洿辱朝廷。事下御史中丞，召詰問，劾奏「勝吏二千石，常位大夫，皆幸得給事中，與論議，〔五〕不崇禮義，而居公門下相非恨，疾言辯訟，媠謾亡狀，〔六〕皆不敬。」制曰：「貶秩各一等。」勝謝罪，乞骸骨。上乃復加賞賜，以子博爲侍郎，出勝爲渤海太守。勝謝病不任之官，積六月免歸。

〔一〕師古曰：「言於誰聞之也。」

〔二〕師古曰：「連恨謂再被（謂）〔譖〕去。」

〔三〕服虔曰：「聞之白衣耳，戒君勿言之，如何便上之邪？」師古曰：「白衣，給官府趨走賤人，若今諸司亭長掌固之屬。」

〔四〕師古曰：「言奏事不審，妄有發作自觸罪。」

〔五〕師古曰：「與讀曰豫。」

〔六〕師古曰：「疾，急也。媠，古惰字。謾讀與慢同。亡狀，無善狀也。」

上復徵爲光祿大夫。勝常稱疾臥，數使子上書乞骸骨，會哀帝崩。

初，琅邪邴漢亦以清行徵用，至京兆尹，後爲太中大夫。王莽秉政，勝與漢俱乞骸骨。自昭帝時，涿郡韓福以德行徵至京師，賜策書束帛遣歸。詔曰：「朕閔勞以官職之事，其務修孝弟以教鄉里。行道舍傳舍，〔一〕縣次具酒肉，食從者及馬。〔二〕長吏以時存問，常以歲八月賜羊一頭，酒二斛。不幸死者，賜複衾一，祠以中牢。」於是王莽依故事，白遣勝、漢。策曰：「惟元始二年六月庚寅，光祿大夫、太中大夫耆艾二人以老病罷。太皇太后使謁者僕射策詔之曰：蓋聞古者有司年至則致仕，所以恭讓而不盡其力也。今大夫年至矣，朕愍以官職之事煩大夫，其上子若孫若同產、同產子一人。〔三〕大夫其修身守道，以終高年。賜帛及行道舍宿，歲時羊酒衣衾，皆如韓福故事。所上子男皆除爲郎。」於是勝、漢遂歸老于鄉里。漢兄子曼容亦養志自修，爲官不肯過六百石，輒自免去，其名過出於漢。

〔一〕師古曰：「於傳舍止宿，若今官人行得過驛也。」

〔二〕師古曰：「道次給酒肉，並飤其從者及馬也。食讀曰飤。」

〔三〕師古曰：「同產，兄弟也。同產子，卽兄弟子也。」

初，龔舍以龔勝薦，徵爲諫大夫，病免。復徵爲博士，又病去。頃之，哀帝遣使者卽楚拜舍爲太山太守。〔一〕舍家居在武原，使者至縣請舍，欲令至廷拜授印綬。〔二〕舍曰：「王者以天下爲家，何必縣官？」遂於家受詔，便道之官。既至數月，上書乞骸骨。上徵舍，至京兆東湖界，〔三〕固稱病篤。天子使使者收印綬，拜舍爲光祿大夫。數賜告，舍終不肯起，乃遣歸。

〔一〕師古曰：「卽猶就也。」

〔二〕師古曰：「廷謂縣之庭內。」

〔三〕師古曰：「湖，縣也，時屬京兆。」

舍亦通五經，以魯詩教授。舍、勝既歸鄉里，郡二千石長吏初到官皆至其家，如師弟子之禮。舍年六十八，王莽居攝中卒。

莽既篡國，遣五威將帥行天下風俗，將帥親奉羊酒存問勝。明年，莽遣使者卽拜勝爲講學祭酒，〔一〕勝稱疾不應徵。後二年，莽復遣使者奉璽書，太子師友祭酒印綬，安車駟馬迎勝，卽拜，〔二〕秩上卿，先賜六月祿直以辦裝，使者與郡太守、縣長吏、三老官屬、行義諸生千人以上入勝里致詔。〔三〕使者欲令勝起迎，久立門外。勝稱病篤，爲牀室中戶西南牖下，〔四〕東首加朝服拕紳。〔五〕使者入戶，西行南面立，致詔付璽書，遷延再拜奉印綬，內安車駟馬，進謂勝曰：「聖朝未嘗忘君，制作未定，待君爲政，思聞所欲施行，以安海內。」勝對曰：「素愚，加以年老被病，命在朝夕，隨使君上道，必死道路，〔六〕無益萬分。」使者要說，〔七〕至以印綬就加勝身，勝輒推不受。使者卽上言：「方盛夏暑熱，勝病少氣，可須秋涼乃發。」〔八〕有詔許。使者五日壹與太守俱問起居，爲勝兩子及門人高暉等言：「朝廷虛心待君以茅土之封，雖疾病，宜動移至傳舍，示有行意，必爲子孫遺大業。」暉等白使者語，勝自知不見聽，卽謂暉等：「吾受漢家厚恩，亡以報，今年老矣，旦暮入地，誼豈以一身事二姓，下見故主哉？」勝因敕以棺斂喪事：〔九〕「衣周於身，棺周於衣。勿隨俗動吾冢，種柏，作祠堂。」〔一〇〕語畢，遂不復開口飲食，積十四日死，死時七十九矣。使者、太守臨斂，賜複衾祭祠如法。門人衰經治喪者百數。有老父來弔，哭甚哀，既而曰：「嗟虖！薰以香自燒，膏以明自銷。〔一一〕龔生竟夭天年，非吾徒也。」遂趨而出，莫知其誰。勝居彭城廉里，後世刻石表其里門。

〔一〕師古曰：「卽，就也。就其家而拜之。」

〔二〕師古曰：「就家迎之，因拜官。」

〔三〕師古曰：「行義謂鄉邑有行義之人也。諸生謂學徒也。行音下更反。」

〔四〕師古曰：「牖，窗也。於戶之西室之南牖下也。」

〔五〕師古曰：「拕，引也。臥著朝衣，故云加引大帶於體也。論語稱孔子『疾，君視之，東首加朝服拕紳』，故放之也。拕音土賀反。」

〔六〕師古曰：「示若尊敬使者，故謂之使君。」

〔七〕師古曰：「要音一遙反。說音式銳反。」

〔八〕師古曰：「須，待也。」

〔九〕師古曰：「棺音工煥反。斂音力贍反。」

〔一〇〕師古曰：「若葬多設器備，則恐被掘，故云動吾冢也。亦不得種柏及作祠堂，皆不隨俗。」

〔一一〕師古曰：「薰，芳草。」

鮑宣字子都，渤海高城人也。好學明經，爲縣鄉嗇夫，守束州丞。〔一〕後爲都尉太守功曹，舉孝廉爲郎，病去官，復爲州從事。大司馬衞將軍王商辟宣，薦爲議郎，後以病去。哀帝初，大司空何武除宣爲西曹掾，甚敬重焉，薦宣爲諫大夫，遷豫州牧。歲餘，丞相司直郭欽奏「宣舉錯煩苛，代二千石署吏聽訟，所察過詔條。〔二〕行部乘傳去法駕，〔三〕駕一馬，〔四〕舍宿鄉亭，爲衆所非。」宣坐免。歸家數月，復徵爲諫大夫。

〔一〕師古曰：「東州，渤海之縣也。」

〔二〕師古曰：「出六條之外。」

〔三〕師古曰：「行音下更反。傳音張戀反。」

〔四〕師古曰：「言其單率不依典制也。」

宣每居位，常上書諫爭，其言少文多實。是時帝祖母傅太后欲與成帝母俱稱尊號，封爵親屬，丞相孔光、大司空師丹、何武、大司馬傅喜始執正議，失傅太后指，皆免官。丁、傅子弟並進，董賢貴幸，宣以諫大夫從其後，上書諫曰：

竊見孝成皇帝時，外親持權，人人牽引所私以充塞朝廷，〔一〕妨賢人路，濁亂天下，奢泰亡度，窮困百姓，是以日蝕且十，彗星四起。危亡之徵，陛下所親見也，今奈何反覆劇於前乎！朝臣亡有大儒骨鯁，白首耆艾，魁壘之士；〔二〕論議通古今，喟然動衆心，〔三〕憂國如飢渴者，臣未見也。敦外親小童及幸臣董賢等在公門省戶下，〔四〕陛下欲與此共承天地，安海內，甚難。〔五〕今世俗謂不智者爲能，謂智者爲不能。昔堯放四罪而天下服，〔六〕今除一吏而衆皆惑；古刑人尚服，今賞人反惑。〔七〕請寄爲姦，〔八〕羣小日進。國家空虛，用度不足。民流亡，去城郭，盜賊並起，吏爲殘賊，歲增於前。

〔一〕師古曰：「塞，滿也。」

〔二〕服虔曰：「魁壘，壯貌也。」師古曰：「魁音口賄反。壘音磊。」

〔三〕師古曰：「喟然，歎息貌，音丘位反。」

〔四〕師古曰：「敦謂厚重也。」

〔五〕師古曰：「共讀曰恭。」

〔六〕師古曰：「四罪，流共工于幽州，放驩兜于崇山，竄三苗于三危，殛鯀于羽山也。」

〔七〕鄧展曰：「不得其人使之，天下惑也。」

〔八〕師古曰：「請寄謂以事私相託也。」

凡民有七亡：〔一〕陰陽不和，水旱爲災，一亡也；縣官重責更賦租稅，二亡也；〔二〕貪吏並公，受取不已，三亡也；〔三〕豪强大姓蠶食亡厭，四亡也；苛吏繇役，失農桑時，五亡也；部落鼓鳴，男女遮迣，六亡也；〔四〕盜賊劫略，取民財物，七亡也。七亡尚可，又有七死：酷吏毆殺，一死也；〔五〕治獄深刻，二死也；冤陷亡辜，三死也；盜賊橫發，四死也；〔六〕怨讎相殘，五死也；歲惡飢餓，六死也；時氣疾疫，七死也。民有七亡而無一得，欲望國安，誠難；民有七死而無一生，欲望刑措，誠難。此非公卿守相貪殘成化之所致邪？〔七〕羣臣幸得居尊官，食重祿，豈有肯加惻隱於細民，助陛下流教化者邪？〔八〕志但在營私家，稱賓客，爲姦利而已。〔九〕以苟容曲從爲賢，以拱默尸祿爲智，〔一〇〕謂如臣宣等爲愚。陛下擢臣巖穴，誠冀有益豪毛，豈徒欲使臣美食大官，重高門之地哉！〔一一〕

〔一〕師古曰：「亡謂失其作業也。」

〔二〕師古曰：「更謂爲更卒也，音工行反。」

〔三〕師古曰：「並，依也，音步浪反。」

〔四〕晉灼曰：「迾，古列字也。」師古曰：「言聞桴鼓之聲以爲有盜賊，皆當遮列而追捕。」

〔五〕師古曰：「毆，擊也，音一口反。」

〔六〕師古曰：「横音胡孟反。」

〔七〕師古曰：「守，郡守也。相，諸侯相也。」

〔八〕師古曰：「惻隱，皆痛也。」

〔九〕師古曰：「務稱賓客所求也。稱音尺孕反。」

〔一〇〕師古曰：「尸，主也。不憂其職，但主食祿而已。」

〔一一〕晉灼曰：「高門，殿名也。」師古曰：「在未央宮中。」

天下乃皇天之天下也，陛下上爲皇天子，下爲黎庶父母，爲天牧養元元，視之當如一，合尸鳩之詩。〔一〕今貧民菜食不厭，衣又穿空，〔二〕父子夫婦不能相保，誠可爲酸鼻。陛下不救，將安所歸命乎？〔三〕奈何獨私養外親與幸臣董賢，多賞賜以大萬數，使奴從賓客漿酒霍肉，〔四〕蒼頭廬兒皆用致富！非天意也。〔五〕及汝昌侯傅商亡功而封。夫官爵非陛下之官爵，乃天下之官爵也。陛下取非其官，官非其人，〔六〕而望天說民服，豈

不難哉！〔七〕

〔一〕師古曰：「尸鳩，曹國風之篇也。其詩云：『尸鳩在桑，其子七兮；淑人君子，其儀一兮。』言尸鳩之鳥養其子七，平均如一，善人君子布德施惠，亦當然也。尸鳩，拮掬也。拮音居黠反。」

〔二〕師古曰：「厭，飽足也。空，孔也。」

〔三〕師古曰：「安，焉也。」

〔四〕劉德曰：「視酒如漿，視肉如霍也。」師古曰：「霍，豆葉也。貧人茹之也。」

〔五〕孟康曰：「黎民，黔首，黎、黔皆黑也。下民陰類，故以黑爲號。漢名奴爲蒼頭，非純黑，以別於良人也。諸給殿中者所居爲廬，蒼頭侍從因呼爲廬兒。」臣瓚曰：「漢儀注官(如)〔奴〕給書計，從侍中已下爲蒼頭青幘。」

〔六〕師古曰：「此官不當加於此人，此人不當受於此官也。」

〔七〕師古曰：「說讀曰悅。」

方陽侯孫寵、宜陵侯息夫躬辯足以移衆，彊可用獨立，姦人之雄，或世尤劇者也，宜以時罷退。及外親幼童未通經術者，皆宜令休就師傅。急徵故大司馬傅喜使領外親。故大司空何武、師丹、故丞相孔光、故左將軍彭宣，經皆更博士，位皆歷三公，〔一〕智謀威信，可與建教化，圖安危。〔二〕龔勝爲司直，郡國皆慎選舉，三輔委輸官不敢爲姦，〔三〕可大委任也。陛下前以小不忍退武等，海內失望。〔四〕陛下尙能容亡功德者甚衆，曾不能忍武等邪！治天下者當用天下之心爲心，不得自專快意而已也。上之皇天見譴，下之黎庶怨恨，次有諫爭之臣，陛下苟欲自薄而厚惡臣，天下猶不聽也。臣雖愚戇，獨不知多受祿賜，美食太官，廣田宅，厚妻子，不與惡人結讎怨以安身邪？誠迫大義，官以諫爭爲職，不敢不竭愚。惟陛下少留神明，覽五經之文，原聖人之至意，深思天地之戒。臣宣吶鈍於辭，〔五〕不勝惓惓，盡死節而已。

〔一〕師古曰：「更亦歷也，音工衡反。」
〔二〕師古曰：「建，立也。圖，謀也。」
〔三〕師古曰：「委輸謂輸委積者也。委音迂僞反。輸音式喻反。」
〔四〕師古曰：「小有不快於心，不能忍之也。」
〔五〕師古曰：「吶亦訥字也。」

上以宣名儒，優容之。

是時郡國地震，民訛言行籌，明年正月朔日蝕，上乃徵孔光，免孫寵、息夫躬，罷侍中諸曹黃門郎數十人。宣復上書言：

陛下父事天，母事地，子養黎民，即位已來，父虧明，母震動，子訛言相驚恐。今日蝕於三始，〔一〕誠可畏懼。小民正月朔日尚恐毀敗器物，何況於日虧乎！陛下深內自責，避正殿，舉直言，求過失，罷退外親及旁仄素餐之人，〔二〕徵拜孔光爲光祿大夫，發覺孫寵、息夫躬過惡，免官遣就國，衆庶歙然，莫不說喜。〔三〕天人同心，人心說則天意解矣。乃二月丙戌，白虹虷日，連陰不雨，〔四〕此天有憂結未解，民有怨望未塞者也。

〔一〕如淳曰：「正月一日爲歲之朝，月之朝，日之朝。始猶朝也。」

〔二〕師古曰：「仄，古側字也。」

〔三〕師古曰：「歙音翕。說音悅。次亦同也。」

〔四〕師古曰：「虷音干。」

侍中駙馬都尉董賢本無葭莩之親，〔一〕但以令色諛言自進，〔二〕賞賜亡度，竭盡府藏，并合三第尙以爲小，復壞暴室。〔三〕賢父子坐使天子使者將作治第，行夜吏卒皆得賞賜。〔四〕上冢有會，輒太官爲供。海內貢獻當養一君，今反盡之賢家，豈天意與民意邪！天〔下〕〔不〕可久負，厚之如此，反所以害之也。誠欲哀賢，宜爲謝過天地，解讎海內，免遣就國，收乘輿器物，還之縣官。如此，可以父子終其性命；不者，海內之所讎，未有得久安者也。

〔一〕師古曰：「葭音工遐反。莩音孚。葭莩，喻輕薄而附著也，解在景十三王傳。」

〔二〕師古曰：「令，善也。諛，諂也。」

〔三〕師古曰：「時以三第總爲一第賜賢，猶嫌陋小，復取暴室之地以增益之也。」

〔四〕師古曰：「爲賢第上持時行夜者。音下更反。」

孫寵、息夫躬不宜居國，可皆免以視天下。〔一〕復徵何武、師丹、彭宣、傅喜，曠然使民易視，以應天心，〔二〕建立大政，以興太平之端。

〔一〕師古曰：「視讀曰示。」

〔二〕師古曰：「易，改也。」

高門去省戶數十步，求見出入，二年未省，〔一〕欲使海瀕仄陋自通，遠矣！〔二〕願賜數刻之間，〔三〕極竭毣毣之思，〔四〕退入三泉，死亡所恨。〔五〕

〔一〕師古曰：「不被省視也。」

〔二〕師古曰：「瀕，涯也，音頻，又音賓。」

〔三〕師古曰：「刻，漏刻也。間，空隙。」

〔四〕師古曰：「毣音沐。沐〔沐〕猶蒙蒙也。」如淳曰：「謹愿之貌也。」

〔五〕師古曰：「三重之泉，言其深也。」

上感大異，納宣言，徵何武、彭宣，旬月皆復爲三公。拜宣爲司隸。時哀帝改司隸校尉但爲司隸，官比司直。

丞相孔光四時行園陵，〔一〕官屬以令行馳道中，〔二〕宣出逢之，使吏鉤止丞相掾史，〔三〕沒入其車馬，摧辱宰相。事下御史中丞，侍御史至司隸官，欲捕從事，閉門不肯內。〔四〕宣坐距閉使者，亡人臣禮，大不敬，不道，下廷尉獄。博士弟子濟南王咸舉幡太學下，曰：「欲救鮑司隸者會此下。」諸生會者千餘人。朝日，遮丞相孔光自言，〔五〕丞相車不得行，又守闕上書。上遂抵宣罪減死一等，髡鉗。宣既被刑，乃徙之上黨，以爲其地宜田牧，又少豪俊，易長雄，〔六〕遂家于長子。〔七〕

〔一〕師古曰：「行音下更反。」
〔二〕如淳曰：「令諸使有制得行馳道中者，行旁道，無得行中央三丈也。」
〔三〕師古曰：「鉤，留也。」
〔四〕師古曰：「御史欲捕從事，而司隸閉門不得入也。」
〔五〕師古曰：「朝日謂早旦欲入朝也。」
〔六〕師古曰：「長，爲之長帥也。雄，爲之雄豪〔也〕。」
〔七〕師古曰：「上黨之縣也。長讀如本字。」

平帝卽位，王莽秉政，陰有篡國之心，乃風州郡以辠法案誅諸豪桀，〔一〕及漢忠直臣不附己者，宣及何武等皆死。時名捕隴西辛興，〔二〕興與宣女壻許紺俱過宣，一飯去，〔三〕宣不知情，坐繫獄，自殺。

〔一〕師古曰：「風讀曰諷。」
〔二〕師古曰：「詔顯其名而捕之。」
〔三〕師古曰：「飯音扶晚反。」

自成帝至王莽時，清名之士，琅邪又有紀逡王思，齊則薛方子容，太原則郇越臣仲、郇相稚賓，沛郡則唐林子高、唐尊伯高，〔一〕皆以明經飭行顯名於世。〔二〕

〔一〕師古曰：「并列其人本土及姓名字也。後皆類此。逡音千旬反。郇音荀，又音胡頑反。今荀郇二姓並有之，俱稱周武王之後也。」

〔二〕師古曰：「飭，謹也，讀與敕同。」

紀逡、兩唐皆仕王莽，封侯貴重，歷公卿位。唐林數上疏諫正，有忠直節。唐尊衣敝履空，〔一〕以瓦器飲食，又以歷遺公卿，〔二〕被虛僞名。〔三〕

〔一〕服虔曰：「履猶屨也。」師古曰：「衣音於既反。著敝衣躡空履也。空，穿也。」

〔二〕服虔曰：「以瓦器遺之。」

〔三〕師古曰：「被音皮義反。」

郇越、相，同族昆弟也，並舉州郡孝廉茂材，數病，去官。越散其先人訾千餘萬，以分施九族州里，志節尤高。相王莽時徵爲太子四友，病死，莽太子遣使裞以衣衾，〔一〕其子攀棺不聽，曰：「死父遺言，師友之送勿有所受，今於皇太子得託友官，故不受也。」京師稱之。

〔一〕師古曰：「贈喪衣服曰裞。裞音式芮反，其字從衣。」

薛方嘗爲郡掾祭酒，嘗徵不至，及莽以安車迎方，方因使者辭謝曰：「堯舜在上，下有巢由，今明主方隆唐虞之德，小臣欲守箕山之節也。」〔一〕使者以聞，莽說其言，不彊致。〔二〕方居家以經教授，喜屬文，〔三〕著詩賦數十篇。

〔一〕張晏曰：「許由隱於箕山，在陽城，有許由祠。」

〔二〕師古曰：「說讀曰悅。」

〔三〕師古曰：「喜音許吏反。屬音之欲反。」

始隃麋郭欽，哀帝時爲丞相司直，〔一〕奏免豫州牧鮑宣、京兆尹薛修等，又奏董賢，左遷盧奴令，平帝時遷南郡太守。而杜陵蔣詡元卿爲兗州刺史，亦以廉直爲名。王莽居攝，欽、詡皆以病免官，歸鄉里，臥不出戶，卒於家。

〔一〕師古曰：「隃麋，扶風之縣也。隃音踰。」

齊栗融客卿、北海禽慶子夏、蘇章游卿、山陽曹竟子期皆儒生，去官不仕於莽。莽死，漢更始徵竟以爲丞相，封侯，欲視致賢人，銷寇賊。〔一〕竟不受侯爵。會赤眉入長安，欲降竟，竟手劍格死。

〔一〕師古曰：「視讀曰示。」

世祖即位，徵薛方，道病卒。兩龔、鮑宣子孫皆見褒表，至大官。

贊曰：易稱「君子之道，或出或處，或默或語」，〔一〕言其各得道之一節，譬諸草木，區以別矣。〔二〕故曰山林之士往而不能反，朝廷之士入而不能出，二者各有所短。春秋列國卿大夫及至漢興將相名臣，懷祿耽寵以失其世者多矣！〔三〕是故清節之士於是爲貴。然大率多能自治而不能治人。王、貢之材，優於龔、鮑。守死善道，勝實蹈焉。〔四〕貞而不諒，薛方近之。〔五〕郭欽、蔣詡好遯不汙，絕紀、唐矣！〔六〕

〔一〕師古曰：「上繫辭也。謂發跡雖異，同歸於道。」

〔二〕師古曰：「言蘭桂異類而各芬馨也。」

〔三〕師古曰：「懷，思也，言不能去。」

〔四〕師古曰：「論語稱孔子曰：『篤信好學，守死善道，危邦不入，亂邦不居。』今龔勝不受莽官，蹈斯之迹也。」

〔五〕師古曰：「論語稱孔子曰『君子貞而不諒』，謂君子之人正其道耳，言不必信也。薛方志避亂朝，詭引巢許爲喻，近此義也。」

〔六〕師古曰：「欽、詡不仕於莽，遯逃濁亂，不汙其節，殊於紀逡及兩唐。」

校勘記

三〇九五頁三行　餓〔死〕于首陽，　殿本有「死」字，無「于」字。景祐本有「死」字，又有「于」字。

三〇九五頁五行　奮乎百世之上，（行乎）百世之下莫不興起，　景祐、殿本都無「行乎」二字。

三〇九七頁四行　或問：君子疾沒世而名不稱，盍勢諸？名，卿可幾。　楊樹達說，近人汪榮寶注法言，以

「名」一字爲句，「卿可幾」三字爲句，是也。諸說以「名卿」連讀，非是。

三〇五八頁七行　少（時）〔好〕學明經，　景祐、殿本都作「好」。王先謙說作「好」是。

三〇六一頁六行　中（慰）〔尉〕甚忠，　景祐、殿、局本都作「尉」，此誤。

三〇六二頁一行　願留意，（營）〔常〕以爲念。　景祐、殿本都作「常」。王先謙說作「常」是。

三〇六四頁一六行　是以貪財（趍）〔誅〕利，　景祐、殿本都作「誅」。

三〇六九頁二行　謂以粟米（飯）〔飤〕也。　景祐、殿本都作「飤」。

三〇七〇頁一行　後世爭爲奢侈，轉轉益（盛）〔甚〕，　景祐、殿本都作「甚」，通鑑同。

三〇七〇頁一三行　爲犬豬（所）食。　宋祁說浙本無「所」字。按景祐本無「所」字。

三〇七一頁三行　陛下（烏）〔惡〕有所言，　景祐、殿本都作「惡」。楊樹達說作「惡」是。

三〇七三頁三行　下鮑宣傳（倦倦）〔惓惓〕音義亦同，　景祐、殿本都作「惓惓」。

三〇七三頁一〇行　伏自念終亡以報厚（恩）〔德〕，　景祐、殿本都作「德」。

三〇七五頁一三行　民心（搖動）〔動搖〕，　景祐、殿本都作「動搖」。

三〇八〇頁一行　〔然通儒或非云〕，　景祐、殿本都有此六字。

三〇八〇頁五行　聞舍高（明）〔名〕，聘舍爲常侍。　景祐、殿本都作「名」。王先謙說作「名」是。

三〇八〇頁一四行　音（戈）〔弋〕癸反。　景祐、殿本都作「弋」，此誤。

三〇八二頁一六行　連恨謂再被〔謂〕〔譖〕去。　殿本作「譖」，此誤。

三〇九〇頁八行　官〔如〕〔奴〕給書計，　景祐、殿本都作「奴」，此誤。

三〇九二頁一〇行　天〔下〕〔不〕可久負，　王先謙說「下」字誤。按景祐、殿本都作「不」。

三〇九三頁一〇行　沐〔沐〕猶蒙蒙也。　殿本重「沐」字。王先謙說重「沐」字是。

三〇九四頁九行　雄，爲之雄豪〔也〕。　景祐、殿本都有「也」字。

漢書卷七十三

韋賢傳第四十三

韋賢字長孺，魯國鄒人也。其先韋孟，家本彭城，爲楚元王傅，傅子夷王及孫王戊。〔一〕戊荒淫不遵道，孟作詩風諫。後遂去位，徙家於鄒，又作一篇。其諫詩曰：

〔一〕師古曰：「官爲楚王傅而歷相三王也。」

肅肅我祖，國自豕韋，〔一〕黼衣朱紱，四牡龍旂。〔二〕彤弓斯征，撫寧遐荒，〔三〕總齊羣邦，以翼大商，〔四〕迭彼大彭，勳績惟光。〔五〕至于有周，歷世會同。〔六〕王赧聽譖，寔絕我邦。〔七〕我邦既絕，厥政斯逸，〔八〕賞罰之行，非繇王室。〔九〕庶尹羣后，靡扶靡衞，五服崩離，宗周以隊。〔一〇〕我祖斯微，遷于彭城，〔一一〕在予小子，勤誒厥生，〔一二〕阸此嫚秦，耒耜以耕。〔一三〕悠悠嫚秦，上天不寧，乃眷南顧，授漢于京。〔一四〕

〔一〕應劭曰：「在商爲豕韋氏也。」

〔二〕師古曰：「黼衣畫爲斧形，而白與黑爲彩也。朱紱爲朱裳畫爲亞文也。亞，古弗字也，故因謂之。紱字又作黻，其音同聲。」

〔三〕師古曰：「言受彤弓之賜，於此得專征伐也。」

〔四〕師古曰：「翼，佐助也。」

〔五〕應劭曰：「國語曰『大彭、豕韋爲商伯』。」師古曰：「迭，互也。自言豕韋氏與大彭互爲伯於殷商也。迭音徒結反。」

〔六〕師古曰：「繼爲諸侯預盟會之事也。」

〔七〕應劭曰：「王赧，周末王，聽讒受譖，絕豕韋氏也。」

〔八〕應劭曰：「言自絕豕韋氏之後，政教逸漏，不由王者也。」臣瓚曰：「逸，放也。管仲曰『令而不行謂之放』。」師古曰：「瓚說是也。」

〔九〕師古曰：「繇與由同也。」

〔一〇〕應劭曰：「五服謂甸服、侯服、綏服、要服、荒服也。」師古曰：「庶尹，衆官之長也。羣后，諸侯也。隊，失也，音直類反。」

〔一一〕師古曰：「言我之先祖於此遂微也。䙴，古遷字。其下並同。」

〔一二〕師古曰：「誒，歎聲，音許其反。」

〔一三〕師古曰：「言遭秦暴嫚，無有列位，躬耕於野。」

〔一四〕師古曰：「高祖起在豐沛，於秦爲南，故曰南顧。言以秦之京邑，授與漢也。」

於赫有漢，四方是征，〔一〕靡適不懷，萬國逌平，〔二〕乃命厥弟，建侯於楚，俾我小臣，惟傅是輔。兢兢元王，恭儉淨壹，〔三〕惠此黎民，納彼輔弼。饗國漸世，垂烈于後，〔四〕

乃及夷王，克奉厥緒。咨命不永，唯王統祀，〔五〕左右陪臣，此惟皇士。〔六〕

〔一〕師古曰：「於讀曰烏。烏，歎辭也。赫，明貌。凡此詩中諸歎辭稱於者，其音皆同。」

〔二〕師古曰：「懷，思也，來也。逌，古攸字。攸，所也。言漢兵所往之處，人皆思附而來，萬國所以平也。」

〔三〕師古曰：「兢兢，謹戒也。」

〔四〕師古曰：「元王立二十七年而薨，垂遺業於後嗣也。」

〔五〕師古曰：「咨，嗟也。永，長也。夷王立四年而薨，戊乃嗣位，故言不永也。」

〔六〕師古曰：「爾雅云：『皇，正也。』」

如何我王，不思守保，不惟履冰，以繼祖考！〔一〕邦事是廢，逸游是娛，犬馬繇繇，是放是驅。〔二〕務彼鳥獸，忽此稼苗，烝民以匱，我王以媮。〔三〕所弘非德，所親非俊，唯囿是恢，唯諛是信。〔四〕睮睮諂夫，咢咢黃髮，〔五〕如何我王，曾不是察！既藐下臣，追欲從逸，〔六〕嫚彼顯祖，輕茲削黜。

〔一〕師古曰：「惟亦思也，言不思念敬慎如履薄冰之義，用繼其祖考之業也。」

〔二〕師古曰：「繇與悠同。悠悠，行貌。放，放犬也。驅，驅馬也。」

〔三〕師古曰：「媮與愉同，樂也。言衆人失此稼穡，以致困匱，而王反以為樂也。」

〔四〕師古曰：「恢，大也。諛，諂言也。」

〔五〕如淳曰：「睮睮，自媚貌也。」師古曰：「咢咢，直言也。睮音踰。咢音五各反。」

〔六〕應劭曰：「藐，遠也。言疏遠忠賢之輔，追情欲，從逸遊也。」臣瓚曰：「藐，陵藐也。」師古曰：「藐與邈同。應說是也。下臣，孟自謂也。從讀曰縱。」

嗟嗟我王，漢之睦親，〔一〕曾不夙夜，以休令聞！〔二〕穆穆天子，臨爾下土，明明羣司，執憲靡顧。〔三〕正遐繇近，殆其怙茲，〔四〕嗟嗟我王，曷不此思！

〔一〕師古曰：「睦，密也，言服屬近。」

〔二〕師古曰：「休，美也。令，善也。聞，聲名也。」

〔三〕師古曰：「靡，無也。言執天子之法，無所顧望也。顧讀如古，協韻。」

〔四〕師古曰：「言欲正遠人，先從近〔親〕始，而王怙恃與漢戚屬，不自勗慎，以致危殆也。繇讀與由同。」

非思非鑒，嗣其罔則，〔一〕彌彌其失，岌岌其國。〔二〕致冰匪霜，致隊靡嫚，瞻惟我王，昔靡不練。〔三〕興國救顛，孰違悔過，追思黃髮，秦繆以霸。〔四〕歲月其徂，年其逮耇，〔五〕於昔君子，庶顯于後。〔六〕我王如何，曾不斯覽！〔七〕黃髮不近，胡不時監！〔八〕

〔一〕師古曰：「不思鑒戒之義，是令後嗣無所法則也。」

〔二〕應劭曰：「彌彌猶稍稍也，罪過茲甚也。岌岌，欲毀壞也。」師古曰：「岌岌，危動貌，音五合反。」

〔三〕師古曰：「言堅冰之成起於微霜，隕隊之咎由於怠嫚也。練猶閱歷之，言往昔之事，皆在王心，無所不閱也。」

〔四〕師古曰：「言興復邦國，救止顛隊之道，無如能自悔其過惡。秦穆公伐鄭，爲晉所敗而歸，乃作秦誓曰：『雖則員然，尚猶詢茲黃髮，則罔所愆。』謂雖有員然之失，庶幾以道謀於黃髮之賢，則行無所過矣。黃髮，老壽之人也，謂髮落更生黃者也。員與云同。」

〔五〕師古曰：「逮，及也。耇者，老人面色如垢也。言歲月驟往，年將及耇，不可殆忽。」

〔六〕師古曰：「於，歎辭也。言昔之君子，庶幾善道，所以能光顯於後世也。」

〔七〕師古曰：「覽，視也，叶韻音濫。」

〔八〕師古曰：「黃髮不近者，斥遠耇老之人也。近音其靳反。」

其在鄒詩曰：

微微小子，既耇且陋，〔一〕豈不牽位，穢我王朝。〔二〕王朝肅清，唯俊之庭，顧瞻余躬，懼穢此征。〔三〕

〔一〕師古曰：「自言年老，材質鄙陋也。」

〔二〕應劭曰：「言豈不戀此爵位乎？以王朝汙穢不肅清故也。」師古曰：「此說非也。恐己穢王朝，所以去耳，故下又言『懼穢此征』也。」

〔三〕李奇曰：「於此便行也。」師古曰：「此皆孟已去遜辭，不欲顯王之過惡也。」

我之退征，請于天子，天子我恤，矜我髮齒。赫赫天子，明悊且仁，懸車之義，以洎小臣。〔一〕嗟我小子，豈不懷土？庶我王寤，越遷于魯。〔二〕

〔一〕應劭曰：「古者七十縣車致仕。洎，及也。天子以縣車之義及我也。」師古曰：「洎音鉅異反。」

〔二〕應劭曰：「言豈不懷土乎？庶幾王之寤覺，欲還輔相之，相近居魯也。」

既去禰祖，惟懷惟顧，〔一〕祁祁我徒，戴負盈路。〔二〕爰戾于鄒，翦茅作堂，〔三〕我徒我環，築室于牆。〔四〕

〔一〕師古曰：「父廟曰禰。言去其父祖舊居，所以懷顧也。禰音乃禮反。」
〔二〕師古曰：「祁祁，衆貌。一曰祁祁，徐行也。徒謂學徒也。戴負者，謂隨其徒居也。」
〔三〕師古曰：「戾，至也。翦字與剪同。」
〔四〕師古曰：「環，遶也。」

我既䙴逝，心存我舊，夢我瀆上，立于王朝。〔一〕其夢如何？夢爭王室。其爭如何？夢王我弼。〔二〕寤其外邦，歎其喟然，〔三〕念我祖考，泣涕其漣。〔四〕微微老夫，咨既遷絕，〔五〕洋洋仲尼，視我遺烈。〔六〕濟濟鄒魯，禮義唯恭，誦習弦歌，于異他邦。〔七〕我雖鄙耇，心其好而，我徒侃爾，樂亦在而。〔八〕

〔一〕應劭曰：「瀆上，孟所居彭城東里名(曰)〔也〕。猶不忘本也。」
〔二〕師古曰：「弼，戾也。言夢爭王室之事，王違戾我言也。」
〔三〕師古曰：「夢在王朝，及寤之寤，乃在鄒也。寤，覺也。喟音丘位反。覺音工效反。」
〔四〕師古曰：「漣漣，泣下貌，音連。」
〔五〕師古曰：「咨，嗟也。絕謂與舊居絕也。」
〔六〕師古曰：「洋洋，美盛也。烈，業也。視讀曰示。孔子，鄒人，故言示我遺業也。洋音祥，又音羊。」

〔七〕師古曰：「言禮樂之教，不同餘土也。」
〔八〕師古曰：「而者，句（端）〔絕〕之辭。侃，和樂貌，音口旦反。」

孟卒于鄒。或曰其子孫好事，述先人之志而作是詩也。自孟至賢五世。賢爲人質朴少欲，篤志於學，〔一〕兼通禮、尙書，以詩教授，號稱鄒魯大儒。徵爲博士，給事中，進授昭帝詩，稍遷光祿大夫詹事，至大鴻臚。昭帝崩，無嗣，大將軍霍光與公卿共尊立孝宣帝。帝初卽位，賢以與謀議，安宗廟，賜爵關內侯，食邑。〔二〕徙爲長信少府。〔三〕以先帝師，甚見尊重。本始三年，代蔡義爲丞相，封扶陽侯，〔四〕食邑七百戶。時賢七十餘，爲相五歲，地節三年，以老病乞骸骨，賜黃金百斤，罷歸，加賜弟一區。丞相致仕自賢始。年八十二薨，謚曰節侯。

〔一〕師古曰：「篤，厚也。」
〔二〕師古曰：「與讀曰豫。」
〔三〕師古曰：「長信者，太后宮名，爲太后官屬也。」
〔四〕孟康曰：「屬沛郡。」

賢四子：長子方山爲高寢令，早終；次子弘，至東海太守；次子舜，留魯守墳墓；少子玄成，復以明經歷位至丞相。故鄒魯諺曰：「遺子黃金滿籝，不如一經。」〔一〕

〔一〕如淳曰：「籝，竹器，受三四斗。今陳留俗有此器。」蔡謨曰：「滿籝者，言其多耳，非器名也。若論陳留之俗，則我陳人也，不聞有此器。』」師古曰：「許慎說文解字云『籯，笭也』，楊雄方言云『陳、楚、宋、魏之間謂筲爲籯』，然則筐籠之屬是也。今書本籯字或作盈，又是盈滿之義，蓋兩通也。」

玄成字少翁，以父任爲郎，常侍騎。少好學，修父業，尤謙遜下士。〔一〕出遇知識步行，輒下從者，與載送之，〔二〕以爲常。其接人，貧賤者益加敬，繇是名譽日廣。〔三〕以明經擢爲諫大夫，遷大河都尉。〔四〕

〔一〕師古曰：「下音胡亞反。」

〔二〕師古曰：「輟從者之車馬也。」

〔三〕師古曰：「繇與由同。」

〔四〕服虔曰：「今東平郡也。本爲濟東國，後王國除，爲大河郡。」

初，玄成兄弘爲太常丞，職奉宗廟，典諸陵邑，煩劇多罪過。父賢以弘當爲嗣，故敕令自免。〔一〕弘懷謙，不去官。〔二〕及賢病篤，弘竟坐宗廟事繫獄，罪未決。室家問賢當爲後者，賢恚恨不肯言。於是賢門下生博士義倩等與宗家計議，〔三〕共矯賢令，〔四〕使家丞上書言大行，〔五〕以大河都尉玄成爲後。賢薨，玄成在官聞喪，又言當爲嗣，玄成深知其非賢雅意，即陽爲病狂，臥便利，妄笑語昏亂。〔六〕徵至長安，既葬，當襲爵，以病狂不應召。大鴻臚〔七〕

〔奏〕狀，章下丞相御史案驗。玄成素有名聲，士大夫多疑其欲讓爵辟兄者。〔七〕案事丞相史乃與玄成書〔八〕曰：「古之辭讓，必有文義可觀，故能垂榮於後。今子獨壞容貌，蒙恥辱，爲狂癡，光曜晻而不宣。〔九〕微哉！子之所託名也。〔一〇〕僕素愚陋，過爲宰相執事，〔一一〕願少聞風聲。不然，恐子傷高而僕爲小人也。」玄成友人侍郎章亦上疏言：「聖王貴以禮讓爲國，宜優養玄成，勿枉其志，〔一二〕使得自安衡門之下。」〔一三〕而丞相御史遂以玄成實不病，劾奏之。有詔勿劾，引拜。玄成不得已受爵。宣帝高其節，以玄成爲河南太守。兄弘太山都尉，遷東海太守。

〔一〕師古曰：「恐其有罪見黜，妨爲繼嗣，故令以病去官也。」
〔二〕師古曰：「謂若欲代父爲侯，故避嫌不肯也。」
〔三〕師古曰：「博士姓義名倩也。宗家，賢之同族也。倩音千見反。」
〔四〕師古曰：「矯，託也。」
〔五〕師古曰：「爲文書於大行，以言其事也。」
〔六〕師古曰：「便利，大小便。」
〔七〕師古曰：「辟讀曰避。」
〔八〕師古曰：「即案驗玄成事者。」
〔九〕師古曰：「晻讀與暗同。」
〔一〇〕李奇曰：「名，聲名也。」

〔二〕師古曰：「過猶謬也。」

〔三〕師古曰：「枉，屈也。」

〔四〕師古曰：「衡門，謂橫一木於門上，貧者之所居也。」

數歲，玄成徵爲未央衞尉，遷太常。坐與故平通侯楊惲厚善，惲誅，黨友皆免官。後以列侯侍祀孝惠廟，當晨入廟，天雨淖，〔一〕不駕駟馬車而騎至廟下。有司劾奏，等輩數人皆削爵爲關內侯。玄成自傷貶黜父爵，歎曰：「吾何面目以奉祭祀！」作詩自劾責，曰：

〔一〕師古曰：「淖，泥也，音女教反。」

赫矣我祖，侯于豕韋，賜命建伯，有殷以綏。〔一〕厥績既昭，車服有常，朝宗商邑，四牡翔翔。〔二〕德之令顯，慶流于裔，宗周至漢，羣后歷世。〔三〕

〔一〕師古曰：「建，立也。立爲伯也。綏，安也。以有此伯，故天下安也。」

〔二〕師古曰：「翔翔，安舒貌。」

〔三〕應劭曰：「歷世有爵位。」

肅肅楚傅，輔翼元、夷，〔一〕厥駟有庸，惟慎惟祗。〔二〕嗣王孔佚，越遷于鄒，〔三〕五世壙僚，至我節侯。〔四〕

〔一〕師古曰：「元王、夷王也。」

〔二〕孟康曰：「駟，駟馬也。尚書『車服以庸』。庸，功也。」師古曰：「庸亦常也，即上車服有常同義也。祗，敬也。」

〔三〕師古曰：「孔，甚也。佚與逸同。」
〔四〕應劭曰：「自孟至賢五世無官。壙，空也。」

惟我節侯，顯德遐聞，〔一〕左右昭、宣，五品以訓。〔二〕既耇致位，惟懿惟奐，〔三〕厥賜祁祁，百金泊館。〔四〕國彼扶陽，在京之東，惟帝是留，政謀是從。繹繹六轡，是列是理，〔五〕威儀濟濟，朝享天子。天子穆穆，是宗是師，〔六〕四方遐爾，觀國之煇。〔七〕

〔一〕師古曰：「聞，合韻音問。」
〔二〕師古曰：「左右，助也，言爲相也。五品，五敎也。訓，理也。左讀曰佐，右讀曰佑。」
〔三〕師古曰：「言以年致仕也。懿，美也。奐，盛也。」
〔四〕師古曰：「祁祁，行來貌。泊，及也。」
〔五〕師古曰：「繹繹，和調之貌。」
〔六〕師古曰：「穆穆，天子之容也。宗，尊也，言天子尊之以爲師。」
〔七〕師古曰：「煇，光也。」

茅土之繼，在我俊兄，惟我俊兄，是讓是形。〔一〕於休厥德，於赫有聲，〔二〕致我小子，越留於京。〔三〕惟我小子，不肅會同，〔四〕媠彼車服，黜此附庸。〔五〕

〔一〕師古曰：「形，見也。言其謙讓志節顯見也。」
〔二〕師古曰：「於，皆歎辭也。休，美也。」

〔三〕師古曰：「言致爵位於己身而留在京師，豫朝請。」

〔四〕師古曰：「肅，敬也。」

〔五〕師古曰：「媠，古惰字也。削爵爲關內侯，故云黜此附庸，言見黜而爲附庸也。」

赫赫顯爵，自我隊之；微微附庸，自我招之。誰能忍媿，寄之我顏；誰將遐征，從之夷蠻。〔一〕於赫三事，匪俊匪作，於蔑小子，終焉其度。〔二〕誰謂華高，企其齊而；誰謂德難，厲其庶而。〔三〕嗟我小子，于貳其尤，〔四〕隊彼令聲，申此擇辭。〔五〕四方羣后，我監我視，威儀車服，唯肅是履！〔六〕

〔一〕師古曰：「言己恥辱之甚，無所自措，故曰誰有能忍媿者，以我顏寄之；誰欲遠行去者，當與相從，適於蠻夷，不能見朝廷之士也。」

〔二〕師古曰：「於，歎辭也。三事，三公之位也。度，居也。言三公顯職，以賢俊爲之，我雖微蔑，方自勉厲，終當居此也。度音大各反。後並同。」

〔三〕師古曰：「華，華山也。華山雖高，企仰則能齊觀。道德不易，克厲然庶幾可及也。」

〔四〕師古曰：「于，往也。尤，過也。自戒云，今以往勿貳其過。一曰，貳〔謂〕不一也，言心不專一，致此過也。」

〔五〕師古曰：「令，善也。擇，可擇之辭。一曰，擇謂創也。」

〔六〕師古曰：「戒他人。」

初，宣帝寵姬張婕妤男淮陽憲王好政事，通法律，上奇其材，有意欲以爲嗣，然用太子起於細微，又早失母，故不忍也。久之，上欲感風憲王，輔以禮讓之臣，〔一〕乃召拜玄成爲淮陽中尉。是時王未就國，玄成受詔，與太子太傅蕭望之及五經諸儒雜論同異於石渠閣，條奏其對。及元帝即位，以玄成爲少府，遷太子太傅，至御史大夫。永光中，代于定國爲丞相。貶黜十年之間，遂繼父相位，封侯故國，榮當世焉。玄成復作詩，自著復玷缺之囏難，〔二〕因以戒示子孫，曰：

〔一〕師古曰：「風讀曰諷。」

〔二〕師古曰：「玉缺曰玷。復音房目反。囏，古艱字。玷音丁念反。」

於肅君子，既令厥德，〔一〕儀服此恭，棣棣其則。〔二〕咨余小子，既德靡逮，〔三〕曾是車服，荒嫚以隊。〔四〕

〔一〕師古曰：「於，歎辭也。肅，敬也。令，善也。言君子之人，皆肅敬以善其德也。」

〔二〕李奇曰：「善威儀也。」師古曰：「詩邶柏舟曰『威儀逮逮，不可選也』。逮逮，閑習之貌，音徒繼反。」

〔三〕師古曰：「逮，及也，自言德不及也。」

〔四〕師古曰：「曾之言則也。」

明明天子，俊德烈烈，不遂我遺，恤我九列。〔一〕我既茲恤，惟夙惟夜，〔二〕畏忌是申，供事靡惰。〔三〕天子我監，登我三事，〔四〕顧我傷隊，爵復我舊。

〔一〕師古曰：「恤，安也。九列，卿之位，謂少府。」

〔二〕師古曰：「夙，早也。言早夜常自戒也。」
〔三〕師古曰：「申，言自約束也。憜，古惰字。」
〔四〕師古曰：「監，察也。三事，三公之位，謂丞相也。」

我既此登，望我舊階，先后茲度，漣漣孔懷。〔一〕司直御事，我熙我盛；〔二〕羣公百僚，我嘉我慶。于異卿士，非同我心，三事惟囏，莫我肯矜。〔三〕赫赫三事，力雖此畢，非(吾)〔我〕所度，退其罔日。〔四〕昔我之隊，畏不此居，〔五〕今我度茲，戚戚其懼。〔六〕

〔一〕應劭曰：「我既此登，為丞相也。先后茲度，父所在也。」臣瓚曰：「案古文宅度同。」師古曰：「先后卽先君也。以父昔居此位，故泣涕而甚思之也。」
〔二〕師古曰：「司直，丞相司直也。御事，治事之吏也。言司直及治事之人助我興盛而為職務也。」
〔三〕師古曰：「言己居尊位，懼不克勝，而羣公百官，皆來相慶，是與我心不同也。」
〔四〕師古曰：「我雖畢力於此，然懼非所居，貶退無日。」
〔五〕師古曰：「居，合韻音基庶反。」
〔六〕師古曰：「度亦居也。」

嗟我後人，命其靡常，靖享爾位，瞻仰靡荒。〔一〕慎爾會同，戒爾車服，無婧爾儀，以保爾域。〔二〕爾無我視，不慎不整；我之此復，惟祿之幸。〔三〕於戲後人，惟肅惟栗。〔四〕無忝顯祖，以蕃漢室！

〔一〕師古曰：「靖，謀也。享，當也。言天（會）〔命〕無常，唯善是祐。謀當爾位，無荒怠也。」
〔二〕師古曰：「婧亦古惰字也。域謂封邑也。」
〔三〕師古曰：「言我之得復此爵，乃蒙天之福幸而遇之，爾等不當視效而怠慢也。」
〔四〕師古曰：「於戲讀曰嗚乎。」

玄成爲相七年，守正持重不及父賢，而文采過之。建昭三年薨，謚曰共侯。初，賢以昭帝時徙平陵，玄成別徙杜陵，病且死，因使者自白曰：「不勝父子恩，願乞骸骨，歸葬父墓。」上許焉。

子頃侯寬嗣。薨，子僖侯育嗣。薨，子節侯沈嗣。自賢傳國至玄孫乃絕。玄成兄高寢令方山子安世歷郡守，大鴻臚，長樂衞尉，朝廷稱有宰相之器，會其病終。而東海太守弘子賞亦明詩。哀帝爲定陶王時，賞爲太傅。哀帝即位，賞以舊恩爲大司馬車騎將軍，列爲三公，賜爵關內侯，食邑千戶，亦年八十餘，以壽終。宗族至吏二千石者十餘人。

初，高祖時，令諸侯王都皆立太上皇廟。至惠帝尊高帝廟爲太祖廟，景帝尊孝文廟爲太宗廟，行所嘗幸郡國各立太祖、太宗廟。至宣帝本始二年，復尊孝武廟爲世宗廟，行所巡狩亦立焉。凡祖宗廟在郡國六十八，合百六十七所。〔一〕而京師自高祖下至宣帝，與太上皇、悼皇考各自居陵旁立廟，〔二〕并爲百七十六。又園中各有寢、便殿。〔三〕日祭於寢，月祭於廟，時祭於便殿。寢，日四上食；廟，歲二十五祠；〔四〕便殿，歲四祠。又月一游衣冠。而昭靈后、武哀王、昭哀后、孝文太后、孝昭太后、衞思后、戾太子、戾后各有寢園，與諸帝合，凡三十所。一歲祠，上食二萬四千四百五十五，用衞士四萬五千一百二十九人，祝宰樂人萬二千一百四十七人，養犧牲卒不在數中。

〔一〕師古曰：「六十八者，郡國之數也。百六十七所，宗廟之數也。」

〔二〕師古曰：「悼皇考者，宣帝之父，卽史皇孫。」

〔三〕如淳曰：「黃圖高廟有便殿，是中央正殿也。」師古曰：「如說非也。凡言便殿、便室者，皆非正大之處。寢者，陵上正殿，若平生露寢矣。便殿者，寢側之（便）〔別〕殿耳。」

〔四〕如淳曰：「月祭朔望，加臘月二十五。」晉灼曰：「漢儀注宗廟一歲十二祠。五月嘗麥。六月、七月三伏、立秋貙婁，又嘗粢。八月先夕饋飧，皆一太牢，酎祭用九太牢。十月嘗稻，又飲蒸，二太牢。十〔一〕月嘗，十二月臘，二太牢。又每月一太牢，如閏加一祀，與此上十二爲二十五祠。」師古曰：「晉說是也。」

至元帝時，貢禹奏言：「古者天子七廟，今孝惠、孝景廟皆親盡，宜毀。及郡國廟不應古禮，宜正定。」天子是其議，未及施行而禹卒。永光四年，乃下詔先議罷郡國廟，曰：「朕聞明王之御世也，遭時爲法，因事制宜。〔一〕往者天下初定，遠方未賓，因嘗所親以立宗廟，〔二〕蓋建威銷萌，一民之至權也。〔三〕今賴天地之靈，宗廟之福，四方同軌，蠻貊貢職，〔四〕久遵而不定，令疏遠卑賤共承尊祀，〔五〕殆非皇天祖宗之意，朕甚懼焉。傳不云乎？『吾不與祭，如不祭。』〔六〕其與將軍、列侯、中二千石、二千石、諸大夫、博士、議郎議。」丞相玄成、御史大夫鄭弘、太子太傅嚴彭祖、少府歐陽地餘、諫大夫尹更始等七十人皆曰：「臣聞祭，非自外至者也，繇中出，生於心也。〔七〕故唯聖人爲能饗帝，孝子爲能饗親。〔八〕立廟京師之居，躬親承事，四海之內各以其職來助祭，尊親之大義，五帝三王所共，不易之道也。〔九〕詩云：『有來雍雍，至止肅肅，相維辟公，天子穆穆。』〔一〇〕春秋之義，父不祭於支庶之宅，君不祭於臣僕之家，王不祭於下土諸侯。臣等愚以爲宗廟在郡國，宜無修，臣請勿復修。」奏可。因罷昭靈后、武哀王、昭哀后、衞思后、戾太子、戾后園，皆不奉祠，裁置吏卒守焉。

〔一〕師古曰：「言不必同也。」

〔二〕師古曰：「親謂親臨幸處也。」

〔三〕師古曰：「銷遏逆亂，使不得萌生。」

〔四〕師古曰：「同軌，言車轍皆同，示法制齊也。」

〔五〕師古曰：「共讀曰恭。」

〔六〕師古曰：「論語載孔子之言。與讀曰預。」

〔七〕師古曰：「繇讀與由同。」

〔八〕師古曰：「言情禮皆備。」

〔九〕師古曰：「易，改也。」

〔10〕師古曰：「此周頌雍篇（祖）〔禘〕太祖之詩也。雍雍，和也。肅肅，敬也。相，助也。辟，百辟卿士也。公，諸侯也。有來而和者，至而敬者，助王禘祭，是百辟諸侯也。天子是時則穆穆然承事也。」

罷郡國廟後月餘，復下詔曰：「蓋聞明王制禮，立親廟四，祖宗之廟，萬世不毀，所以明尊祖敬宗，著親親也。〔一〕朕獲承祖宗之重，惟大禮未備，戰栗恐懼，不敢自顓，〔二〕其與將軍、列侯、中二千石、二千石、諸大夫、博士議。」玄成等四十四人奏議曰：「禮，王者始受命，諸侯始封之君，皆為太祖。以下，五廟而迭毀，〔三〕毀廟之主臧乎太祖，五年而再殷祭，言壹禘壹祫也。〔四〕祫祭者，毀廟與未毀廟之主皆合食於太祖，父為昭，子為穆，孫復為昭，古之正禮也。〔五〕祭義曰：『王者禘其祖自出，〔六〕以其祖配之，而立四廟。』言始受命而王，祭天以其祖配，而不為立廟，親盡也。立親廟四，親親也。親盡而迭毀，親疏之殺，示有終也。〔七〕周之所以七廟者，以后稷始封，文王、武王受命而王，是以三廟不毀，與親廟四而七。非有后稷始封，文、武受命之功者，皆當親盡而毀。成王成二聖之業，〔八〕制禮作樂，功德茂盛，廟猶不世，以行為謚而已。〔九〕禮，廟在大門之內，不敢遠親也。〔10〕臣愚以為高帝受命定天下，宜為帝者太祖之廟，世世不毀，承後屬盡者宜毀。今宗廟異處，昭穆不序，宜入就太祖廟而序昭穆如禮。太上皇、孝惠、孝文、孝景廟皆親盡宜毀，皇考廟親未盡，如故。」〔一一〕大司馬車騎將軍許嘉等二十九人以為孝文皇帝除誹謗，去肉刑，躬節儉，不受獻，罪人不帑，不私其利，〔一二〕出美人，重絕人類，賓賜長老，收恤孤獨，德厚侔天地，利澤施四海，宜爲帝者太宗之廟。廷尉忠以爲孝武皇帝改正朔，易服色，攘四夷，宜爲世宗之廟。〔一三〕諫大夫尹更始等十八人以爲皇考廟上序於昭穆，非正禮，宜毁。

〔一〕師古曰：「著亦明也。」

〔二〕師古曰：「顓與專同。」

〔三〕師古曰：「迭，互也。親盡則毁，故云迭也，音大結反。」

〔四〕師古曰：「殷，大也。禘，諦也。（一）〔壹〕，一祭之也。祫，合也。禘音大系反。祫音洽。」

〔五〕師古曰：「昭穆者，父子易其號序也。昭，明也。穆，美也。後以晉室諱昭，故學者改昭爲韶。」

〔六〕師古曰：「祖所從出者。」

〔七〕師古曰：「殺，漸降也，音所例反。」

〔八〕師古曰：「二聖，文王、武王也。」

〔九〕師古曰：「謂之成王，則是以行表謚也。」

〔一〇〕師古曰：「遠，離也，音于萬反。」

〔一一〕張晏曰：「悼皇考於元帝祖也。」

〔一二〕師古曰：「重罪之人不及妻子，是不私其利也。帑讀與孥同。」

〔一三〕師古曰：「忠，尹忠也。攘，卻也。」

於是上重其事，〔一〕依違者一年，〔二〕乃下詔曰：「蓋聞王者祖有功而宗有德，尊尊之大義也；存親廟四，親親之至恩也。高皇帝爲天下誅暴除亂，受命而帝，功莫大焉。孝文皇帝國爲代王，諸呂作亂，海內搖動，然羣臣黎庶靡不壹意，北面而歸心，猶謙辭固讓而後卽位，削亂秦之迹，興三代之風，是以百姓晏然，咸獲嘉福，德莫盛焉。高皇帝爲漢太祖，孝文皇帝爲太宗，世世承祀，傳之無窮，朕甚樂之。孝宣皇帝爲孝昭皇帝後，於義壹體。〔三〕孝景皇帝廟及皇考廟皆親盡，其正禮儀。」玄成等奏曰：「祖宗之廟世世不毀，繼祖以下，五廟而迭毀。今高皇帝爲太祖，孝文皇帝爲太宗，孝景皇帝爲昭，孝武皇帝爲穆，孝昭皇帝與孝宣皇帝俱爲昭。皇考廟親未盡。太上、孝惠廟皆親盡，宜毀。太上廟主宜瘞園，孝惠皇帝爲穆，主遷於太祖廟，寢園皆無復修。」奏可。

〔一〕師古曰：「重，難也。」

〔二〕師古曰：「依違者，不決也。」

〔三〕師古曰：「一體謂俱爲昭也。禮，孫與祖俱爲昭。宣帝之於昭帝爲從孫，故云於義一體。」

議者又以爲清廟之詩言交神之禮無不清靜，〔一〕今衣冠出游，有車騎之衆，風雨之氣，非所謂清靜也。「祭不欲數，數則瀆，瀆則不敬。」〔二〕宜復古禮，四時祭於廟，諸寢園日月間祀皆可勿復修。〔三〕上亦不改也。明年，玄成復言：「古者制禮，別尊卑貴賤，國君之母非適不得配食，則薦於寢，〔四〕身沒而已。陛下躬至孝，承天心，建祖宗，定迭毁，序昭穆，大禮既定，孝文太后、孝昭太后寢祠園宜如禮勿復修。」奏可。

〔一〕師古曰：「清廟，周頌祀文王之詩。其詩云『於穆清廟，肅雍顯相』，又曰『對越在天，駿奔走在廟』。」

〔二〕師古曰：「此禮記祭法之言。瀆，煩汙也。數音所角反。」

〔三〕師古曰：「閒音工莧反。」

〔四〕師古曰：「適讀曰嫡也。」

後歲餘，玄成薨，匡衡爲丞相。上寢疾，夢祖宗譴罷郡國廟，上少弟楚孝王亦夢焉。上詔問衡，議欲復之，衡深言不可。上疾久不平，衡惶恐，禱高祖、孝文、孝武廟曰：「嗣曾孫皇帝恭承洪業，夙夜不敢康寧，思育休烈，以章祖宗之盛功。〔一〕故動作接神，必因古聖之經。往者有司以爲前因所幸而立廟，將以繫海內之心，非爲尊祖嚴親也。今賴宗廟之靈，六合之內莫不附親，廟宜一居京師，天子親奉，郡國廟可止毋修。皇帝祗肅舊禮，尊重神明，卽告于祖宗而不敢失。〔二〕今皇帝有疾不豫，乃夢祖宗見戒以廟，楚王夢亦有其序。〔三〕皇帝悼懼，卽詔臣衡復修立。謹案上世帝王承祖禰之大（義）〔禮〕，皆不敢不自親。郡國吏卑賤，不可使獨承。又祭祀之義以民爲本，間者歲數不登，百姓困乏，郡國廟無以修立。禮，凶年則歲事不舉，以祖禰之意爲不樂，是以不敢復。〔四〕如誠非禮義之中，違祖宗之心，咎盡在臣衡，〔五〕當受其殃，大被其疾，隊在溝瀆之中。皇帝至孝肅慎，宜蒙祐福。唯高皇帝、孝文皇帝、孝武皇帝省察，右饗皇帝之孝，〔六〕開賜皇帝眉壽亡疆，〔七〕令所疾日瘳，平復反常，〔八〕永保宗廟，天下幸甚！」

〔一〕師古曰：「育，養也。休，美也。烈，業也。」
〔二〕師古曰：「不敢失禮。」
〔三〕師古曰：「序，緒也，謂端緒也。」
〔四〕師古曰：「復音房目反。」
〔五〕師古曰：「如，若也。中音竹仲反。」
〔六〕師古曰：「右讀曰祐。」
〔七〕師古曰：「眉壽言壽考而眉秀也。疆，境也。」
〔八〕師古曰：「反猶還也。」

又告謝毀廟曰：「往者大臣以爲在昔帝王承祖宗之休典，取象於天地，〔一〕天序五行，人親五屬，〔二〕天子奉天，故率其意而尊其制。是以禘嘗之序，靡有過五。受命之君躬接于天，萬世不墮。繼烈以下，五廟而遷，〔三〕上陳太祖，間歲而祫，〔四〕其道應天，故福祿永終。太上皇非受命而屬盡，義則當遷。又以爲孝莫大於嚴父，故父之所尊子不敢不承，父之所異子不敢同。禮，公子不得爲母信，爲後則於子祭，於孫止，〔五〕尊祖嚴父之義也。寢日四上食，園廟間祠，皆可亡修。〔六〕皇帝思慕悼懼，未敢盡從。惟念高皇帝聖德茂盛，受命溥將，欽若稽古，承順天心，〔七〕子孫本支，陳錫亡疆。〔八〕誠以爲遷廟合祭，久長之策，高皇帝之意，乃敢不聽？〔九〕即以令日〔一〇〕遷太上、孝惠廟，孝文太后、孝昭太后寢，將以昭祖宗之德，順天人之序，定無窮之業。今皇帝未受茲福，乃有不能共職之疾。〔一一〕皇帝願復修承祀，臣衡等咸以爲禮不得。〔一二〕如不合高皇帝、孝惠皇帝、孝文皇帝、孝武皇帝、孝昭皇帝、孝宣皇帝、太上皇、孝文太后、孝昭太后之意，罪盡在臣衡等，當受其咎。今皇帝尚未平，詔中朝臣具復毀廟之文。臣衡中朝臣咸復以爲天子之祀義有所斷，禮有所承，違統背制，不可以奉先祖，皇天不祐，鬼神不饗。六藝所載，皆言不當，〔一三〕無所依緣，以作其文。事如失指，罪乃在臣衡，當深受其殃。皇帝宜厚蒙祉福，嘉氣日興，疾病平復，永保宗廟，與天亡極，羣生百神，有所歸息。」〔一四〕諸廟皆同文。

〔一〕師古曰：「休，美也。典，法也。」

〔二〕師古曰：「五屬謂同族之五服，斬衰、齊衰、大功、小功、緦麻也。」

〔三〕師古曰：「墮，毀也。烈，業也。繼謂始嗣位者也。墮音火規反。」

〔四〕師古曰：「間歲，隔一歲也。」

〔五〕李奇曰：「不得信，尊其父也。公子去其所而爲大宗後，尚得私祭其母，爲孫則止，不得祭公子母也，明繼祖不〔得〕〔復〕顧其私祖母也。」師古曰：「信讀曰伸。」

〔六〕師古曰：「閒音工莧反。」

〔七〕師古曰：「溥，廣也。將，大也。欽，敬也。若，善也。稽，考也。商頌烈祖之篇曰『我受命溥將』。虞書堯典曰『欽若昊天』，又曰『若稽古帝堯』，故衡總引之。」

〔八〕師古曰：「詩大雅文王之篇曰：『陳錫載周，侯文王孫子。文王孫子，本支百世。』陳，敷也。載，始也。本，本宗也。支，支子也。言子孫承受敷錫初始之福，故得永久無窮竟也。」

〔九〕師古曰：「言不敢不從。」

〔一〇〕師古曰：「令，善也。謂吉日也。」

〔一一〕師古曰：「共讀曰恭。」

〔一二〕師古曰：「於禮不合也。」

〔一三〕師古曰：「六藝，(之)〔六〕經也。」

〔一四〕師古曰：「息，止也。」

久之，上疾連年，遂盡復諸所罷寢廟園，皆修祀如故。初，上定迭毀禮，獨尊孝文廟爲太宗，而孝武廟親未盡，故未毀。上於是乃復申明之，曰：「孝宣皇帝尊孝武廟曰世宗，損益之禮，不敢有與焉。〔一〕他皆如舊制。」唯郡國廟遂廢云。

〔一〕師古曰：「與讀曰預。其下亦同。」

元帝崩，衡奏言：「前以上體不平，故復諸所罷祠，卒不蒙福。〔一〕案衞思后、戾太子、戾后園，親未盡。〔二〕孝惠、孝景廟親盡，宜毁。及太上皇、孝文、孝昭太后、昭靈后、昭哀后、武哀王祠，請悉罷，勿奉。」奏可。初，高后時患臣下妄非議先帝宗廟寢園官，故定著令，敢有擅議者棄市。至元帝改制，蠲除此令。成帝時以無繼嗣，河平元年復復太上皇寢廟園，世世奉祠。昭靈后、武哀王、昭哀后并食於太上寢廟如故，又復擅議宗廟之命。〔三〕

〔一〕師古曰：「卒，終也。」

〔二〕師古曰：「言不當毁也。」

〔三〕師古曰：「復音方目反。」

成帝崩，哀帝即位。丞相孔光、大司空何武奏言：「永光五年制書，高皇帝爲漢太祖，孝文皇帝爲太宗。建昭五年制書，孝武皇帝爲世宗。損益之禮，不敢有與。臣愚以爲迭毁之次，當以時定，非令所爲擅議宗廟之意也。臣請與羣臣雜議。」奏可。於是，光祿勳彭宣、詹事滿昌、博士左咸等五十三人皆以爲繼祖宗以下，五廟而迭毁，後雖有賢君，猶不得與祖宗並列。子孫雖欲褒大顯揚而立之，鬼神不饗也。孝武皇帝雖有功烈，親盡宜毁。

太僕王舜、中壘校尉劉歆議曰：「臣聞周室既衰，四夷並侵，獫狁最彊，於今匈奴是也。至宣王而伐之，詩人美而頌之曰『薄伐獫狁，至于太原』，〔一〕又曰『嘽嘽推推，如霆如雷，顯允方叔，征伐獫狁，荆蠻來威』，〔二〕故稱中興。及至幽王，犬戎來伐，殺幽王，取宗器。〔三〕自是之後，南夷與北夷交侵，中國不絕如綫。〔四〕春秋紀齊桓南伐楚，北伐山戎，孔子曰：「微管仲，吾其被髮左衽矣。」〔五〕是故棄桓之過而錄其功，以爲伯首。〔六〕及漢興，冒頓始彊，破東胡，禽月氏，〔七〕并其土地，地廣兵彊，爲中國害。南越尉佗總百粵，自稱帝。故中國雖平，猶有四夷之患，且無寧歲。一方有急，三面救之，是天下皆動而被其害也。孝文皇帝厚以貨賂，與結和親，猶侵暴無已。甚者，興師十餘萬衆，近屯京師及四邊，歲發屯備虜，其爲患久矣，非一世之漸也。諸侯郡守連匈奴及百粵以爲逆者非一人也。匈奴所殺郡守都尉，略取人民，不可勝數。孝武皇帝愍中國罷勞無安寧之時，〔八〕乃遣大將軍、驃騎、伏波、樓船之屬，南滅百粵，起七郡；北攘匈奴，降昆邪十萬之衆，〔九〕置五屬國，起朔方，以奪其肥饒之地；東伐朝鮮，起玄菟、樂浪，以斷匈奴之左臂；〔一〇〕西伐大宛，並三十六國，結烏孫，起敦煌、酒泉、張掖，以鬲婼羌，裂匈奴之右肩。〔一一〕單于孤特，遠遁于幕北。四垂無事，斥地遠境，起十餘郡。〔一二〕功業既定，乃封丞相爲富民侯，以大安天下，富實百姓，其規橅可見。〔一三〕又招集天下賢俊，與協心同謀，興制度，改正朔，易服色，立天地之祠，建封禪，殊官號，存周後，定諸侯之制，永無逆爭之心，至今累世賴之。單于守藩，百蠻服從，萬世之基也，中興之功未有高焉者也。高帝建大業，爲太祖；孝文皇帝德至厚也，爲文太宗；孝武皇帝功至著也，爲武世宗；此孝宣帝所以發德音也。禮記王制及春秋穀梁傳，天子七廟，諸侯五，大夫三，士二。天子七日而殯，七月而葬；諸侯五日而殯，五月而葬；此喪事尊卑之序也，與廟數相應。其文曰：『天子三昭三穆，與太祖之廟而七；諸侯二昭二穆，與太祖之廟而五。』故德厚者流光，德薄者流卑。〔四〕春秋左氏傳曰：『名位不同，禮亦異數。』自上以下，降殺以兩，禮也。〔五〕七者，其正法數，可常數者也。宗不在此數中。宗，變也，〔六〕苟有功德則宗之，不可預為設數。故於殷，太甲為太宗，大戊曰中宗，武丁曰高宗。〔七〕周公為毋逸之戒，舉殷三宗以勸成王。〔八〕繇是言之，宗無數也，〔九〕然則所以勸帝者之功德博矣。以七廟言之，孝武皇帝未宜毀；以所宗言之，則不可謂無功德。禮記祀典曰：『夫聖王之制祀也，功施於民則祀之，以勞定國則祀之，能救大災則祀之。』竊觀孝武皇帝，功德皆兼而有焉。凡在於異姓，猶將特祀之，況于先祖？或說天子五廟無見文，又說中宗、高宗者，宗其道而毀其廟。名與實異，非尊德貴功之意也。詩云：『蔽芾甘棠，勿翦勿伐，邵伯所茇。』〔一〇〕思其人猶愛其樹，況宗其道而毀其廟乎？迭毀之禮自有常法，無殊功異德，固以親疏相推及。至祖宗之序，多少之數，經傳無明文，至尊至重，難以疑文虛說定也。孝宣皇帝舉公卿之議，用衆儒之謀，既以為世宗之廟，建之萬世，宣布天下。臣愚以為孝武皇帝功烈如彼，孝宣皇帝崇立之如此，不宜毀。」上覽其議而從之。制曰：「太僕舜、中壘校尉歆議可。」

〔一〕師古曰：「小雅六月之詩也。薄伐，言逐出之。」

〔二〕師古曰：「小雅采芑之詩也。嘽嘽，衆也。推推，盛也。顯，明也。允，信也。方叔，周之卿士，命爲將率也。言出師衆盛，有如雷霆。方叔又能信明其德，既伐獫狁，懲其侵暴，則南荆之蠻，亦畏威而來服也。嘽嘽音他丹反。推音他回反。」

〔三〕師古曰：「宗器，宗廟之器也。」

〔四〕師古曰：「綫，縷也，音思薦反。」

〔五〕師古曰：「論語載孔子之言也。微，無也。被髮左衽，戎狄之服。言無管仲佐齊桓公征討，則中夏皆將爲夷狄也。」

〔六〕師古曰：「伯讀曰霸。」

〔七〕師古曰：「氏讀曰支。」

〔八〕師古曰：「罷讀曰疲。」

〔九〕師古曰：「昆音下門反。」

〔一〇〕師古曰：「樂音來各反。浪音郎。」

〔一一〕師古曰：「媫音而遮反。」

〔一二〕師古曰：「斥，開也。遠，廣也。」

〔一三〕師古曰：「橅讀曰摹，其字從木。」

〔一四〕師古曰：「流謂流風餘福。」

〔一五〕師古曰：「殺音所例反。」

〔一六〕師古曰：「言非常數，故云變也。」

〔七〕師古曰：「太甲，湯之孫，太丁之子也。太戊，太庚之子，雍己之弟也。武丁，小乙之子。」

〔八〕師古曰：「毋逸，尚書篇名。戒以無逸豫也。」

〔九〕師古曰：「繇與由同也。」

〔一〇〕師古曰：「召南甘棠之詩也。解已在前。鬋字與翦同。茇音步葛反。」

歆又以爲「禮，去事有殺，〔一〕故春秋外傳曰：『日祭，月祀，時享，歲貢，終王。』祖禰則日祭，曾高則月祀，二祧則時享，壇墠則歲貢，〔二〕大禘則終王。〔三〕德盛而游廣，親親之殺也；〔四〕彌遠則彌尊，故禘爲重矣。孫居王父之處，正昭穆，則孫常與祖相代，此遷廟之殺也。聖人於其祖，出於情矣，禮無所不順，故無毀廟。〔五〕自貢禹建迭毁之議，惠、景及太上寢園廢而爲虛，〔六〕失禮意矣。」

〔一〕師古曰：「去，除也。殺，漸也。去音丘呂反。殺音所例反。其下並同也。」

〔二〕張晏曰：「去祧爲壇。墠，掃地而祭也。」師古曰：「祧是遠祖也。築土爲壇，除地爲墠。祧音他堯反。墠音善。」

〔三〕服虔曰：「蠻夷，終王乃入助祭，各以其珍貢，以共大禘之祭也。」師古曰：「每一王終，新王即位，乃來助祭。」

〔四〕如淳曰：「游亦流也。」

〔五〕晉灼曰：「以情推子，以子況祖，得人心，禮何所違，故無毀棄不禘之主也。謂下三廟廢而爲虛者也。」

〔六〕師古曰：「虛讀曰墟。」

至平帝元始中，大司馬王莽奏：「本始元年丞相義等議，〔一〕謚孝宣皇帝親曰悼園，置邑三百家，至元康元年，丞相相等奏，〔二〕父爲士，子爲天子，祭以天子，悼園宜稱尊號曰『皇考』，立廟，益故奉園民滿千六百家，以爲縣。臣愚以爲皇考廟本不當立，累世奉之，非是。又孝文太后南陵、〔三〕孝昭太后雲陵園，雖前以禮不復修，陵名未正。謹與大司徒晏等百四十七人議，皆曰孝宣皇帝以兄孫繼統爲孝昭皇帝後，以數，故孝元世以孝景皇帝及皇考廟親未盡，不毁。此兩統貳父，違於禮制。案義奏親謚曰『悼』，裁置奉邑，皆應經義。相奏悼園稱『皇考』，立廟，益民爲縣，違離祖統，乖繆本義。父爲士，子爲天子，祭以天子者，乃謂若虞舜、夏禹、殷湯、周文、漢之高祖受命而王者也，非謂繼祖統爲後者也。臣請皇高祖考廟奉明園毁勿修，〔四〕罷南陵、雲陵爲縣。」奏可。

〔一〕師古曰：「蔡義也。」
〔二〕師古曰：「魏相也。」
〔三〕師古曰：「在霸陵之南，故曰南陵。」
〔四〕張晏曰：「奉明園，悼皇考園也。」

司徒掾班彪曰：〔一〕漢承亡秦絕學之後，祖宗之制因時施宜。自元、成後學者(番)〔蕃〕滋，〔二〕貢禹毁宗廟，匡衡改郊兆，何武定三公，後皆數復，故紛紛不定。〔三〕何者？禮文缺微，古今異制，各為一家，未易可偏定也。考觀諸儒之議，劉歆博而篤矣。

〔一〕師古曰：「漢書諸贊，皆固所為。其有叔皮先論述者，（謂）固亦具顯以示後人，而或者〔謂〕固竊盜父名，觀此可以免矣。」

〔二〕師古曰：「蕃音扶元反。」

〔三〕師古曰：「數音所角反。復音扶目反。」

校勘記

三二〇四頁八行 言欲正遠人，先從近〔親〕始。 景祐、殿本都有「親」字。

三二〇六頁二行 孟所居彭城東里名（曰）〔也〕。 景祐、殿本都作「也」。王先謙說作「也」是。

三二〇七頁二行 而者，句（端）〔絕〕之辭。 殿本作「絕」，景祐本作「端」。

三二〇八頁一四行 大鴻臚（奉）〔奏〕狀， 景祐、殿本都作「奏」。王先謙說作「奏」是。

三二一三頁一三行 貳〔謂〕不一也， 景祐、殿本都有「謂」字。

三二一四頁六行 非（吾）〔我〕所度， 景祐、殿本都作「我」。

三二一五頁一行 言天（會）〔命〕無常，唯善是祐。 景祐、殿、局本都作「命」，此誤。

三二一六頁八行 便殿者，寢側之（便）〔別〕殿耳。 景祐、殿本都作「別」。

三二一六頁一〇行 十〔一〕月嘗， 景祐、殿本都有「一」字。

三二一八頁一行 此周頌雍篇（祖）〔禘〕太祖之詩也。 景祐、殿、局本都作「禘」。王先謙說作「禘」是。

三一一九頁七行　(一)〔壹〕，一祭之也。　殿本作「壹」。王先謙說殿本是。

三一二一頁一三行　謹案上世帝王承祖禰之大(義)〔禮〕，　宋祁說越本作「禮」。錢大昭說閩本作「禮」。按景祐本作「禮」。

三一二三頁一五行　明繼祖不(得)〔復〕顧其私祖母也。　景祐、殿本都作「復」。

三一二四頁一〇行　六藝，(之)〔六〕經也。　景祐本作「之」，殿本作「六」。王先謙說作「六」是。

三一三〇頁一三行　自元、成後學者(番)〔蕃〕滋，景祐、殿本都作「蕃」。王先謙說作「蕃」是。

三一三一頁二行　其有叔皮先論述者，(謂)固亦具顯以示後人，而或者〔謂〕固竊盜父名，觀此可以免矣。
　宋祁說，越本「謂」字在後「或者」下。劉攽說，「謂」字合在「或者」下。按景祐、局本都在「或者」下。

漢書卷七十四

魏相丙吉傳第四十四

魏相字弱翁，濟陰定陶人也，〔一〕徙平陵。少學易，爲郡卒史，舉賢良，以對策高第，爲茂陵令。頃之，御史大夫桑弘羊客詐稱御史止傳，〔二〕丞不以時謁，客怒縛丞。相疑其有姦，收捕，案致其罪，論棄客市，〔三〕茂陵大治。

〔一〕師古曰：「說者謂相卽魏無知之後，蓋承淺近之書，爲妄深矣。」

〔二〕師古曰：「傳謂縣之傳舍。」

〔三〕師古曰：「殺之於市。」

後遷河南太守，禁止姦邪，豪彊畏服。會丞相車千秋死，先是千秋子爲雒陽武庫令，自見失父，而相治郡嚴，恐久獲罪，乃自免去。相使掾追呼之，遂不肯還。相獨恨曰：「大將軍聞此令去官，必以爲我用丞相死不能遇其子。使當世貴人非我，殆矣！」〔一〕武庫令西至長安，大將軍霍光果以責過相曰：「幼主新立，以爲函谷京師之固，武庫精兵所聚，故以丞相弟爲關都尉，子爲武庫令。今河南太守不深惟國家大策，〔二〕苟見丞相不在而斥逐其子，何淺薄也！」後人有告相賊殺不辜，事下有司。河南卒戍中都官者二三千人，〔三〕遮大將軍，自言願復留作一年以贖太守罪。河南老弱萬餘人守關欲入上書，關吏以聞。大將軍用武庫令事，遂下相廷尉獄。〔四〕久繫踰冬，會赦出。復有詔守茂陵令，遷楊州刺史。考案郡國守相，多所貶退。相與丙吉相善，時吉爲光祿大夫，與相書曰：「朝廷已深知弱翁(行治)〔治行〕，方且大用矣。願少慎事自重，臧器于身。」〔五〕相心善其言，爲霽威嚴。〔六〕居部二歲，徵爲諫大夫，復爲河南太守。

〔一〕師古曰：「殆，危也。」
〔二〕師古曰：「惟，思也。」
〔三〕師古曰：「來京師諸官府爲戍卒，若今衞士上番分守諸司。」
〔四〕師古曰：「光心以武庫令事嫌之，而下其賊殺不辜之獄也。」
〔五〕師古曰：「易下繫辭云：『君子臧器於身，待時而動。』言不顯見其材能。」
〔六〕蘇林曰：「霽音限齊之齊。」臣瓚曰：「此雨霽字也。霽，止也。」師古曰：「二說皆是也。音才詣反，又音子詣反。」

數年，宣帝卽位，徵相入爲大司農，遷御史大夫。四歲，大將軍霍光薨，上思其功德，以其子禹爲右將軍，兄子樂平侯山復領尙書事。〔一〕相因平恩侯許伯奏封事，言：「春秋譏世卿，惡宋三世爲大夫，〔二〕及魯季孫之專權，皆危亂國家。自後元以來，祿去王室，政繇冢宰。〔三〕今光死，子復爲大將軍，兄子秉樞機，昆弟諸壻據權勢，在兵官。光夫人顯及諸女皆通籍長信宮，〔四〕或夜詔門出入，驕奢放縱，恐寖不制。〔五〕宜有以損奪其權，破散陰謀，以固萬世之基，全功臣之世。」又故事諸上書者皆爲二封，署其一曰副，領尚書者先發副封，所言不善，屏去不奏。相復因許伯白，去副封以防雍蔽。〔六〕宣帝善之，詔相給事中，皆從其議。霍氏殺許后之謀始得上聞。乃罷其三侯，令就第，〔七〕親屬皆出補吏。於是韋賢以老病免，相遂代爲丞相，封高平侯，食邑八百戶。及霍氏怨相，又憚之，謀矯太后詔，先召斬丞相，然後廢天子。事發覺，伏誅。宣帝始親萬機，厲精爲治，練羣臣，核名實，而相總領衆職，甚稱上意。

〔一〕師古曰：「山者，去病之孫。今言兄子，此傳誤。」

〔二〕師古曰：「解在五行志。」

〔三〕師古曰：「繇與由同。」

〔四〕師古曰：「通籍謂禁門之中皆有名籍，恣出入也。」

〔五〕師古曰：「寖，漸也。不制，不可制御也。」

〔六〕師古曰：「雍讀曰壅。」

〔七〕師古曰：「禹及雲、山也。」

元康中，匈奴遣兵擊漢屯田車師者，不能下。上與後將軍趙充國等議，欲因匈奴衰弱，出兵擊其右地，使不敢復擾西域。相上書諫曰：「臣聞之，救亂誅暴，謂之義兵，兵義者王；敵加於己，不得已而起者，謂之應兵，兵應者勝；爭恨小故，不忍憤怒者，謂之忿兵，兵忿者敗；利人土地貨寶者，謂之貪兵，兵貪者破；恃國家之大，矜民人之衆，欲見威於敵者，謂之驕兵，兵驕者滅：此五者，非但人事，乃天道也。閒者匈奴嘗有善意，所得漢民輒奉歸之，未有犯於邊境，雖爭屯田車師，不足致意中。今聞諸將軍欲興兵入其地，臣愚不知此兵何名者也。今邊郡困乏，父子共犬羊之裘，食草萊之實，常恐不能自存，難於動兵。〔一〕『軍旅之後，必有凶年』，〔二〕言民以其愁苦之氣，傷陰陽之和也。出兵雖勝，猶有後憂，恐災害之變因此以生。今郡國守相多不實選，〔三〕風俗尤薄，水旱不時。案今年計，子弟殺父兄、妻殺夫者，凡二百二十二人，臣愚以爲此非小變也。今左右不憂此，〔四〕乃欲發兵報纖介之忿於遠夷，殆孔子所謂『吾恐季孫之憂不在顓臾而在蕭牆之內』也。〔五〕願陛下與平昌侯、樂昌侯、平恩侯及有識者詳議乃可。」〔六〕上從（其）〔相〕言而止。

〔一〕師古曰：「不可以兵事動之。」
〔二〕師古曰：「此引老子道經之言。」
〔三〕師古曰：「言不得其人。」

〔四〕師古曰：「左右謂近臣在天子左右者。」

〔五〕師古曰：「論語季氏將伐顓臾，孔子謂冉有、季路曰：『吾恐季孫之憂不在顓臾而在蕭牆之內。』故相引之。顓臾，魯附庸國。蕭牆，屏牆也，解在五行志。」

〔六〕師古曰：「平昌侯王無故、樂昌侯王武，並帝之舅。平恩侯許伯，皇太子外祖父也。」

相明易經，有師法，好觀漢故事及便宜章奏，〔一〕以爲古今異制，方今務在奉行故事而已。數條漢興已來國家便宜行事，及賢臣賈誼、鼂錯、董仲舒等所言，奏請施行之，曰：「臣聞明主在上，賢輔在下，則君安虞而民和睦。〔二〕臣相幸得備位，不能奉明法，廣教化，理四方，以宣聖德。民多背本趨末，〔三〕或有飢寒之色，爲陛下之憂，臣相罪當萬死。臣相知能淺薄，不明國家大體，時用之宜，惟民終始，未得所繇。〔四〕竊伏觀先帝聖德仁恩之厚，勤勞天下，垂意黎庶，憂水旱之災，爲民貧窮發倉廩，賑乏餧；〔五〕遣諫大夫博士巡行天下，〔六〕察風俗，舉賢良，平冤獄，冠蓋交道；〔七〕省諸用，寬租賦，弛山澤波池，〔八〕禁秫馬酤酒貯積；〔九〕所以周急繼困，慰安元元，便利百姓之道甚備。臣相不能悉陳，昧死奏故事詔書凡二十三事。臣謹案王法必本於農而務積聚，量入制用以備凶災，〔一〇〕亡六年之畜，尚謂之急。〔一一〕元鼎二年，平原、勃海、太山、東郡溥被災害，〔一二〕民餓死於道路。二千石不豫慮其難，使至於此，〔一三〕賴明詔振捄，乃得蒙更生。〔一四〕今歲不登，穀暴騰踴，〔一五〕臨秋收斂猶有乏者，至春恐甚，亡以相恤。西羌未平，師旅在外，兵革相乘，臣竊寒心，宜蚤圖其備。〔一六〕唯陛下留神元元，帥繇先帝盛德以撫海內。」〔一七〕上施行其策。

〔一〕師古曰：「既觀國家故事，又觀前人所奏便宜之章也。」

〔二〕師古曰：「虞與娛同。」

〔三〕師古曰：「本，農業也。末，商賈也。趨讀曰趣。」

〔四〕師古曰：「惟，思也。繇讀與由同。由，從也，因也。」

〔五〕師古曰：「餧，餓也，音乃賄反。」

〔六〕師古曰：「行音下更反。」

〔七〕師古曰：「言其往來不絕也。」

〔八〕師古曰：「弛，放也，言不禁障之也。波音陂。」

〔九〕師古曰：「秣，以粟米飤馬也。酤酒者，糜費深也。貯積者，滯米粟也。」

〔一〇〕師古曰：「謂視年歲之豐儉。」

〔一一〕師古曰：「畜讀曰蓄。禮記王制云：『國無九年之蓄曰不足，無六年之蓄曰急，無三年之蓄曰國非其國也。』」

〔一二〕師古曰：「溥與普同。」

〔一三〕師古曰：「慮，思也。」

〔一四〕師古曰：「捄，古救字。」

〔一五〕師古曰：「價忽大貴也。」

〔一六〕師古曰：「蚤，古早字也。」

〔一七〕師古曰：「帥，循也。繇與由同。由，從也。」

又數表采易陰陽及明堂月令奏之，〔一〕曰：「臣相幸得備員，奉職不修，不能宣廣教化。陰陽未和，災害未息，咎在臣等。臣聞易曰：『天地以順動，故日月不過，四時不忒；聖王以順動，故刑罰清而民服。』〔二〕天地變化，必繇陰陽，〔三〕陰陽之分，以日爲紀。日冬夏至，則八風之序立，萬物之性成，各有常職，不得相干。東方之神太昊，乘震執規司春；〔四〕南方之神炎帝，乘離執衡司夏；〔五〕西方之神少昊，乘兌執矩司秋；〔六〕北方之神顓頊，乘坎執權司冬；〔七〕中央之神黃帝，乘坤艮執繩司下土。〔八〕茲五帝所司，各有時也。東方之卦不可以治西方，南方之卦不可以治北方。春興兌治則飢，秋興震治則華，冬興離治則泄，〔九〕夏興坎治則雹。明王謹於尊天，慎于養人，故立羲和之官以乘四時，〔一〇〕節授民事。〔一一〕君動靜以道，奉順陰陽，則日月光明，風雨時節，寒暑調和。三者得敍，則災害不生，五穀熟，絲麻遂，〔一二〕屮木茂，鳥獸蕃，〔一三〕民不夭疾，衣食有餘。若是，則君尊民說，上下亡怨，〔一四〕政教不違，禮讓可興。夫風雨不時，則傷農桑；農桑傷，則民飢寒；飢寒在身，則亡廉恥，寇賊姦宄所繇生也。〔一五〕臣愚以爲陰陽者，王事之本，羣生之命，自古賢聖未有不繇者也。天子之義，必純取法天地，而觀於先聖。高皇帝所述書天子所服第八〔一六〕曰：『大謁者臣章受詔長樂宮，曰：「令羣臣議天子所服，以安治天下。」相國臣何、御史大夫臣昌〔七〕謹與將軍臣陵、太子太傅臣通等議：〔八〕「春夏秋冬天子所服，當法天地之數，中得人和。故自天子王侯有土之君，下及兆民，能法天地，順四時，以治國家，身亡禍殃，年壽永究，〔九〕是奉宗廟安天下之大禮也。臣請法之。中謁者趙堯舉春，〔一〇〕李舜舉夏，兒湯舉秋，貢禹舉冬，〔一一〕四人各職一時。」大謁者襄章奏，制曰：「可。」」孝文皇帝時，以二月施恩惠於天下，賜孝弟力田及罷軍卒，祠死事者，頗非時節。〔一二〕御史大夫朝錯時爲太子家令，奏言其狀。臣相伏念陛下恩澤甚厚，然而災氣未息，竊恐詔令有未合當時者也。願陛下選明經通知陰陽者四人，各主一時，時至明言所職，以和陰陽，天下幸甚！」相數陳便宜，上納用焉。

〔一〕師古曰：「表爲標明之。采，撮取也。」

〔二〕師古曰：「豫卦象辭也。忒，差也。」

〔三〕師古曰：「繇與由同。」

〔四〕張晏曰：「木爲仁，仁者生，生者圜，故爲規。」

〔五〕張晏曰：「火爲禮，禮者齊，齊者平，故爲衡。」

〔六〕張晏曰：「金爲義，義者成，成者方，故爲矩。」

〔七〕張晏曰：「水爲智，智者謀，謀者重，故爲權。」

〔八〕張晏曰：「土爲信，信者誠，誠者直，故爲繩。」

〔九〕師古曰：「天地之氣不閉密也。」

〔一〇〕師古曰：「乘，治也。」

〔一一〕師古曰：「各依其節而授以事。」

〔一二〕師古曰：「遂，成也。」

〔一三〕師古曰：「屮，古草字。蕃，多也，音扶元反。」

〔一四〕師古曰：「說讀曰悅。」

〔一五〕師古曰：「亂在外爲姦，在內爲宄。繇與由同。其下類此。」

〔一六〕如淳曰：「第八，天子衣服之制也，於施行詔書第八。」

〔一七〕師古曰：「蕭何、周昌也。」

〔一八〕師古曰：「陵，王陵。通，叔孫通。」

〔一九〕師古曰：「究，竟也。」

〔二〇〕應劭曰：「四時各舉所施行政事。」服虔曰：「主一時衣服禮物朝祭百事也。」師古曰：「服說是也。」

〔二一〕師古曰：「高帝時自有一貢禹也。兒音五奚反。」

〔二二〕師古曰：「罷軍卒，卒之疲於軍事者也。罷音疲。一曰新從軍而休罷者也，音薄蠻反。」

相敕掾史案事郡國及休告從家還至府，輒白四方異聞，或有逆賊風雨災變，郡不上，相輒奏言之。時丙吉爲御史大夫，同心輔政，上皆重之。相爲人嚴毅，不如吉寬。視事九歲，

神爵三年薨，謚曰憲侯。子弘嗣，甘露中有罪削爵爲關內侯。〔一〕

〔一〕師古曰：「弘坐騎至宗廟下，大不敬也。」

丙吉字少卿，魯國人也。治律令，爲魯獄史。積功勞，稍遷至廷尉右監。坐法失官，歸爲州從事。武帝末，巫蠱事起，吉以故廷尉監徵，〔一〕詔治巫蠱郡邸獄。時宣帝生數月，以皇曾孫坐衞太子事繫，吉見而憐之。又心知太子無事實，重哀曾孫無辜，〔二〕吉擇謹厚女徒，令保養曾孫，置閒燥處。〔三〕吉治巫蠱事，連歲不決。後元二年，武帝疾，往來長楊、五柞宮，〔四〕望氣者言長安獄中有天子氣，於是上遣使者分條中都官詔獄繫者，〔五〕亡輕重一切皆殺之。內謁者令郭穰夜到郡邸獄，吉閉門拒使者不納，曰：「皇曾孫在。他人亡辜死者猶不可，況親曾孫乎！」相守至天明不得入，穰還以聞，因劾奏吉。武帝亦寤，曰：「天使之也。」因赦天下。郡邸獄繫者獨賴吉得生，恩及四海矣。〔六〕曾孫病，幾不全者數焉，〔七〕吉數敕保養乳母加致醫藥，視遇甚有恩惠，以私財物給其衣食。

〔一〕師古曰：「被召詣京師。」

〔二〕師古曰：「重音直用反。」

〔三〕師古曰：「閒讀曰閑。閑，寬靜之處也。燥，高敞也。」

〔四〕師古曰：「長楊、五柞宮並在盩厔，往來二宮之間。」

〔五〕師古曰：「條謂疏錄之。」

〔六〕師古曰：「吉拒閉使者，天子感寤，乃普赦天下。其郡邸繫獄者，既因吉得生，而赦宥之恩遂及四海也。」

〔七〕師古曰：「幾音鉅依反。數音所角反。次下亦同。」

後吉爲車騎將軍軍市令，遷大將軍長史，霍光甚重之，入爲光祿大夫給事中。昭帝崩，亡嗣，大將軍光遣吉迎昌邑王賀。賀即位，以行淫亂廢，光與車騎將軍張安世諸大臣議所立，未定。吉奏記光曰：「將軍事孝武皇帝，受襁褓之屬，任天下之寄，〔一〕孝昭皇帝早崩亡嗣，海內憂懼，欲亟聞嗣主，〔二〕發喪之日以大誼立後，〔三〕所立非其人，復以大誼廢之，〔四〕天下莫不服焉。方今社稷宗廟羣生之命在將軍之壹舉。竊伏聽於衆庶，察其所言，諸侯宗室在(列位)〔位列〕者，未有所聞於民間也。而遺詔所養武帝曾孫名病已在掖庭外家者，〔五〕吉前使居郡邸時見其幼少，至今十八九矣，通經術，有美材，行安而節和。願將軍詳大議，參以蓍龜，豈宜襃顯，先使入侍，〔六〕令天下昭然知之，然後決定大策，天下幸甚！」光覽其議，〔七〕遂尊立皇曾孫，遣宗正劉德與吉迎曾孫於掖庭。宣帝初即位，賜吉爵關內侯。

〔一〕師古曰：「屬音之欲反。」

〔二〕師古曰：「亟，急也，音居力反。」

〔三〕師古曰：「雖無嫡嗣，旁立支屬，令宗廟有奉，故云大誼。」

〔四〕師古曰：「恐危社稷，故廢黜之。」

〔五〕蘇林曰：「外家猶言外人民家，不在宮中。」晉灼曰：「出郡邸獄，歸在外家史氏，後入掖庭耳。」師古曰：「晉說是也。」

〔六〕師古曰：「侍太后。」

〔七〕師古曰：「省納而用之。」

吉爲人深厚，不伐善。自曾孫遭遇，吉絕口不道前恩，〔一〕故朝廷莫能明其功也。地節三年，立皇太子，吉爲太子太傅，數月，遷御史大夫。及霍氏誅，上躬親政，省尚書事。是時，掖庭宮婢則令民夫上書，自陳嘗有阿保之功。〔二〕章下掖庭令考問，則辭引使者丙吉知狀。掖庭令將則詣御史府以視吉。〔三〕吉識，謂則曰：「汝嘗坐養皇曾孫不謹督笞，汝安得有功？〔四〕獨渭城胡組、淮陽郭徵卿有恩耳。」分別奏組等共養勞苦狀。〔五〕詔吉求組、徵卿，已死，有子孫，皆受厚賞。詔免則爲庶人，賜錢十萬。上親見問，然後知吉有舊恩，而終不言。上大賢之，制詔丞相：「朕微眇時，御史大夫吉與朕有舊恩，厥德茂焉。〔六〕詩不云虖？『亡德不報。』〔七〕其封吉爲博陽侯，邑千三百戶。」臨當封，吉疾病，上將使人加紼而封之，及其生存也。〔八〕上憂吉疾不起，太子太傅夏侯勝曰：「此未死也。臣聞有陰德者，必饗其樂以及子孫。今吉未獲報而疾甚，非其死疾也。」後病果瘉。〔九〕吉上書固辭，自陳不宜以空名受賞。上報曰：「朕之封君，非空名也，而君上書歸侯印，是顯朕之不德也。方今天下少事，君其專精神，省思慮，近醫藥，以自持。」後五歲，代魏相爲丞相。

〔一〕師古曰：「遭遇謂升大位也。」

〔二〕師古曰：「謂未爲宫婢時，有舊夫見在俗間者。」

〔三〕師古曰：「視讀曰示。」

〔四〕師古曰：「督謂視察之。」

〔五〕師古曰：「共音居用反。養音弋亮反。」

〔六〕師古曰：「茂，美也。」

〔七〕師古曰：「大雅抑之詩。」

〔八〕應劭曰：「吉時病不能起，欲如君視疾，（如）〔加〕朝服拖紳，就封之也。」師古曰：「紼，繫印之組也，音弗也。」

〔九〕師古曰：「癒與愈同。」

吉本起獄法小吏，後學詩、禮，皆通大義。及居相位，上寬大，好禮讓。掾史有罪臧，不稱職，輒予長休告，〔一〕終無所案驗。客或謂吉曰：「君侯爲漢相，姦吏成其私，然無所懲艾。」〔二〕吉曰：「夫以三公之府有案吏之名，吾竊陋焉。」後人代吉，因以爲故事，公府不案吏，自吉始。

〔一〕師古曰：「長給休假，令其去職也。」

〔二〕師古曰：「艾讀曰乂。」

於官屬掾史，務掩過揚善。吉馭吏耆酒，數逋蕩，〔一〕嘗從吉出，醉歐丞相車上。〔二〕西曹主吏白欲斥之，〔三〕吉曰：「以醉飽之失去士，使此人將復何所容？〔四〕西曹地忍之，〔五〕此不過汙丞相車茵耳。」〔六〕遂不去也。此馭吏邊郡人，習知邊塞發犇命警備事，〔七〕嘗出，適見驛騎持赤白囊，邊郡發犇命書馳來至。馭吏因隨驛騎至公車刺取，〔八〕知虜入雲中、代郡，遽歸府見吉白狀，〔九〕因曰：「恐虜所入邊郡，二千石長吏有老病不任兵馬者，宜可豫視。」吉善其言，召東曹案邊長吏，瑣科條其人。〔一〇〕未已，詔召丞相、御史，問以虜所入郡吏，吉具對。御史大夫卒遽不能詳知，〔一一〕以得譴讓。〔一二〕而吉見謂憂邊思職，馭吏力也。吉乃歎曰：「士亡不可容，能各有所長。嚮使丞相不先聞馭吏言，何見勞勉之有？」掾史繇是益賢吉。〔一三〕

〔一〕師古曰：「逋，亡也。蕩，放也。謂亡其所供之職而游放也。耆讀曰嗜。」

〔二〕師古曰：「歐，吐也，音一口反。」

〔三〕師古曰：「斥，棄逐。」

〔四〕師古曰：「言無所容身也。」

〔五〕李奇曰：「地猶第也。」師古曰：「地亦但也，語聲之急也。」

〔六〕師古曰：「茵，蓐也，音因。」

〔七〕師古曰：「犇，古奔字也。有命則奔赴之，言應速也。」

〔八〕師古曰：「刺謂探候之也。」
〔九〕師古曰：「遽，速也。」
〔一〇〕張晏曰：「瑣，錄也。欲科條其人老少及所經歷，知其本以文武進也。」
〔一一〕師古曰：「卒讀曰猝。」
〔一二〕師古曰：「讓，責也。」
〔一三〕師古曰：「繇與由同。」

吉又嘗出，逢清道羣鬭者，死傷橫道，〔一〕吉過之不問，掾史獨怪之。吉前行，逢人逐牛，牛喘吐舌。〔二〕吉止駐，使騎吏問：「逐牛行幾里矣？」掾史獨謂丞相前後失問，或以譏吉，吉曰：「民鬭相殺傷，長安令、京兆尹職所當禁備逐捕，歲竟丞相課其殿最，奏行賞罰而已。宰相不親小事，非所當於道路問也。方春少陽用事，未可大熱，〔三〕恐牛近行，用暑故喘，此時氣失節，恐有所傷害也。三公典調和陰陽，職（所）當憂，是以問之。」掾史乃服，以吉知大體。

〔一〕李奇曰：「清道時反羣鬭也。」師古曰：「清道，謂天子當出，或有齋祠，先令道路清淨。」
〔二〕師古曰：「喘，急息，音昌兗反。」
〔三〕師古曰：「少音式邵反。」

五鳳三年春，吉病篤。上自臨問吉，曰：「君即有不諱，誰可以自代者？」〔一〕吉辭謝曰：

「羣臣行能，明主所知，愚臣無所能識。」上固問，吉頓首曰：「西河太守杜延年明於法度，曉國家故事，前爲九卿十餘年，今在郡治有能名。廷尉于定國執憲詳平，天下自以不冤。太僕陳萬年事後母孝，惇厚備於行止。此三人能皆在臣右，唯上察之。」上以吉言皆是而許焉。及吉薨，御史大夫黃霸爲丞相，徵西河太守杜延年爲御史大夫，會其年老，乞骸骨，病免。以廷尉于定國代爲御史大夫。黃霸薨，而定國爲丞相，太僕陳萬年代定國爲御史大夫，居位皆稱職，上稱吉爲知人。

〔一〕師古曰：「不諱，言死不可復言也。」

吉薨，謚曰定侯。子顯嗣，甘露中有罪削爵爲關內侯，官至衞尉太僕。始顯少爲諸曹，嘗從祠高廟，至夕牲日，乃使出取齋衣。〔一〕丞相吉大怒，謂其夫人曰：「宗廟至重，而顯不敬慎，亡吾爵者必顯也。」夫人爲言，然後乃已。〔二〕吉中子禹爲水衡都尉，少子高爲中壘校尉。

〔一〕師古曰：「未祭一日，其夕展視牲具，謂之夕牲。」

〔二〕師古曰：「免其罪罰也。」

元帝時，長安士伍尊上書，〔一〕言「臣少時爲郡邸小吏，竊見孝宣皇帝以皇曾孫在郡邸獄。是時治獄使者丙吉見皇曾孫遭離無辜，吉仁心感動，涕泣悽惻，選擇復作胡組養視皇孫，吉常從。臣尊日再侍臥庭上。〔二〕後遭條獄之詔，吉扞拒大難，不避嚴刑峻法。既遭大赦，吉謂守丞誰如，皇孫不當在官，〔三〕使誰如移書京兆尹，遣與胡組俱送京兆尹，不受，復還。及組日滿當去，皇孫思慕，吉以私錢顧組，令留與郭徵卿並養數月，乃遣組去。後少內嗇夫白吉曰：『食皇孫亡詔令。』〔四〕時吉得食米肉，月月以給皇孫。吉卽時病，〔五〕輒使臣尊朝夕請問皇孫，視省席蓐燥濕。候伺組、徵卿，不得令晨夜去皇孫敖盪，〔六〕數奏甘毳食物。〔七〕所以擁全神靈，成育聖躬，功德已亡量矣。時豈豫知天下之福，而徼其報哉！〔八〕誠其仁恩內結於心也。雖介之推割肌以存君，不足（比也）〔以比〕。〔九〕孝宣皇帝時，臣上書言狀，幸得下吉，吉謙讓不敢自伐，删去臣辭，〔一〇〕專歸美於組、徵卿。組、徵卿皆以受田宅賜錢，吉封為博陽侯。臣尊不得比組、徵卿。臣年老居貧，死在旦暮，欲終不言，恐使有功不著。吉子顯坐微文奪爵為關內侯，臣愚以為宜復其爵邑，〔一一〕以報先人功德。」先是顯為太僕十餘年，與官屬大為姦利，臧千餘萬，司隸校尉昌案劾，罪至不道，奏請逮捕。上曰：「故丞相吉有舊恩，朕不忍絕。」免顯官，奪邑四百戶。後復以為城門校尉。顯卒，子昌嗣爵關內侯。

〔一〕師古曰：「先嘗有爵，經奪免之，而與士卒為伍，故稱士伍。其人名尊。」

〔二〕師古曰：「郡邸之庭也。侍謂參省之也。時皇孫孩弱，常在襁褓，故指言臥也。」

〔三〕孟康曰：「郡守丞也，來詣京師邸治獄，姓誰名如。言皇孫不當在獄官，宜屬郡縣也。」文穎曰：「不當在郡邸官也。」師古曰：「守丞者，守獄官之丞耳，非郡丞也。誰如者，其人名，不作誰字，言姓，又非也。」

〔四〕師古曰：「少內，掖庭主府臧之官也。食讀曰飤。詔令無文，無從得其廩具也。」

〔五〕師古曰：「有病時也。」

〔六〕師古曰：「去，離也。敖，游戲也。盪，放也。盪讀與蕩同。」

〔七〕師古曰：「羑，進也。毳讀與脆同」

〔八〕師古曰：「徼，要也，音工堯反。」

〔九〕師古曰：「韓詩外傳云：『晉公子重耳之亡也，過曹，里鳧須以從，因盜其資而逃。重耳無糧，餒不能行，介子推割其股肉以食重耳，然後能行也。』」

〔一〇〕師古曰：「刜，創也。」

〔一一〕師古曰：「復音防目反。」

成帝時，修廢功，以吉舊恩尤重，鴻嘉元年制詔丞相御史：「蓋聞褒功德，繼絕統，所以重宗廟，廣賢聖之路也。故博陽侯吉以舊恩有功而封，今其祀絕，朕甚憐之。夫善善及子孫，古今之通誼也，其封吉孫中郎將關內侯昌為博陽侯，奉吉後。」國絕三十二歲復續云。昌傳子至孫，王莽時乃絕。

贊曰：古之制名，必繇象類，〔一〕遠取諸物，近取諸身。故經謂君為元首，臣為股肱，〔二〕

明其一體，相待而成也。是故君臣相配，古今常道，自然之勢也。近觀漢相，高祖開基，蕭、曹爲冠，〔三〕孝宣中興，丙、魏有聲。是時黜陟有序，衆職修理，公卿多稱其位，〔四〕海內興於禮讓。覽其行事，豈虛虖哉！〔五〕

〔一〕師古曰：「繇與由同。」

〔二〕師古曰：「謂虞書益稷云『元首明哉，股肱良哉』也。」

〔三〕師古曰：「名位在衆臣之上。」

〔四〕師古曰：「稱，副也。」

〔五〕師古曰：「言君明臣賢，所以致治，非徒然也。」

校勘記

三一三四頁五行　朝廷已深知弱翁（行治）〔治行〕，　景祐、殿本都作「治行」。王先謙說作「治行」是。

三一三六頁一三行　上從（其）〔相〕言而止。　景祐、殿本都作「相」。

三一四三頁一〇行　諸侯宗室在（列位）〔位列〕者，　景祐、殿本都作「位列」。

三一四五頁一〇行　（如）〔加〕朝服拖紳，　景祐、殿本都作「加」。

三一四七頁一二行　三公典調和陰陽，職（所）當憂，　景祐、殿本都無「所」字。

三一四九頁七行　雖介之推割肌以存君，不足（比也）〔以比〕。　景祐、殿本都作「以比」。

漢書卷七十五

眭兩夏侯京翼李傳第四十五

眭弘字孟，魯國蕃人也。〔一〕少時好俠，鬬雞走馬，長乃變節，從嬴公受春秋。〔二〕以明經爲議郎，至符節令。

〔一〕師古曰：「眭音息隨反。今河朔尚有此姓，音字皆然。而韋昭、應劭並云音桂，非也。今有炅姓，乃音桂耳。漢之（決錄）〔炔欽〕又不作眭字，寧可混糅將爲一族？又近代學者旁引炅氏譜以相附著。私譜之文出於閭巷，家自爲說，事非經典，苟引先賢，妄相假託，無所取信，寧足據乎？蕃音皮。」

〔二〕師古曰：「嬴，姓也。公，長老之號耳。」

孝昭元鳳三年正月，泰山萊蕪山南匈匈有數千人聲，民視之，有大石自立，高丈五尺，大四十八圍，入地深八尺，三石爲足。石立後有白烏數千下集其旁。是時昌邑有枯社木臥復生，〔一〕又上林苑中大柳樹斷枯臥地，亦自立生，有蟲食樹葉成文字，曰「公孫病已立」，孟推春秋之意，以爲「石柳皆陰類，下民之象，（而）泰山者岱宗之嶽，王者易姓告代之處。今大石自立，僵柳復起，〔二〕非人力所爲，此當有從匹夫爲天子者。枯社木復生，故廢之家公孫氏當復興者也。」孟意亦不知其所在，卽說曰：「先師董仲舒有言，雖有繼體守文之君，不害聖人之受命。漢家堯後，有傳國之運。漢帝宜誰差天下，求索賢人，〔三〕禪以帝位，〔四〕而退自封百里，如殷周二王後，以承順天命。」孟使友人內官長賜上此書。〔五〕時，昭帝幼，大將軍霍光秉政，惡之，下其書廷尉。奏賜、孟妄設祅言惑衆，大逆不道，皆伏誅。後五年，孝宣帝興於民間，卽位，徵孟子爲郎。

〔一〕師古曰：「社木，社主之樹也。」
〔二〕師古曰：「僵，偃也，偃臥於地，音居羊反。」
〔三〕孟康曰：「誰，問；差，擇也。問擇天下賢人。」
〔四〕師古曰：「禪，古禪字也。」
〔五〕師古曰：「內官，署名。百官表云：『內官長丞，初屬少府，中屬主爵，後屬宗正。』賜者，其長之名。」

夏侯始昌，魯人也。通五經，以齊詩、尚書教授。自董仲舒、韓嬰死後，武帝得始昌，甚重之。始昌明於陰陽，先言柏梁臺災日，至期日果災。時昌邑王以少子愛，上爲選師，始昌爲太傅。年老，以壽終。族子勝亦以儒顯名。

夏侯勝字長公。初，魯共王分魯西寧鄉〔一〕以封子節侯，別屬大河，大河後更名東平，故勝爲東平人。勝少孤，好學，從始昌受尚書及洪範五行傳，說災異。後事蕑卿，〔二〕又從歐陽氏問。爲學精孰，所問非一師也。善說禮服。〔三〕徵爲博士、光祿大夫。會昭帝崩，昌邑王嗣立，數出。〔四〕勝當乘輿前諫曰：「天久陰而不雨，臣下有謀上者，陛下出欲何之？」〔五〕王怒，謂勝爲祅言，縛以屬吏。吏白大將軍霍光，光不舉法。是時，光與車騎將軍張安世謀欲廢昌邑王。光讓安世以爲泄語，安世實不言。乃召問勝，勝對言：「在洪範傳曰『皇之不極，厥罰常陰，時則下人有伐上者』，惡察察言，〔七〕故云臣下有謀。」光、安世大驚，以此益重經術士。後十餘日，光卒與安世(共)白太后，〔八〕廢昌邑王，尊立宣帝。光以爲羣臣奏事東宮，太后省政，〔九〕宜知經術，白令勝用尚書授太后。遷長信少府，賜爵關內侯，以與謀廢立，〔一〇〕定策安宗廟，益千戶。

〔一〕師古曰：「共讀如恭。恭王名餘，景帝之子也。」

〔二〕師古曰：「姓蕑名卿。蕑音姦。」

〔三〕師古曰：「禮之喪服也。」

〔四〕師古曰：「每出游戲也。」

〔五〕師古曰：「之，往也。」

〔六〕師古曰：「屬，委也。音之欲反。」
〔七〕師古曰：「惡謂忌諱也。察（謂）〔爲〕計謀不敢明顯言之也。五行志曰『不敢察察言』也。」
〔八〕師古曰：「卒，終也。」
〔九〕師古曰：「省，視也。」
〔一〇〕師古曰：「與讀曰豫。」

宣帝初即位，欲褒先帝，詔丞相御史曰：「朕以眇身，蒙遺德，承聖業，奉宗廟，夙夜惟念。〔一〕孝武皇帝躬仁誼，厲威武，北征匈奴，單于遠遁，南平氐羌、昆明、甌駱兩越，〔二〕東定薉、貉、朝鮮，〔三〕廓地斥境，立郡縣，百蠻率服，款塞自至，珍貢陳於宗廟；協音律，造樂歌，薦上帝，封太山，立明堂，改正朔，易服色；明開聖緒，尊賢顯功，興滅繼絕，褒周之後；備天地之禮，廣道術之路。上天報況，〔四〕符瑞並應，寶鼎出，白麟獲，海效鉅魚，〔五〕神人並見，山稱萬歲。功德茂盛，不能盡宣，而廟樂未稱，〔六〕朕甚悼焉。其與列侯、二千石、博士議。」於是羣臣大議廷中，皆曰：「宜如詔書。」長信少府勝獨曰：「武帝雖有攘四夷廣土斥境之功，然多殺士衆，竭民財力，奢泰亡度，天下虛耗，〔七〕百姓流離，物故者（過）半。〔八〕蝗蟲大起，赤地數千里，〔九〕或人民相食，畜積至今未復。〔一〇〕亡德澤於民，不宜爲立廟樂。」公卿共難勝曰：「此詔書也。」勝曰：「詔書不可用也。人臣之誼，宜直言正論，非苟阿意順指。議已出口，雖死不悔。」於是丞相義、御史大夫廣明〔一一〕劾奏勝非議詔書，毀先帝，不道，及丞相長史黃霸阿縱勝，不舉劾，俱下獄。有司遂請尊孝武帝廟為世宗廟，奏盛德、文始、五行之舞，天下世世獻納，以明盛德。武帝巡狩所幸郡國凡四十九，皆立廟，如高祖、太宗焉。

〔一〕師古曰：「惟，思也。」
〔二〕師古曰：「甌駱皆越號。」
〔三〕張晏曰：「薉也，貉也，在遼東之東。」師古曰：「薉字與穢字同。貉音莫客反。」
〔四〕師古曰：「況，賜也。」
〔五〕師古曰：「效，致也。鉅，大也。」
〔六〕師古曰：「稱，副也。」
〔七〕師古曰：「耗，減也。音呼到反。」
〔八〕師古曰：「物故謂死也。」
〔九〕師古曰：「言無五穀之苗。」
〔一〇〕師古曰：「畜讀曰蓄。」
〔一一〕師古曰：「蔡義、田廣明。」

勝、霸既久繫，霸欲從勝受經，勝辭以罪死。霸曰：「『朝聞道，夕死可矣』。」〔一〕勝賢其言，遂授之。繫再更冬，講論不怠。〔二〕

〔一〕師古曰：「論語稱孔子曰『朝聞道，夕死可矣』，故霸引之。」

〔二〕師古曰：「更，歷也，音工衡反。」

至四年夏，關東四十九郡同日地動，或山崩，壞城郭室屋，殺六千餘人。上乃素服，避正殿，遣使者弔問吏民，賜死者棺錢。下詔曰：「蓋災異者，天地之戒也。朕承洪業，託士民之上，未能和羣生。曩者地震北海、琅邪，壞祖宗廟，朕甚懼焉。其與列侯、中二千石博問術士，有以應變，補朕之闕，毋有所諱。」因大赦，勝出爲諫大夫給事中，霸爲揚州刺史。

勝爲人質樸守正，簡易亡威儀。見時謂上爲君，〔一〕誤相字於前，〔二〕上亦以是親信之。〔三〕嘗見，出道上語，〔四〕上聞而讓勝，〔五〕勝曰：「陛下所言善，臣故揚之。堯言布於天下，至今見誦。臣以爲可傳，故傳耳。」朝廷每有大議，上知勝素直，謂曰：「先生通正言，無懲前事。」〔六〕

〔一〕師古曰：「見，見於天子。」

〔二〕師古曰：「前，天子之前也。君前臣名不當相呼字也。」

〔三〕師古曰：「知其質樸也。」

〔四〕師古曰：「入見天子而以其言爲外人道之。」

〔五〕師古曰：「讓，責也。」

〔六〕師古曰：「通謂陳道之也。懲，創也。前事謂坐議廟樂事。」

勝復爲長信少府，遷太子太傅。受詔撰尚書、論語說，〔一〕賜黃金百斤。年九十卒官，賜冢塋，葬平陵。太后賜錢二百萬，爲勝素服五日，以報師傅之恩，儒者以爲榮。

〔一〕師古曰：「解說其意，若今義疏也。」

始，勝每講授，常謂諸生曰：「士病不明經術；經術苟明，其取青紫如俛拾地芥耳。〔一〕學經不明，不如歸耕。」

〔一〕師古曰：「地芥謂草芥之橫在地上者。俛而拾之，言其易而必得也。青紫，卿大夫之服也。俛即俯字也。」

勝從父子建字長卿，〔一〕自師事勝及歐陽高，左右采獲，〔二〕又從五經諸儒問與尚書相出入者，牽引以次章句，具文飾說。勝非之曰：「建所謂章句小儒，破碎大道。」建亦非勝爲學疏略，難以應敵。建卒自顓門名經，〔三〕爲議郎博士，至太子少傅。勝子兼爲左曹太中大夫，孫堯至長信少府、司農、鴻臚，曾孫蕃郡守、州牧、長樂少府。勝同產弟子賞爲梁內史，梁內史子定國爲豫章太守。而建子千秋亦爲少府、太子少傅。

〔一〕師古曰：「從父昆弟之子，名建字長卿。」

〔二〕師古曰：「言於勝及高兩處采問疑義而得(之)。」

〔三〕師古曰：「顓與專同。專門者 自別爲一家之學。」

京房字君明，東郡頓丘人也。治易，事梁人焦延壽。延壽字贛。〔一〕贛貧賤，以好學得幸梁王，王共其資用，〔二〕令極意學。既成，爲郡史，察舉補小黃令。以候司先知姦邪，盜賊不得發。〔三〕愛養吏民，化行縣中。舉最當遷，〔四〕三老官屬上書願留贛，有詔許增秩留，〔五〕卒於小黃。贛常曰：「得我道以亡身者，必京生也。」其說長於災變，分六十四卦，更直日用事，以風雨寒溫爲候：〔六〕各有占驗。房用之尤精。好鍾律，知音聲。初元四年以孝廉爲郎。

〔一〕師古曰：「贛音貢。」
〔二〕師古曰：「共讀曰恭。」
〔三〕師古曰：「以其常先知姦邪，故欲爲盜賊者，不敢起發。」
〔四〕師古曰：「以課最而被舉，故欲遷爲他官也。」
〔五〕師古曰：「依許留而增其秩。」
〔六〕孟康曰：「分卦直日之法，一爻主一日，六十四卦爲三百六十日。餘四卦，震、離、兌、坎，爲方伯監司之官。所以用震、離、兌、坎者，是二至二分用事之日，又是四時各專王之氣。各卦主時，其占法各以其日觀其善惡也。」師古曰：「更音工衡反。」

永光、建昭間，西羌反，日蝕，又久青亡光，陰霧不精。〔一〕房數上疏，先言其將然，〔二〕近數月，遠一歲，所言屢中，天子說之。〔三〕數召見問，房對曰：「古帝王以功舉賢，則萬化成，瑞應著，〔四〕末世以毀譽取人，故功業廢而致災異。宜令百官各試其功，災異可息。」詔使房作其事，房奏考功課吏法。〔五〕上令公卿朝臣與房會議溫室，〔六〕皆以房言煩碎，令上下相司，不可許。上意鄉之。〔七〕時部刺史奏事京師，上召見諸刺史，令房曉以課事，刺史復以爲不可行。唯御史大夫鄭弘、光祿大夫周堪初言不可，後善之。

〔一〕師古曰：「精謂日光清明也。」

〔二〕師古曰：「言且欲有此事。」

〔三〕師古曰：「說讀曰悅。」

〔四〕師古曰：「萬化，萬機之事，施教化者也。一曰萬物之類也。」

〔五〕晉灼曰：「令丞尉治一縣，崇教化亡犯法者輒遷。有盜賊，滿三日不覺者則尉事也。令覺之，自除，二尉負其〔一〕〔辠〕。率相准如此法。」

〔六〕師古曰：「溫室，殿名也。」

〔七〕師古曰：「鄉讀曰嚮。」

是時中書令石顯顓權，〔一〕顯友人五鹿充宗爲尚書令，與房同經，論議相非。二人用事，房嘗宴見，〔二〕問上曰：「幽厲之君何以危？所任者何人也？」上曰：「君不明，而所任者巧佞。」房曰：「知其巧佞而用之邪，將以爲賢也？」上曰：「賢之。」房曰：「然則今何以知其不賢也？」上曰：「以其時亂而君危知之。」房曰：「若是，任賢必治，任不肖必亂，必然之道也。幽厲何不覺寤而更求賢，曷爲卒任不肖以至於是？」〔三〕上曰：「臨亂之君各賢其臣，令皆覺寤，天下安得危亡之君？」房曰：「齊桓公、秦二世亦嘗聞此君而非笑之，然則任豎刁、趙高，政治日亂，盜賊滿山，何不以幽厲卜之而覺寤乎？」上曰：「唯有道者能以往知來耳。」房因免冠頓首，曰：「春秋紀二百四十二年災異，以視萬世之君。〔四〕今陛下即位已來，日月失明，星辰逆行，山崩泉涌，地震石隕，夏霜冬靁，〔五〕春凋秋榮，隕霜不殺，水旱螟蟲，民人飢疫，盜賊不禁，刑人滿市，春秋所記災異盡備。〔六〕陛下視今爲治邪，亂邪？」上曰：「亦極亂耳。尙何道！」房曰：「今所任用者誰與？」〔七〕上曰：「然幸其瘉於彼，又以爲不在此人也。」〔八〕房曰：「夫前世之君亦皆然矣。臣恐後之視今，猶今之視前也。」上良久乃曰：「今爲亂者誰哉？」房曰：「明主宜自知之。」上曰：「不知也；如知(之)，何故用之？」〔九〕房曰：「上最所信任，與圖事帷幄之中進退天下之士者是矣。」〔一〇〕房指謂石顯，上亦知之，謂房曰：「已諭。」〔一一〕

〔一〕師古曰：「顓與專同。」

〔二〕師古曰：「以閒宴時而入見天子。」

〔三〕師古曰：「卒，終也。」

〔四〕師古曰：「視讀曰示。」

〔五〕師古曰：「靁，古雷字。」

〔六〕師古曰：「言今皆備有之。」

〔七〕師古曰：「與讀曰歟。」

〔八〕師古曰：「瘉與愈同，愈猶勝也。言今之災異及政道猶幸勝於往日，又不由所任之人。」

〔九〕師古曰：「如，若也。」

〔一〇〕師古曰：「圖，謀也。」

〔一一〕師古曰：「言已曉此意。」

房罷出，後上令房上弟子曉知考功課吏事者，欲試用之。房上中郎任良、姚平，「願以爲刺史，試考功法，臣得通籍殿中，爲奏事，以防雍塞。」〔一〕石顯、五鹿充宗皆疾房，欲遠之，〔二〕建言宜試以房爲郡守。〔三〕元帝於是以房爲魏郡太守，秩八百石，居得以考功法治郡。房自請，願無屬刺史，得除用它郡人，自第吏千石已下，〔四〕歲竟乘傳奏事。〔五〕天子許焉。

〔一〕師古曰：「雍讀曰壅。」

〔二〕師古曰：「出之，令遠去。」

〔三〕師古曰：「立議云然也。」

〔四〕如淳曰：「令長屬縣，自課第殿最。」

〔五〕師古曰：「傳音張戀反。其下亦同。」

房自知數以論議爲大臣所非，內與石顯、五鹿充宗有隙，不欲遠離左右，及爲太守，憂懼。房以建昭二年二月朔拜，上封事曰：「辛酉以來，蒙氣衰去，太陽精明，臣獨欣然，以爲陛下有所定也。然少陰倍力而乘消息。〔一〕臣疑陛下雖行此道，猶不得如意，臣竊悼懼。守陽平侯鳳欲見未得，至己卯，臣拜爲太守，此言上雖明下猶勝之效也。〔二〕臣出之後，恐必爲用事所蔽，身死而功不成，故願歲盡乘傳奏事，蒙哀見許。乃辛巳，蒙氣復乘卦，太陽侵色，〔三〕此上大夫覆陽而上意疑也。〔四〕己卯、庚辰之間，必有欲隔絕臣令不得乘傳奏事者。」

〔一〕孟康曰：「房以消息卦爲辟。辟，君也。息卦曰太陰，消卦曰太陽，其餘卦曰少陰少陽，謂臣下也。并力雜卦氣干消息也。」

〔二〕師古曰：「言權臣蔽主之明，故已出爲郡守也。」

〔三〕張晏曰：「晉卦、解卦也。太陽侵色，謂大壯。」

〔四〕師古曰：「覆，掩蔽也。」

房未發，上令陽平侯鳳承制詔房，止無乘傳奏事。房意愈恐，去至新豐，因郵上封事〔一〕曰：「臣〔前〕以六月中言遯卦不效，法曰：『道人始去，寒，涌水爲災。』〔二〕至其七月，涌水出。臣弟子姚平謂臣曰：『房可謂知道，未可謂信道也。房言災異，未嘗不中，今涌水已出，道人當逐死，尚復何言？』臣曰：『陛下至仁，於臣尤厚，雖言而死，臣猶言也。』〔三〕平又曰：『房可謂小忠，未可謂大忠也。昔秦時趙高用事，有正先者，非刺高而死，〔四〕高威自此成，故秦之亂，正先趣之。』〔五〕今臣得出守郡，自詭效功，〔六〕恐未效而死。惟陛下毋使臣塞涌水之異，〔七〕當正先之死，爲姚平所笑。」

〔一〕師古曰：「郵，行書者也，若今傳送文書矣。郵音尤。」
〔二〕師古曰：「道人，有道術之人也。天氣寒而又有水涌出也。」
〔三〕師古曰：「自云不避死也。」
〔四〕孟康曰：「姓正名先，秦博士也。」
〔五〕師古曰：「趣讀曰促。」
〔六〕師古曰：「詭，責也，自以爲憂責也。」
〔七〕師古曰：「塞亦當也。」

房至陝，復上封事〔一〕曰：「乃丙戌小雨，丁亥蒙氣去，然少陰并力而乘消息，戊子益甚，到五十分，蒙氣復起。〔二〕此陛下欲正消息，雜卦之黨并力而爭，消息之氣不勝。彊弱安危之機不可不察。己丑夜，有還風，盡辛卯，〔三〕太陽復侵色，至癸巳，日月相薄，〔四〕此邪陰同力而大陽爲之疑也。臣前白九年不改，必有星亡之異。〔五〕臣願出任良試考功，臣得居內，星亡之異可去。議者知如此於身不利，臣不可蔽，故云使弟子不若試師。臣爲刺史又當奏事，故復云爲刺史恐太守不與同心，不若以爲太守，此其所以隔絕臣也。陛下不違其言而遂聽之，此乃蒙氣所以不解，太陽亡色者也。臣去朝稍遠，太陽侵色益甚，唯陛下毋難還臣而易逆天意。〔六〕邪說雖安于人，天氣必變，故人可欺，天不可欺也，願陛下察焉。」房去月餘，竟徵下獄。

〔一〕師古曰：「陝，弘農之縣也，音式冉反。」

〔二〕孟康曰：「分一日爲八十分，分起夜半，是爲戊子之日日在巳西而蒙也。蒙常以晨夜，今向中而蒙起，是臣黨盛君不勝也。」

〔三〕孟康曰：「諸卦氣以寒溫不效後九十一日爲還風。還風，暴風也。風爲教令，言正令還也。」

〔四〕孟康曰：「京房傳曰：『雖非日月同宿之時，陰道盛，猶上薄日光如此，但日無光不食也。』」

〔五〕張晏曰：「九，陽數之極也。」孟康曰：「晝食爲既，夜食爲盡，而星亡爲星不見也。」

〔六〕師古曰：「易，輕也。音弋豉反。」

初，淮陽憲王舅張博從房受學，以女妻房。房與相親，每朝見，輒爲博道其語，〔一〕以爲上意欲用房議，而羣臣惡其害己，故爲衆所排。博曰：「淮陽王上親弟，敏達好政，欲爲國忠。〔二〕今欲令王上書求入朝，得佐助房。」房曰：「得無不可？」〔三〕博曰：「前楚王朝薦士，何爲不可？」房曰：「中書令石顯、尚書令五鹿君相與合同，巧佞之人也，事縣官十餘年；及丞相韋侯，皆久亡補於民，可謂亡功矣。〔四〕此尤不欲行考功者也。淮陽王卽朝見，勸上行考功，事善；不然，但言丞相、中書令任事久而不治，可休丞相，以御史大夫鄭弘代之，遷中書令置他官，以鉤盾令徐立代之，如此，房考功事得施行矣。」博具從房記諸所說災異事，（固）〔因〕令房爲淮陽王作求朝奏草，皆持柬與淮陽王。石顯微司具知之，以房親近，未敢言。及房出守郡，顯告房與張博通謀，非謗政治，歸惡天子，詿誤諸侯王，語在憲王傳。初，房見道幽厲事，出爲御史大夫鄭弘言之。房、博皆棄市，弘坐免爲庶人。房本姓李，推律自定爲京氏，死時年四十一。

〔一〕師古曰：「所與天子言，皆具說之。」
〔二〕師古曰：「爲音于僞反。」
〔三〕師古曰：「恐不可也。」
〔四〕師古曰：「韋玄成也。」

翼奉字少君，東海下邳人也。治齊詩，與蕭望之、匡衡同師。三人經術皆明，衡爲後進，望之施之政事，而奉惇學不仕，好律曆陰陽之占。元帝初即位，諸儒薦之，徵待詔宦者署，數言事宴見，天子敬焉。

時，平昌侯王臨以宣（布）〔帝〕外屬侍中，稱詔欲從奉學其術。奉不肯與言，而上封事曰：「臣聞之於師，治道要務，在知下之邪正。人誠鄉正，雖愚爲用；〔一〕若乃懷邪，知益爲害。知下之術，在於六情十二律而已。北方之情，好也；好行貪狼，申子主之。〔二〕東方之情，怒也；怒行陰賊，亥卯主之。〔三〕貪狼必待陰賊而後動，陰賊必待貪狼而後用，二陰並行，是以王者忌子卯也。禮經避之，春秋諱焉。〔四〕南方之情，惡也；惡行廉貞，寅午主之。〔五〕西方之情，喜也；喜行寬大，巳酉主之。〔六〕二陽並行，是以王者吉午酉也。詩曰：『吉日庚午。』〔七〕上方之情，樂也；樂行姦邪，辰未主之。〔八〕下方之情，哀也；哀行公正，戌丑主之。〔九〕辰未屬陰，戌丑屬陽，萬物各以其類應。今陛下明聖虛靜以待物至，萬事雖衆，何聞而不諭，〔一〇〕豈況乎執十二律而御六情！於以知下參實，亦甚優矣，萬不失一，自然之道也。乃正月癸未日加申，有暴風從西南來。未主姦邪，申主貪狼，風以大陰下抵建前，是人主左右邪臣之氣也。〔一一〕平昌侯比三來見臣，皆以正辰加邪時。辰為客，時為主人。以律知人情，王者之祕道也，〔一二〕愚臣誠不敢以語邪人。」

〔一〕師古曰：「鄉讀曰嚮。」

〔二〕孟康曰：「北方水，水生於申，盛於子。水性觸地而行，觸物而潤，多所好故；多好則貪而無厭，故為貪狼也。」

〔三〕孟康曰：「東方木，木生於亥，盛於卯。木性受水氣而生，貫地而出，故為怒；以陰氣賊害土，故為陰賊也。」

〔四〕李奇曰：「北方陰也，卯又陰賊，故為二陰，王者忌之，不舉樂。春秋、禮記說皆同。賈氏說：『桀以乙卯亡，紂以甲子喪，惡以為戒。』」張晏曰：「子刑卯，卯刑子，相刑之日，故以為忌。而云夏以乙卯亡，殷以甲子亡，不推湯武以興，此說非也。」師古曰：「儒者以為子卯夏殷亡日，大失之矣。何儒亮以為學者雖駁云，只取夏殷亡日，不論殷周之興，以爲大失，不博考其義。且天人之際，其理相符，有德者昌，無德者亡。以桀紂之暴虐，又遇惡日，其理必亡。以湯武之德，固先天而天不違，所謂德能消殃矣，豈殃能消德也！」

〔五〕孟康曰：「南方火，火生於寅，盛於午。火性炎猛，無所(加)〔容〕受，故爲惡；其氣精專嚴整，故爲廉貞。」

〔六〕孟康曰：「西方金，金生於巳，盛於酉。金之爲物，喜以利刃加於萬物，故爲喜；利刃所加，無不寬大，故曰寬大也。」

〔七〕師古曰：「小雅吉日之詩也。其詩曰『吉日庚午，旣差我馬』，言以庚午之吉日簡擇車馬以出田也。」

〔八〕孟康曰：「上方謂北與東也。陽氣所萌生，故爲上。辰，窮水也。未，窮木也。翼氏風角曰『木落歸本，水流歸末』，故木利在亥，水利在辰，盛衰各得其所，故樂也。水窮則無隙不入，木上出，窮則旁行，故爲姦邪。」

〔九〕孟康曰：「下方謂南與西也。陰氣所萌生，故爲下。戌，窮火也。丑，窮金也。翼氏風角曰『金剛火彊，各歸其鄉』，故火刑於午，金刑於酉。酉午，金火之盛也。盛時而受刑，至窮無所歸，故曰哀也。火性無所私，金性方剛，故曰公正。」

〔10〕師古曰：「諭謂曉解之。」

〔11〕張晏曰：「初元二年，歲在甲戌，正月二十二日癸未也，太陰在太歲後。」孟康曰：「時太陰在未，月建在寅，風從未下至寅南也。建爲主氣，太陰臣氣也，加主氣，是人主左右邪臣驗也。」晉灼曰：「癸未日風，未辰也，時加申。張說是也。」

〔12〕張晏曰：「平昌侯欲依上來學，爲時邪也。風日加申，申知祕道也。」孟康曰：「謂乙丑之日也。丑爲正日，加未而來爲邪時。」晉灼曰：「奉以未爲邪時，占知平昌侯爲邪人，此當言皆以邪辰加邪時，字誤作正耳。下言大邪之見，辰時俱邪是也。翼氏曰『五行動爲五音，四時散爲十二律』也。」

上以奉爲中郎，召問奉：「來者以善日邪時，孰與邪日善時？」奉對曰：「師法用辰不用日。〔一〕辰爲客，時爲主人。見於明主，侍者爲主人。〔二〕辰正時邪，見者正，侍者邪；辰邪時正，見者邪，侍者正。忠正之見，侍者雖邪，辰時俱正；〔三〕大邪之見，侍者雖正，辰時俱邪。〔四〕即以自知侍者之邪，而時邪辰正，見者反邪；〔五〕即以自知侍者之正，而時正辰邪，見者反正。〔六〕辰爲常事，時爲一行。〔七〕辰疏而時精，其效同功，必參五觀之，然後可知。故曰：察其所繇，省其進退，〔八〕參之六合五行，則可以見人性，知人情。難用外察，從中甚明，故詩之爲學，情性而已。五性不相害，六情更興廢。〔九〕觀性以曆，〔一〇〕觀情以律，〔一一〕明主所宜獨用，難與二人共也。故曰：『顯諸仁，臧諸用。』〔一二〕露之則不神，獨行則自然矣，唯奉能用之，學者莫能行。」

〔一〕孟康曰：「假令甲子日，子爲辰，甲爲日，用子不用甲也。」

〔二〕張晏曰：「禮，君燕見臣，則使臣爲主人，故侍者爲主人。」

〔三〕孟康曰：「大正厭小邪也。凡辰時屬南與西爲正，北與東爲邪。」晉灼曰：「以上占推之，南方巳午、西方酉戌、東北寅丑爲正，西南申未、北方亥子、東方辰卯爲邪。」

〔四〕孟康曰：「大邪厭小正也。」

〔五〕孟康曰：「凡占以見者爲本。今自知侍者邪，而時復邪，則邪無所施，故屬見者。」晉灼曰：「上言忠正客見，侍者雖邪，辰時俱正，然則小邪屬主人矣。何以知之，見者以大正來反我小邪故也。」

〔六〕孟康曰：「已自知侍者正，而時復正，則正無所施。辰雖邪，而見者更正也。」晉灼曰：「上言大邪客見，侍者雖正，辰時俱邪，然則小正屬主人矣。以此法占之，卽以自知主人之正，而時正辰邪矣。何以知之？見者以大邪來反我小正故也。」

〔七〕孟康曰：「假令甲子日，則一日一夜爲子。時，十二時也。日加之，行過也。」

〔八〕師古曰：「繇與由同。」

〔九〕師古曰：「更音工衡反。」

〔10〕張晏曰：「性謂五行也。曆謂日也。」晉灼曰：「翼氏五性：肝性靜，靜行仁，甲己主之；心性躁，躁行禮，丙辛主之；脾性力，力行信，戊癸主之；肺性堅，堅行義，乙庚主之；腎性智，智行敬，丁壬主之也。」

〔一一〕張晏曰：「情謂六情，廉貞、寬大、公正、姦邪、陰賊、貪狼也。律，十二律也。」

〔一二〕師古曰：「易上繫之辭也。道周萬物，故曰顯諸仁；日用不知，故曰藏諸用也。」

是歲，關東大水，郡國十一飢，疫尤甚。上乃下詔江海陂湖園池屬少府者以假貧民，勿租稅；損大官膳，減樂府員，省苑(囿)〔馬〕，諸宮館稀御幸者勿繕治；太僕少府減食穀馬，水衡省食肉獸。明年二月戊午，地震。其夏，齊地人相食。七月己酉，地復震。上曰：「蓋聞賢聖在位，陰陽和，風雨時，日月光，星辰靜，黎庶康寧，考終厥命。今朕共承天地，託于公侯之上，明不能燭，德不能綏，災異並臻，連年不息。乃二月戊午，地大震于隴西郡，毁落太上廟殿壁木飾，壞敗豲道縣〔一〕城郭官寺及民室屋，厭殺人衆，山崩地裂，水泉涌出。一年地再動，天惟降災，震驚朕躬。治有大虧，咎至於此。夙夜兢兢，不通大變，深懷鬱悼，未知其序。比年不登，元元困乏，不勝飢寒，以陷刑辟，朕甚閔焉，憯怛於心。〔二〕已詔吏虛倉廩，開府臧，振捄貧民。〔三〕羣司其茂思天地之戒，〔四〕有可蠲除減省以便萬姓者，各條奏。悉意陳朕過失，靡有所諱。」〔五〕因赦天下，舉直言極諫之士。奉奏封事曰：

〔一〕師古曰：「獂音(完)〔桓〕。」

〔二〕師古曰：「憯音千感反。」

〔三〕師古曰：「捄，古救字。」

〔四〕師古曰：「茂，勉也。」

〔五〕師古曰：「悉，盡也。」

臣聞之於師曰，天地設位，懸日月，布星辰，分陰陽，定四時，列五行，以視聖人，名之曰道。〔一〕聖人見道，然後知王治之象，故畫州土，建君臣，立律曆，陳成敗，以視賢者，名之曰經。賢者見經，然後知人道之務，則詩、書、易、春秋、禮、樂是也。易有陰陽，詩有五際，〔二〕春秋有災異，皆列終始，推得失，考天心，以言王道之安危。至秦乃不說，傷之以法，〔三〕是以大道不通，至於滅亡。今陛下明聖，深懷要道，燭臨萬方，〔四〕布德流惠，靡有闕遺。罷省不急之用，振救困貧，賦醫藥，賜棺錢，〔五〕恩澤甚厚。又舉直言，求過失，盛德純備，天下幸甚。

〔一〕師古曰：「視讀曰示。下亦類此。」

〔二〕應劭曰：「君臣、父子、兄弟、夫婦、朋友也。」孟康曰：「詩內傳曰：『五際，卯、酉、午、戌、亥也。陰陽終始際會之歲，於此則有變改之政也。』」

〔三〕師古曰：「說音悅。言不悅詩、書而以文法傷文學之人也。」

〔四〕師古曰：「燭，照也。」

〔五〕師古曰：「賦謂分給之。」

臣奉竊學齊詩，聞五際之要十月之交篇，〔一〕知日蝕地震之效昭然可明，猶巢居知風，穴處知雨，〔二〕亦不足多，適所習耳。臣聞人氣內逆，則感動天地；天變見於星氣日蝕，地變見於奇物震動。所以然者，陽用其精，陰用其形，猶人之有五臧六體，五臧象天，六體象地。故臧病則氣色發於面，體病則欠申動於貌。今年太陰建於甲戌，律以庚寅初用事，曆以甲午從春。〔三〕曆中甲庚，律得參陽，性中仁義，情得公正貞廉，〔四〕百年之精歲也。正以精歲，本首王位，〔五〕日臨中時接律而地大震，其後連月久陰，雖有大令，猶不能復，〔六〕陰氣盛矣。古者朝廷必有同姓以明親親，必有異姓以明賢賢，此聖王之所以大通天下也。同姓親而易進，異姓疏而難通，故同姓一，異姓五，乃爲平均。今左右亡同姓，獨以舅后之家爲親，異姓之臣又疏。二后之黨滿朝，非特處位，勢尤奢僭過度，呂、霍、上官足以卜之，甚非愛人之道，又非後嗣之長策也。陰氣之盛，不亦宜乎！

〔一〕師古曰：「小雅篇名也。」

〔二〕師古曰：「巢居，烏鵲之屬也。穴處，狐貍之類也。」

〔三〕孟康曰：「太陰在甲戌，則太歲在子。十一月庚寅日，黃鍾律初起用事也。」

〔四〕張晏曰：「甲庚皆三陽。甲在東方爲仁，庚在西方爲義。戌爲公正，寅午爲廉貞。」晉灼曰：「木數三。寅在東方，木位之始，故曰參陽也。」師古曰：「中音竹仲反。」

〔五〕張晏曰：「春也。」

〔六〕師古曰：「大令謂虛倉廩，開府庫之屬也。復，補也，音扶目反。」

臣又聞未央、建章、甘泉宮才人各以百數，皆不得天性。〔一〕若杜陵園，其已御見者，臣子不敢有言，雖然，太皇太后之事也。及諸侯王園，與其後宮，宜爲設員，出其過制者，此損陰氣應天救邪之道也。今異至不應，災將隨之。其法大水，極陰生陽，反爲大旱，甚則有火災，春秋宋伯姬是矣。〔二〕唯陛下財察。〔三〕

〔一〕師古曰：「言絕男女之好也。」

〔二〕師古曰：「伯姬，魯成公女，宋恭公之夫人也。幽居守寡，既久而遇火災，極陰生陽也。」

〔三〕師古曰：「財與裁同。」

明年夏四月乙未，孝武園白鶴館災。奉自以爲中，上疏曰：「臣前上五際地震之效，曰極陰生陽，恐有火災。不合明聽，未見省答，臣竊内不自信。今白鶴館以四月乙未，時加於卯，月宿亢災，與前地震同法。臣奉乃深知道之可信也。不勝拳拳，願復賜間，卒其終始。」〔一〕

〔一〕師古曰：「間，空隙也。卒，盡也。」

上復延問以得失。奉以爲祭天地於雲陽汾陰，及諸寢廟不以親疏迭毀，皆煩費，違古制。又宮室苑囿，奢泰難供，以故民困國虛，亡累年之畜。所繇來久，〔一〕不改其本，難以末正，乃上疏曰：

〔一〕師古曰：「畜讀曰蓄。繇與由同。」

臣聞昔者盤庚改邑以興殷道，聖人美之。〔一〕竊聞漢德隆盛，在於孝文皇帝躬行節儉，外省繇役。其時未有甘泉、建章及上林中諸離宮館也。未央宮又無高門、武臺、麒麟、(凰)〔鳳〕皇、白虎、玉堂、金華之殿，獨有前殿、曲臺、漸臺、宣室、溫室、承明耳。孝文欲作一臺，度用百金，〔二〕重民之財，廢而不爲，其積土基，至今猶存，〔三〕又下遺詔，不起山墳。故其時天下大和，百姓洽足，德流後嗣。

〔一〕師古曰：「盤庚，殷王名也。將遷亳，殷衆庶咸怨，作盤庚三篇以告之，遂乃遷都，事見尚書也。」

〔二〕師古曰：「度，計也，音大各反。」
〔三〕師古曰：「今在新豐縣南，驪山頂上也。」

如令處於當今，因此制度，必不能成功名。天道有常，王道亡常，亡常者所以應有常也。必有非常之主，然後能立非常之功。臣願陛下徙都於成周，左據成皋，(左)〔右〕阻黽池，前鄉崧高，後介大河，〔一〕建滎陽，扶河東，南北千里以爲關，而入敖倉；地方百里者八九，足以自娛；東厭諸侯之權，西遠羌胡之難，〔二〕陛下共己亡爲，〔三〕按成周之居，兼盤庚之德，萬歲之後，長爲高宗。漢家郊兆寢廟祭祀之禮多不應古，臣奉誠難亶居而改作，〔四〕故願陛下遷都正本。衆制皆定，亡復繕治宮館不急之費，歲可餘一年之畜。〔五〕

〔一〕師古曰：「鄉讀曰嚮。介，隔也，礙也。」
〔二〕師古曰：「厭，抑也。音一葉反。遠音于萬反。」
〔三〕師古曰：「共讀曰恭。」
〔四〕如淳曰：「亶居猶虛居也，欲徙都乃可更制度也。」師古曰：「亶讀曰但。但居，謂依舊都也。」
〔五〕師古曰：「畜讀曰蓄。次下亦同。」

臣聞三代之祖積德以王，然皆不過數百年而絕。周至成王，有上賢之材，因文武之業，以周召爲輔，〔一〕有司各敬其事，在位莫非其人。〔二〕天下甫二世耳，〔三〕然周公猶作詩書深戒成王，以恐失天下。書則曰：「王毋若殷王紂。」〔四〕其詩則曰：「殷之未喪師，克配上帝；宜監于殷，駿命不易。」〔五〕今漢初取天下，起於豐沛，以兵征伐，德化未洽，後世奢侈，國家之費當數代之用，非直費財，又乃費士。孝武之世，暴骨四夷，不可勝數。有天下雖未久，至於陛下八世九主矣，〔六〕雖有成王之明，然亡周召之佐。〔七〕今東方連年飢饉，加之以疾疫，百姓菜色，或至相食。〔八〕地比震動，天氣溷濁，日光侵奪。〔九〕繇此言之，〔一〇〕執國政者豈可以不懷怵惕而戒萬分之一乎！故臣願陛下因天變而徙都，所謂與天下更始者也。天道終而復始，窮則反本，故能延長而亡窮也。今漢道未終，陛下本而始之，於以永世延祚，不亦優乎！如因丙子之孟夏，順太陰以東行，〔一一〕到後七年之明歲，必有五年之餘蓄，然後大行考室之禮，〔一二〕雖周之隆盛，亡以加此。唯陛下留神，詳察萬世之策。

〔一〕師古曰：「召讀曰邵。」

〔二〕師古曰：「言所任皆得賢材也。」

〔三〕師古曰：「甫，始也。」

〔四〕師古曰：「周書亡逸篇也。其書曰周公曰：『烏虖！毋若殷王紂之迷亂，酗于酒德哉！』是也。」

〔五〕師古曰：「詩大雅文王之詩也。師，衆也。駿，大也。言殷家自帝乙以上，未喪天下之時，皆能配天而行。至紂荒意，自取敗滅。今宜以殷王賢愚爲鏡，知天之大命甚難也。」

〔六〕如淳曰：「呂后爲主，不得爲世，故八世九主矣。」

〔七〕師古曰：「召讀曰邵。」

〔八〕師古曰：「人專食菜，故肌膚青黄，爲菜色也。」

〔九〕師古曰：「比，頻也。溷，汙也，音下頓反。」

〔一〇〕師古曰：「繇與由同。」

〔一一〕張晏曰：「如因今丙子之四月也。太陰是時在甲戌，當轉在乙亥、丙子，左旋之也。」

〔一二〕李奇曰：「凡宫新成，殺牲以釁祭，致其五祀之神，謂之考室。」師古曰：「考，成也，成其禮也。詩小雅斯干之詩序曰『斯干，宣王考室也』，故奉引之。」

書奏，天子異其意，答曰：「問奉：今園廟有七，云東徙，狀何如？」奉對曰：「昔成王徙洛，般庚遷殷，其所避就，皆陛下所明知也。非有聖明，不能一變天下之道。臣奉愚憨狂惑，唯陛下裁赦。」

其後，貢禹亦言當定迭毁禮，上遂從之。及匡衡爲丞相，奏徙南北郊，其議皆自奉發之。

奉以中郎爲博士、諫大夫，年老以壽終。子及孫，皆以學在儒官。

李尋字子長，平陵人也。治尚書，與張孺、鄭寬中同師。寬中等守師法教授，尋獨好洪範災異，又學天文月令陰陽。事丞相翟方進，方進亦善爲星曆，除尋爲吏，數爲翟侯言事。帝舅曲陽侯王根爲大司馬票騎將軍，厚遇尋。是時多災異，根輔政，數虛己問尋。尋見漢家有中衰阸會之象，其意以爲且有洪水爲災，乃說根曰：

書云「天聰明」，〔一〕蓋言紫宮極樞，通位帝紀，〔二〕太微四門，廣開大道，〔三〕五經六緯，尊術顯士，〔四〕翼張舒布，燭臨四海，〔五〕少微處士，爲比爲輔，〔六〕故次帝廷，女宮在後。〔七〕聖人承天，賢賢易色，取法於此。〔八〕天官上相上將，皆顓面正朝，〔九〕憂責甚重，要在得人。得人之效，成敗之機，不可不勉也。昔秦穆公說諓諓之言，任仡仡之勇，身受大辱，社稷幾亡。〔一〇〕悔過自責，思惟黃髮，任用百里奚，卒伯西域，德列王道。〔一一〕二者禍福如此，可不慎哉！

〔一〕師古曰：「虞書皐陶謨之辭也。天視聽，人君之行不可不畏慎也。」

〔二〕孟康曰：「紫宮，天之北宮也。極，天之北極星也，樞是其迴轉者也。天文志曰『天極其一明者，太一常居也。』太一，天皇大帝也，與通極爲一體，故曰通位帝紀也。」

〔三〕孟康曰：「太微，天之南宮也。四門，太微之四門也。」

〔四〕孟康曰：「六緯，五經與樂緯也。」張晏曰：「六緯，五經就孝經緯也。」師古曰：「六緯者，五經之緯及樂緯也。孟說是也。」

〔五〕張晏曰：「翼二十八星，十八度。舒布，張廣也。翼翅夾張，故言也。」

〔六〕孟康曰：「少微四星在太微西，主處士儒學之官，爲太微輔佐也。」

〔七〕孟康曰：「言少微四星在太微次。太微爲天帝廷。女宮謂軒轅星也。」

〔八〕師古曰：「賢賢，尊上賢人。易色，輕略於色，不貴之也。易音弋二反。」

〔九〕孟康曰：「朝太微宮垣也。西垣爲上將，東垣爲上相，各專一面而正天之朝事也。」

〔一〇〕師古曰：「諓諓，小善也。仡仡，壯健也。謂聽杞子、逢孫、楊孫之言，言鄭可襲，乃使孟明視、西乞術、白乙丙帥師伐鄭，遂爲晉襄公所禦而敗於殽，三師盡獲，匹馬隻輪皆無反者。諓音踐。仡音(目)〔巨〕乙反，又音牛乞反。」

〔一一〕師古曰：「謂晉歸三師之後，穆公自悔，作秦誓云：『雖則員然，尚猶詢茲黃髮，則罔所諐。』自言前有云然之過，今庶幾以道謀此黃髮賢老，則行事無所過失矣。百里奚本虞人也，穆公用之，卒成霸業。」

夫士者，國家之大寶，功名之本也。將軍一門九侯，二十朱輪，漢興以來，臣子貴盛，未嘗至此。夫物盛必衰，自然之理，唯有賢友彊輔，庶幾可以保身命，全子孫，安國家。

書曰「曆象日月星辰」，〔一〕此言仰視天文，俯察地理，觀日月消息，候星辰行伍，揆山川變動，參人民繇俗，〔二〕以制法度，考禍福。舉錯誖逆，咎敗將至，徵兆爲之先見。〔三〕明君恐懼修正，側身博問，轉禍爲福；不可救者，卽蓄備以待之，故社稷亡憂。

〔一〕師古曰：「虞書堯典之辭也。」

〔二〕師古曰：「繇讀與謠同。繇俗者，謂若童謠及輿人之誦。」

〔三〕師古曰：「誖，乖也，音布內反。」

竊見往者赤黃四塞，地氣大發，動土竭民，天下擾亂之徵也。彗星爭明，〔一〕庶雄爲桀，大寇之引也。〔二〕此二者已頗效矣。城中訛言大水，奔走上城，朝廷驚駭，女孽入宮，〔三〕此獨未效。間者重以水泉涌溢，旁宮闕仍出。〔四〕月、太白入東井，犯積水，缺天淵。〔五〕日數湛於極陽之色。〔六〕羽氣乘宮，〔七〕起風積雲。又錯以山崩地動，河不用其道。〔八〕盛冬雷電，潛龍爲孽。〔九〕繼以隕星流彗，維、填上見，〔一〇〕日蝕有背鄉。〔一一〕此亦高下易居，洪水之徵也。不憂不改，洪水乃欲盪滌，流彗乃欲埽除；改之，則有年亡期。〔一二〕故屬者頗有變改，小貶邪猾，〔一三〕日月光精，時雨氣應，〔一四〕此皇天右漢亡已也，〔一五〕何況致大改之！

〔一〕張晏曰：「與日月爭明。」

〔二〕師古曰：「將引致大寇也。」

〔三〕應劭曰：「謂小女陳持弓也。」

〔四〕李奇曰：「旁宮闕而出水也。」師古曰：「旁，附也。仍，頻也。重音直用反。旁音薄郎反。」

〔五〕張晏曰：「犯東井，有水災。」孟康曰：「積水一星在北河北。天淵十星在北斗星東南。缺者，拂其角而過之也。」

〔六〕張晏曰：「衆陽之宗，故爲極陽也。色宜明耀，而無光也。」

〔七〕孟康曰：「天文志曰西方爲羽。羽，少陰之位。少陰臣氣，乘於君也。」晉灼曰：「羽，北方水也，水陰爲臣。宮，中央土也，土爲君。今水乘土，言臣氣勝於君也。」

〔八〕師古曰：「錯，雜也。言河徙流不從故道也。」

〔九〕孟康曰：「黑龍冬見。」張晏曰：「五行傳曰：『龍見井中，幽囚之象也。』」

〔一〇〕孟康曰：「有地維星，有四塡星，皆妖星也。」晉灼曰：「天文志四塡星出四隅，去地可四丈，地維藏光亦出四隅，去地可二丈，若月始出，所見下有亂者亡，有德者昌。」

〔一〕師古曰：「背音步內反。鄉讀曰嚮。」

〔二〕師古曰：「言可延期，得禳災。」

〔三〕師古曰：「屬者謂近時也。屬音之欲反。」

〔四〕師古曰：「精謂光明也。」

〔五〕師古曰：「右讀曰祐。」

宜急博求幽隱，拔擢天士，任以大職。〔一〕諸闒茸佞諂，抱虛求進，〔二〕及用殘賊酷虐聞者，若此之徒，皆嫉善憎忠，壞天文，敗地理，涌趯邪陰，湛溺太陽，〔三〕爲主結怨於民，〔四〕宜以時廢退，不當得居位。誠必行之，凶災銷滅，子孫之福不旋日而至。政治感陰陽，猶鐵炭之低卬，見效可信者也。〔五〕及諸蓄水連泉，務通利之。修舊隄防，省池澤稅，以助損邪陰之盛。案行事，考變易，訛言之效，未嘗不至。請徵韓放，〔六〕掾周敞、王望可與圖之。

〔一〕李奇曰：「天士，知天道者也。」晉灼曰：「嚴君平言師於天士。天士，應宿台鼎之臣也。」師古曰：「李說是也。」

〔二〕師古曰：「闒音吐臘反。茸音人勇反。讇，古諂字。」

〔三〕師古曰：「趯字與躍同。湛讀曰沈。」

〔四〕師古曰：「爲音于僞反。」

〔五〕孟康曰：「天文志云『縣土炭』也，以鐵易土耳。先冬夏至，縣鐵炭於衡，各一端，令適停。冬，陽氣至，炭仰而鐵低。夏，陰氣至，炭低而鐵仰。以此候二至也。」

〔六〕服虔曰：「姓名也，曉水。」

根於是薦尋。哀帝初即位，召尋待詔黃門，使侍中衞尉傅喜問尋曰：「閒者水出地動，日月失度，星辰亂行，災異仍重，〔一〕極言毋有所諱。」尋對曰：

〔一〕師古曰：「重音直用反。」

陛下聖德，尊天敬地，畏命重民，悼懼變異，不忘疏賤之臣，幸使重臣臨問，愚臣不足以奉明詔。竊見陛下新即位，開大明，除忌諱，博延名士，靡不並進。臣尋位卑術淺，過隨衆賢待詔，〔一〕食太官，衣御府，久汙玉堂之署。〔二〕比得召見，亡以自效。〔三〕復特見延問至誠，自以逢不世出之命，願竭愚心，不敢有所避，庶幾萬分有一可采。唯棄須臾之間，宿留瞽言，〔四〕考之文理，稽之五經，揆之聖意，以參天心。夫變異之來，各應象而至，臣謹條陳所聞。

〔一〕師古曰：「過猶謬也。」

〔二〕師古曰：「玉堂殿在未央宮。」

〔三〕師古曰：「比，頻也。」

〔四〕師古曰：「間謂空隙之時也。宿音先就反。留音力救反。」

易曰：「縣象著明，莫大乎日月。」〔一〕夫日者，衆陽之長，輝光所燭，萬里同晷，人君之表也。〔二〕故日將旦，清風發，羣陰伏，君以臨朝，不牽於色。日初出，炎以陽，君登朝，佞不行，忠直進，不蔽障。日中輝光，君德盛明，大臣奉公。日將入，專以壹，君就房，有常節。君不修道，則日失其度，晻昧亡光。〔三〕各有云爲。其於東方作，日初出時，〔四〕陰雲邪氣起者，法爲牽於女謁，〔五〕有所畏難；日出後，爲近臣亂政；日中，爲大臣欺誣；日且入，爲妻妾役使所營。〔六〕間者日尤不精，光明侵奪失色，邪氣珥蜺數作。本起於晨，相連至昏，其日出後至日中間差瘉。〔七〕小臣不知內事，竊以日視陛下志操，衰於始初多矣。其咎恐有以守正直言而得罪者，傷嗣害世，不可不慎也。唯陛下執乾剛之德，彊志守度，毋聽女謁邪臣之態。諸保阿乳母甘言悲辭之託，斷而勿聽。勉强大誼，絕小不忍；良有不得已，可賜以財貨，不可私以官位，誠皇天之禁也。日失其光，則星辰放流。〔八〕陽不能制陰，陰桀得作。間者太白正晝經天。宜隆德克躬，以執不軌。

〔一〕師古曰：「上繫之辭也。在天成象，故曰縣象也。」

〔二〕師古曰：「晷，景也。」

〔三〕師古曰：「晻與暗同，又音烏感反。」

〔四〕師古曰：「作，起也。日出之時，人物皆起。」

〔五〕服虔曰：「謁，請也。」

〔六〕師古曰：「營謂繞也。」

〔七〕師古曰：「瘉與愈同。」

〔八〕張晏曰：「日夜食則失光，晝立六尺木，不見其景也。日陽失光明，陰得施也。」

臣聞月者，衆陰之長，銷息見伏，百里爲品，千里立表，萬里連紀，〔一〕妃后大臣諸侯之象也。朔晦正終始，弦爲繩墨，望成君德，春夏南，秋冬北。間者，月數以春夏與日同道，〔二〕過軒轅上后受氣，〔三〕入太微帝廷(楊)〔揚〕光輝，犯上將近臣，列星皆失色，厭厭如滅，〔四〕此爲母后與政亂朝，〔五〕陰陽俱傷，兩不相便。外臣不知朝事，竊信天文即如此，近臣已不足杖矣。〔六〕屋大柱小，可爲寒心。〔七〕唯陛下親求賢士，無彊所惡，以崇社稷，尊彊本朝。〔八〕

〔一〕孟康曰：「品，同也，言百里內數度同也。千里則當立表度其景，萬里則繼其本所起紀其宿度也。」
〔二〕孟康曰：「房有四星，其間有三道。春夏南行，南頭第一星裏道也。秋冬北行，北頭第一星裏道也。與日同道者，謂中央道也。此三道者，日月五星之所由也。」
〔三〕孟康曰：「軒轅南大星爲后。」
〔四〕鄭氏曰：「厭音壓桑之壓。」師古曰：「音烏點反。」
〔五〕師古曰：「與讀曰豫。」
〔六〕師古曰：「杖謂倚任也。」
〔七〕師古曰：「言天下事重大，臣之任當得賢能者。」
〔八〕師古曰：「邪佞之人誠可賤惡，勿得寵異，令其盛彊也。」

臣聞五星者，五行之精，五帝司命，應王者號令爲之節度。歲星主歲事，爲統首，號令所紀，今失度而盛，此君指意欲有所爲，未得其節也。又填星不避歲星者，后帝共政，相留於奎、婁，〔一〕當以義斷之。（營）〔熒〕惑往來亡常，周歷兩宮，作態低卬，〔二〕入天門，上明堂，貫尾亂宮。〔三〕太白發越犯庫，〔四〕兵寇之應也。貫黃龍，入帝庭，〔五〕當門而出，隨熒惑入天門，至房而分，欲與熒惑爲患，不敢當明堂之精。此陛下神靈，故禍亂不成也。熒惑厥弛，〔六〕佞巧依勢，微言毀譽，進類蔽善。〔七〕太白出端門，〔八〕臣有不臣者。火入室，金上堂，〔九〕不以時解，其憂凶。填、歲相守，又主內亂。宜察蕭牆之內，毋忽親疏之徵，〔10〕誅放佞人，防絕萌牙，以盪滌濁濊，消散積惡，〔11〕毋使得成禍亂。辰星主正四時，當效於四仲；四時失序，則辰星作異。今出於歲首之孟，天所以譴告陛下也。政急則出蚤，政緩則出晚，政絕不行則伏不見而爲彗茀。〔12〕四孟皆出，爲易王命；四季皆出，星家所諱。今幸獨出寅孟之月，蓋皇天所以篤右陛下也，〔13〕宜深自改。

〔一〕張晏曰：「歲星爲帝，填星爲女主也。」

〔二〕張晏曰：「兩宮謂紫微、太微。」

〔三〕孟康曰：「角兩星爲天門，房爲明堂，尾爲後宮。」蘇林曰：「常占（常）〔當〕從尾北，而今貫之，尾爲後宮之義也。」

〔四〕張晏曰：「發越，疾貌也。庫，天庫也。」孟康曰：「奎爲天庫。」

〔五〕張晏曰：「黃龍，軒轅也。」

〔六〕張晏曰：「厥弛，動搖貌。」

〔七〕師古曰：「進其黨類而擁蔽善人。」

〔八〕孟康曰：「端門，太微正南門。」

〔九〕張晏曰：「熒惑入營室也。」孟康曰：「火入室謂熒惑歷兩宮也。金謂太白也。上堂，入房星也。」

〔10〕師古曰：「微謂其事微。」

〔11〕師古曰：「濊與穢同也。」

〔三〕師古曰：「茀與孛同。」

〔三〕師古曰：「篤，厚也。右與祐同。祐猶助也。」

治國故不可以戚戚，欲速則不達。經曰：「三載考績，三考黜陟。」〔一〕加以號令不順四時，既往不咎，來事之師也。間者春三月治大獄，時賊陰立逆，恐歲小收；季夏舉兵法，時寒氣應，恐後有霜雹之災；秋月行封爵，其月土濕奧，〔二〕恐後有雷雹之變。夫以喜怒賞罰，而不顧時禁，雖有堯舜之心，猶不能致和。善言天者，必有效於人。設上農夫而欲冬田，肉袒深耕，汗出種之，然猶不生者，非人心不至，天時不得也。易曰：「時止則止，時行則行，動靜不失其時，其道光明。」〔三〕書曰：「敬授民時。」〔四〕故古之王者，尊天地，重陰陽，敬四時，嚴月令。順之以善政，則和氣可立致，猶枹鼓之相應也。〔五〕今朝廷忽於時月之令，諸侍中尚書近臣宜皆令通知月令之意，設羣下請事；若陛下出令有謬於時者，當知爭之，以順時氣。

〔一〕師古曰：「虞書舜典之辭也，言三年一考功績，三考一行黜陟也。」

〔二〕張晏曰：「違於月令也。」師古曰：「奧，溫也，音於六反。」

〔三〕師古曰：「此艮卦象辭也。言動止隨時則有光明也。」

〔四〕師古曰：「虞書堯典之辭也。言授下以四時之命，不可不敬也。」

〔五〕師古曰：「枹，擊鼓之椎也，音孚。其字從木也。」

臣聞五行以水爲本，其星玄武婺女，天地所紀，終始所生。〔一〕水爲準平，王道公正修明，則百川理，落脈通；〔二〕偏黨失綱，則踊溢爲敗。書云「水曰潤下」，〔三〕陰動而卑，不失其道。天下有道，則河出圖，洛出書，故河、洛決溢，所爲最大。今汝、潁畎澮皆川水漂踊，與雨水並爲民害，〔四〕此詩所謂「爗爗震電，不寧不令，百川沸騰」者也。〔五〕其咎在於皇甫卿士之屬。〔六〕唯陛下留意詩人之言，少抑外親大臣。

〔一〕孟康曰：「婺女，須女也，北方天地之統，陰陽之終始也。」

〔二〕師古曰：「落謂經絡也。」

〔三〕師古曰：「周書洪範之辭也。」

〔四〕師古曰：「畎澮，小流也。許慎說廣尺深尺曰畎，廣二尋深二仞謂之澮。川者，水貫穿而通流也。畎音工犬反。澮音工外反。」

〔五〕師古曰：「詩小雅十月之交之詩也。爗爗，光貌。寧，安；令，善也。言陰陽失和，雷電失序，不安不善，故百川又沸騰。」

〔六〕師古曰：「皇甫卿士，周室女寵之族也，解在劉向傳。」

臣聞地道柔靜，陰之常義也。地有上中下，其上位震，應妃后不順，中位應大臣作亂，下位應庶民離畔。震或於其國，國君之咎也。四方中央連國歷州俱動者，其異最大。間者關東地數震，五星作異，亦未大逆，宜務崇陽抑陰，以救其咎；固志建威，閉絕私路，拔進英雋，退不任職，以彊本朝。夫本彊則精神折衝，本弱則招殃致凶，爲邪謀所陵。〔一〕聞往者淮南王作謀之時，其所難者，獨有汲黯，〔以爲〕公孫弘等不足言也。弘，漢之名相，於今亡比，而尙見輕，何況亡弘之屬乎？故曰朝廷亡人，則爲賊亂所輕，其道自然也。天下未聞陛下奇策固守之臣也。語曰，何以知朝廷之衰？人人自賢，不務於通人，故世陵夷。〔二〕

〔一〕師古曰：「折衝，言有欲衝突爲害者，則能折挫之。」

〔二〕師古曰：「通人謂薦達賢材也。陵夷謂穨替也。」

馬不伏歷，不可以趨道；士不素養，不可以重國。〔一〕詩曰「濟濟多士，文王以寧」，〔二〕孔子曰「十室之邑，必有忠信」，〔三〕非虛言也。陛下秉四海之衆，曾亡柱幹之固守聞於四境，殆開之不廣，取之不明，勸之不篤。傳曰：「土之美者善養禾，君之明者善養士。」中人皆可使爲君子。〔四〕詔書進賢良，赦小過，無求備，以博聚英雋。如近世貢禹，以言事忠切蒙尊榮，當此之時，士厲身立名者多。禹死之後，日日以衰。及京兆尹王章坐言事誅滅，智者結舌，〔五〕邪僞並興，外戚顓命，〔六〕君臣隔塞，至絕繼嗣，女宮作亂。〔七〕此行事之敗，誠可畏而悲也。

〔一〕師古曰：「伏歷謂伏槽歷而秣之也。趨讀曰趣。」
〔二〕師古曰：「大雅文王之詩也。已解於上。」
〔三〕師古曰：「論語載孔子之言也。」
〔四〕師古曰：「言在所以勸厲之。」
〔五〕師古曰：「不敢出言也。」
〔六〕師古曰：「顓與專同。」
〔七〕師古曰：「謂趙飛燕姊妹也。」

本在積任母后之家，非一日之漸，往者不可及，來者猶可追也。先帝大聖，深見天意昭然，使陛下奉承天統，欲矯正之也。宜少抑外親，選練左右，舉有德行道術通明之士充備天官，然後可以輔聖德，保帝位，承大宗。下至郎吏從官，行能亡以異，又不通一藝，及博士無文雅者，宜皆使就南畝，〔一〕以視天下，〔二〕明朝廷皆賢材君子，於以重朝尊君，滅凶致安，此其本也。臣自知所言害身，不辟死亡之誅，唯財留神，反覆覆愚臣之言。〔三〕

〔一〕師古曰：「遣歸農業。」
〔二〕師古曰：「視讀曰示。」
〔三〕師古曰：「財與裁同，謂裁量而反思之。」

是時哀帝初立，成帝外家王氏未甚抑黜，而帝外家丁、傅新貴，祖母傅太后尤驕恣，欲稱尊號。丞相孔光、大司空師丹執政諫爭，久之，上不得已，遂免光、丹而尊傅太后。語在丹傳。上雖不從尋言，然采其語，每有非常，輒問尋。尋對屢中，遷黃門侍郎。以尋言且有水災，故拜尋爲騎都尉，使護河隄。

初，成帝時，齊人甘忠可詐造天官曆、包元太平經十二卷，以言「漢家逢天地之大終，當更受命於天，天帝使眞人赤精子，下教我此道。」忠可以教重平夏賀良、容丘丁廣世、〔一〕東郡郭昌等，中壘校尉劉向奏忠可假鬼神罔上惑衆，下獄治服，未斷病死。賀良等坐挾學忠可書以不敬論，後賀良等復私以相教。哀帝初立，司隸校尉解光亦以明經通災異得幸，白賀良等所挾忠可書。事下奉車都尉劉歆，歆以爲不合五經，不可施行。而李尋亦好之。光曰：「前歆父向奏忠可下獄，歆安肯通此道？」時郭昌爲長安令，勸尋宜助賀良等。尋遂白賀良等皆待詔黃門，數召見，陳說「漢曆中衰，當更受命。成帝不應天命，故絕嗣。今陛下久疾，變異屢數，〔二〕天所以譴告人也。宜急改元易號，乃得延年益壽，皇子生，災異息矣。得道不得行，咎殃且亡，〔三〕不有洪水將出，災火且起，滌盪（人民）〔民人〕。」

〔一〕服虔曰：「重平，勃海縣也。」晉灼曰：「容丘，東海縣也。」

〔二〕師古曰：「數音所角反。」

〔三〕師古曰：「言知道不能行之，必有殃咎，將至滅亡。」

哀帝久寢疾，幾其有益，〔一〕遂從賀良等議。於是詔制丞相御史：「蓋聞尚書『五曰考終命』，〔二〕言大運壹終，更紀天元人元，考文正理，推曆定紀，數如甲子也。朕以眇身入繼太祖，承皇天，總百僚，子元元，未有應天心之效。即位出入三年，災變數降，日月失度，星辰錯謬，高下貿易，〔三〕大異連仍，盜賊並起。〔四〕朕甚懼焉，戰戰兢兢，唯恐陵夷。〔五〕惟漢興至今二百載，曆紀開元，皇天降非材之右，漢國再獲受命之符，〔六〕朕之不德，曷敢不通夫受天之元命，必與天下自新。其大赦天下，以建平二年爲太初（元將）元年，號曰陳聖劉太平皇帝。漏刻以百二十爲度。布告天下，使明知之。」後月餘，上疾自若。〔七〕賀良等復欲妄變政事，大臣爭以爲不可許。賀良等奏言大臣皆不知天命，宜退丞相御史，以解光、李尋輔政。上以其言亡驗，遂下賀良等吏，而下詔曰：「朕獲保宗廟，爲政不德，變異屢仍，恐懼戰栗，未知所繇。〔八〕待詔賀良等建言改元易號，增益漏刻，可以永安國家。朕信道不篤，過聽其言，〔九〕幾爲百姓獲福。〔一〇〕卒無嘉應，久旱爲災。以問賀良等，對當復改制度，皆背經誼，違聖制，不合時宜。夫過而不改，是爲過矣。六月甲子詔書，非赦令也，皆蠲除之。〔一一〕賀良等反道惑衆，姦態當窮竟。」皆下獄，光祿勳平當、光祿大夫毛莫如與御史中丞、廷尉雜治，當賀良等執左道，亂朝政，〔一二〕傾覆國家，誣罔主上，不道。賀良等皆伏誅。尋及解光減死一等，徙敦煌郡。

〔一〕師古曰：「幾讀曰冀。」

〔二〕師古曰：「周書洪範五福之數也。言得壽考而終其命也。」

〔三〕師古曰：「言山崩川竭也。」

〔四〕師古曰：「仍，頻也。」

〔五〕師古曰：「慮漸滅亡也。」

〔六〕師古曰：「右讀曰祐。祐，助也。帝自言不材而得天助也。」

〔七〕師古曰：「自若言如故也。」

〔八〕師古曰：「繇讀與由同。」

〔九〕師古曰：「過，誤也。」

〔一〇〕師古曰：「幾讀曰冀。」

〔一一〕師古曰：「唯赦令不改，餘皆除之。」

〔一二〕師古曰：「當謂處正其罪名。」

贊曰：幽贊神明，通合天人之道者，莫著乎易、春秋。〔一〕然子贛猶云「夫子之文章可得而聞，〔二〕夫子之言性與天道不可得而聞」已矣。〔三〕漢興推陰陽言災異者，孝武時有董仲舒、夏侯始昌，昭、宣則眭孟、夏侯勝，元、成則京房、翼奉、劉向、谷永，哀、平則李尋、田終術。此其納說時君著明者也。察其所言，仿佛一端。〔四〕假經設誼，依託象類，或不免乎「億則屢中」。〔五〕仲舒下吏，夏侯囚執，眭孟誅戮，李尋流放，此學者之大戒也。京房區區，不量淺深，危言刺譏，構怨彊臣，罪辜不旋踵，亦不密以失身，悲夫！〔六〕

〔一〕師古曰：「幽，深；贊，明也。」

〔二〕師古曰：「謂易辭文言及春秋之屬是。」

〔三〕師古曰：「性命玄遠，天道幽深，故孔子不言之也。此皆論語述子貢之言也。」

〔四〕師古曰：「仿讀曰髣。佛與髴同。」

〔五〕師古曰：「論語稱孔子曰『賜不受命，而貨殖焉，億則屢中』，故此贊引之，言仲舒等億度，所言既多，故時有中者耳，非必道術皆通明也。億音於力反。」

〔六〕師古曰：「易上繫辭曰『君不密則失臣，臣不密則失身』，故贊引之也。」

校勘記

三一五三頁六行　漢之（泱錄）〔炔欽〕又不作眭字，　宋祁說，「泱錄」浙本作「炔欽」。葉德輝說，儒林傳許商門人有齊人炔欽，則作「泱錄」者誤也。

三一五三頁一三行　（而）泰山者岱宗之嶽，　景祐、殿本都無「而」字。

三一五五頁八行　光卒與安世（共）白太后，　景祐、殿本都無「共」字。

三一五六頁二行　察〔謂〕〔爲〕計謀不敢明顯言之也。　景祐、殿本都作「爲」。王先謙說「爲」「謂」同字。

三一五六頁一三行　物故者〔過〕半。　宋祁說，「者」字下疑有「過」字。按景祐本無「過」字，殿本亦無。

三一五九頁一三行　言於勝及高兩處采問疑義而得〔之〕。　宋祁說，注末當有「之」字。按景祐本無「之」字，殿本亦無。

三一六一頁八行　令覺之，自除，二尉負其〔二〕〔辠〕。　殿本作「辠」。王先謙說作「辠」是。

三一六二頁八行　如知〔之〕，何故用之？　景祐、殿本都無「之」字，通鑑同。

三一六四頁一三行　臣〔前〕以六月中言遯卦不效，　景祐、殿本都有「前」字。

三一六五頁九行　詭，責也，〔自以爲憂責也〕。　景祐、殿本都有後六字。

三一六七頁二行　〔囙〕〔因〕令房爲淮陽王作求朝奏草，　景祐、殿本都作「因」。

三一六七頁一三行　平昌侯王臨以宣〔布〕〔帝〕外屬侍中，　景祐、殿、局本都作「帝」，此誤。

三一六九頁三行　無所〔加〕〔容〕受，　景祐、殿本都作「容」。王先謙說作「容」是。

三一七一頁一三行　省苑〔圉〕〔馬〕，　景祐本作「馬」。王念孫說景祐本是。

三一七二頁五行　貛音〔完〕〔桓〕。　景祐、殿本都作「桓」。

三一七五頁一三行　〔凰〕〔鳳〕皇、　景祐、殿本都作「鳳」，此誤。

三一七六頁四行　左據成皋，〔左〕〔右〕阻黽池，　景祐、殿，局本都作「右」。

三一八〇頁八行　仡，（目）〔巨〕乙反，　景祐、殿、局本都作「巨」，此誤。

三一八五頁一三行　入太微帝廷（楊）〔揚〕光煇，　景祐、殿本都作「揚」，此誤。

三一八六頁一三行　（營）〔熒〕惑往來亡常，　劉攽說「營」當作「熒」。按殿本作「熒」。

三一八七頁八行　常占（常）〔當〕從尾北，　景祐、殿本都作「當」，王先謙說作「當」是。

三一九〇頁三行　〔以爲〕公孫弘等不足言也。　景祐、殿本都有「以爲」二字。

三一九二頁一三行　滌盪（人民）〔民人〕。　景祐、殿本都作「民人」。

三一九三頁七行　以建平二年爲太初（元將）元年，　景祐、殿本都無「元將」二字。

三一九三頁一二行　六月甲子詔書，非赦令也，皆蠲除之。〔二〕　注〔二〕原在「也」字下，改從景祐、殿本。

漢書卷七十六

趙尹韓張兩王傳第四十六

趙廣漢字子都，涿郡蠡吾人也，〔一〕故屬河間。〔二〕少爲郡吏、州從事，以廉絜通敏下士爲名。〔三〕舉茂材，平準令。察廉爲陽翟令。以治行尤異，遷京輔都尉，守京兆尹。會昭帝崩，而新豐杜建爲京兆掾，護作平陵方上。〔四〕建素豪俠，賓客爲姦利，廣漢聞之，先風告。建不改，〔五〕於是收案致法。〔六〕中貴人豪長者爲請無不至，終無所聽。〔七〕宗族賓客謀欲篡取，〔八〕廣漢盡知其計議主名起居，〔九〕使吏告曰：「若計如此，且并滅家。」令數吏將建棄市，莫敢近者。京師稱之。

〔一〕師古曰：「蠡音禮。」

〔二〕師古曰：「言蠡吾舊屬河間，後屬涿郡。」

〔三〕師古曰：「敏謂材識捷疾也。下音胡嫁反。」

〔四〕孟康曰：「壙臧上也。」師古曰：「方上〔解〕在張湯傳。」

〔五〕師古曰：「風讀曰諷。」

〔六〕師古曰：「致，至也。令至於罪罰之法。」

〔七〕師古曰：「中貴人，居中朝而貴者也。豪，豪桀也。長者，有名德之人也。」

〔八〕師古曰：「逆取曰簒。」

〔九〕師古曰：「起居謂居止之處，及欲發起之狀。」

是時，昌邑王徵即位，行淫亂，大將軍霍光與羣臣共廢王，尊立宣帝。廣漢以與議定策，賜爵關內侯。〔一〕

〔一〕師古曰：「與讀曰豫。」

遷潁川太守。郡大姓原、褚宗族橫恣，〔一〕賓客犯爲盜賊，前二千石莫能禽制。廣漢既至數月，誅原、褚首惡，郡中震栗。

〔一〕李奇曰：「原音元。」師古曰：「原、褚，二姓也。原讀如本字。橫音胡孟反。」

先是，潁川豪桀大姓相與爲婚姻，吏俗朋黨。廣漢患之，厲使其中可用者受記，〔一〕出有案問，既得罪名，行法罰之，廣漢故漏泄其語，令相怨咎。〔二〕又教吏爲缿筩，〔三〕及得投書，削其主名，而託以爲豪桀大姓子弟所言。其後彊宗大族家家結爲仇讎，姦黨散落，風俗大改。吏民相告訐，〔四〕廣漢得以爲耳目，盜賊以故不發，發又輒得。壹切治理，威名流聞，〔三〕及匈奴降者言匈奴中皆聞廣漢。

〔一〕服虔曰：「受相訟牋記也。」師古曰：「擇其中可使者，獎厲而使之。」

〔二〕師古曰：「遣知其事由某人發，故結怨咎也。」

〔三〕蘇林曰：「缿音項，如瓶，可受投書。」孟康曰：「筩，竹筩也，如今官受密事筩也。」師古曰：「缿，若今盛錢臧瓶，爲小孔，可入而不可出。或缿或(筒)〔筩〕，皆爲此制，而用受書，令投於其中也。筩音同。」

〔四〕師古曰：「面相斥曰訐，音居乂反，又音居謁反。」

〔五〕師古曰：「言諸事皆治理也。治音直吏反。一切，解在平紀。」

本始二年，漢發五將軍擊匈奴，徵廣漢以太守將兵，屬蒲類將軍趙充國。從軍還，復用守京兆尹，滿歲爲眞。

廣漢爲二千石，以和顏接士，其尉薦待遇吏，殷勤甚備。〔一〕事推功善，歸之於下，曰：「某掾卿所爲，非二千石所及。」行之發於至誠。吏見者皆輸寫心腹，無所隱匿，咸願爲用，僵仆無所避。〔二〕廣漢聰明，皆知其能之所宜，盡力與否。其或負者，輒先聞知，風諭不改，乃收捕之，〔三〕無所逃，按之辠立具，卽時伏辜。

〔一〕如淳曰：「尉亦薦藉也。」師古曰：「尉薦謂安尉而薦達之。」

〔二〕師古曰：「僵，偃也。仆，頓也。僵音薑。仆音赴。」

〔三〕師古曰：「風讀曰諷。」

廣漢爲人彊力，天性精於吏職。見吏民，或夜不寢至旦。尤善爲鉤距，以得事情。〔一〕鉤距者，設欲知馬賈，則先問狗，〔二〕已問羊，又問牛，然後及馬，參伍其賈，以類相準，則知馬之貴賤不失實矣。唯廣漢至精能行之，它人效者莫能及也。郡中盜賊，閭里輕俠，其根株窟穴所在，及吏受取請求銖兩之姦，皆知之。長安少年數人會窮里空舍謀共劫人，〔三〕坐語未訖，廣漢使吏捕治具服。富人蘇回爲郎，二人劫之。〔四〕有頃，廣漢將吏到家，自立庭下，使長安丞龔奢叩堂戶曉賊，〔五〕曰：「京兆尹趙君謝兩卿，無得殺質，此宿衞臣也。釋質，束手，得善相遇，幸逢赦令，或時解脫。」〔六〕二人驚愕，又素聞廣漢名，卽開戶出，下堂叩頭，廣漢跪謝曰：「幸全活郎，甚厚！」送獄，敕吏謹遇，給酒肉。至冬當出死，豫爲調棺，給斂葬具，告語之，〔七〕皆曰：「死無所恨！」

〔一〕蘇林曰：「鉤得其情，使不得去也。」晉灼曰：「鉤，致；距，閉也。使對者無疑，若不問而自知，衆莫覺所由以閉，其術爲距也。」師古曰：「晉說是也。」

〔二〕師古曰：「賈讀曰價。」

〔三〕師古曰：「窮里，里中之極隱處。」

〔四〕師古曰：「劫取其身爲質，令家將財物贖之。」

〔五〕師古曰：「曉謂喻告之。」

〔六〕師古曰：「若束手自來，雖合處牢獄，當善處遇之，或逢赦令，則得免脫也。脫音吐活反。」

〔七〕師古曰：「調，辦具之也。棺斂，以棺衣斂尸也。調音徒釣反。棺音工喚反。斂音力贍反。」

廣漢嘗記召湖都亭長，〔一〕湖都亭長西至界上，界上亭長戲曰：「至府，爲我多謝問趙君。」〔二〕亭長既至，廣漢與語，問事畢，謂曰：「界上亭長寄聲謝我，〔三〕何以不爲致問？」亭長叩頭服實有之。廣漢因曰：「還爲吾謝界上亭長，勉思職事，有以自效，京兆不忘卿厚意。」其發姦擿伏如神，皆此類也。〔四〕

〔一〕師古曰：「爲書記以召之，若今之下符追呼人也。」

〔二〕師古曰：「多，厚也，言殷勤，若今人言千萬問訊矣。」

〔三〕師古曰：「謝，告也。」

〔四〕師古曰：「擿謂動發之也，音它狄反。」

廣漢奏請，令長安游徼獄吏秩百石，〔一〕其後百石吏皆差自重，不敢枉法妄繫留人。京兆政清，吏民稱之不容口。長老傳以爲自漢興以來治京兆者莫能及。左馮翊、右扶風皆治長安中，〔二〕犯法者從迹喜過京兆界。〔三〕廣漢歎曰：「亂吾治者，常二輔也！誠令廣漢得兼治之，直差易耳。」

〔一〕師古曰：「特增其秩以厲其行。」

〔二〕師古曰：「治音直吏反。」

〔三〕師古曰：「從讀曰縱。喜音許吏反。」

初，大將軍霍光秉政，廣漢事光。及光薨後，廣漢心知微指，〔一〕發長安吏自將，與俱至光子博陸侯禹第，直突入其門，廋索私屠酤，椎破盧罌，斧斬其門關而去。〔二〕時光女為皇后，聞之，對帝涕泣。帝心善之，以召問廣漢。廣漢由是侵犯貴戚大臣。所居好用世吏子孫新進年少者，〔三〕專厲彊壯蠭氣，〔四〕見事風生，無所回避，〔五〕率多果敢之計，莫為持難。廣漢終以此敗。

〔一〕師古曰：「識天子意也。」

〔二〕師古曰：「廋讀與搜同，謂入室求之也。盧所以居罌，罌所以盛酒也。盧解在食貨志、司馬相如傳。罌音於耕反。」

〔三〕師古曰：「言舊吏家子孫而其人後出求進，又年少也。」

〔四〕師古曰：「蠭與鋒同，言鋒銳之氣。」

〔五〕師古曰：「風生，言其速疾不可當也。回，曲也。」

初，廣漢客私酤酒長安市，丞相（史）〔吏〕逐去（客）。客疑男子蘇賢言之，以語廣漢。廣漢使長安丞按賢，〔一〕尉史禹故劾賢為騎士屯霸上，不詣屯所，乏軍興。〔二〕賢父上書訟罪，告廣漢，事下有司覆治。禹坐要斬，請逮捕廣漢。有詔即訊，〔三〕辭服，會赦，貶秩一等。廣漢疑其邑子榮畜教令，〔四〕後以它法論殺畜。人上書言之，事下丞相御史，案驗甚急。廣漢使所親信長安人爲丞相府門卒，令微司丞相門內不法事。地節三年七月中，丞相傅婢有過，自絞死。廣漢聞之，疑丞相夫人妒殺之府舍。而丞相奉齋酎入廟祠，〔五〕廣漢得此，使中郎趙奉壽風曉丞相，〔六〕欲以脅之，毋令窮正己事。丞相不聽，按驗愈急。廣漢欲告之，先問太史知星氣者，言今年當有戮死大臣，廣漢即上書告丞相罪。制曰：「下京兆尹治。」廣漢知事迫切，遂自將吏卒突入丞相府，召其夫人跪庭下受辭，〔七〕收奴婢十餘人去，責以殺婢事。丞相魏相上書自陳：「妻實不殺婢。廣漢數犯罪法不伏辜，以詐巧迫脅臣相，幸臣相寬不奏。願下明使者治廣漢所驗臣相家事。」事下廷尉治（罪），實丞相自以過譴笞傅婢，出至外弟乃死，不如廣漢言。司直蕭望之劾奏：「廣漢摧辱大臣，欲以劫持奉公，逆節傷化，不道。」宣帝惡之，下廣漢廷尉獄，又坐賊殺不辜，鞫獄故不以實，擅斥除騎士乏軍興數罪。〔八〕天子可其奏。吏民守闕號泣者數萬人，或言「臣生無益縣官，願代趙京兆死，使得牧養小民。」廣漢竟坐要斬。

〔一〕師古曰：「按，致其罪也。」

〔二〕文穎曰：「尉史，尉部史也。禹，其名。」

〔三〕師古曰：「令就問之，不追入獄也。」

〔四〕師古曰：「蘇賢同邑之子也。令音力成反。」

〔五〕師古曰：「將酎祭宗廟而先絜齋也。」
〔六〕師古曰：「風讀曰諷。」
〔七〕師古曰：「受其對辭也。」
〔八〕師古曰：「斥除，逐遣之。」

廣漢雖坐法誅，爲京兆尹廉明，威制豪彊，小民得職。〔一〕百姓追思，歌之至今。

〔一〕師古曰：「得職，各得其常所也。」

尹翁歸字子兄，〔一〕河東平陽人也，徙杜陵。翁歸少孤，與季父居。爲獄小吏，曉習文法。喜擊劍，人莫能當。〔二〕是時大將軍霍光秉政，諸霍在平陽，奴客持刀兵入市鬭變，吏不能禁，〔三〕及翁歸爲市吏，莫敢犯者。公廉不受餽，〔四〕百賈畏之。

〔一〕師古曰：「兄讀曰況。」
〔二〕師古曰：「喜音許吏反。」
〔三〕師古曰：「變，亂也。」
〔四〕師古曰：「餽亦饋字也。」

後去吏居家。會田延年爲河東太守，行縣至平陽，悉召故吏五六十人，延年親臨見，令有文者東，有武者西。閱數十人，次到翁歸，獨伏不肯起，對曰：「翁歸文武兼備，唯所施設。」功曹以爲此吏倨敖不遜，〔一〕延年曰：「何傷？」遂召上辭問，〔二〕甚奇其對，除補卒史，便從歸府。案事發姦，窮竟事情，延年大重之，自以能不及翁歸，徙署督郵。河東二十八縣，分爲兩部，閎孺部汾北，翁歸部汾南。〔三〕所舉應法，得其罪辜，屬縣長吏雖中傷，莫有怨者。舉廉爲緱氏尉，歷守郡中，所居治理，〔四〕遷補都內令，舉廉爲弘農都尉。

〔一〕師古曰：「敖讀曰傲。」

〔二〕師古曰：「爲文辭而問之。」

〔三〕師古曰：「閎，姓也，音宏。」

〔四〕師古曰：「歷於郡中守丞尉之職也。」

徵拜東海太守，過辭廷尉于定國。定國家在東海，欲屬託邑子兩人，〔一〕令坐後堂待見。定國與翁歸語終日，不敢見其邑子。既去，定國乃謂邑子曰：「此賢將，汝不任事也，又不可干以私。」〔二〕

〔一〕師古曰：「邑子，同邑人之子也。屬音之欲反。」

〔二〕師古曰：「任，堪也。干，求也。」

翁歸治東海明察，郡中吏民賢不肖，及姦邪罪名盡知之。縣縣各有記籍。自聽其政，〔一〕有急名則少緩之；吏民小解，輒披籍。〔二〕縣縣收取黠吏豪民，案致其罪，高至於死。收取人必於秋冬課吏大會中，及出行縣，〔三〕不以無事時。其有所取也，以一警百，吏民皆服，恐懼改行自新。東海大豪郯許仲孫〔四〕爲姦猾，亂吏治，郡中苦之。二千石欲捕者，輒以力勢變詐自解，終莫能制。翁歸至，論棄仲孫市，一郡怖栗，莫敢犯禁。東海大治。

〔一〕師古曰：「言決斷諸縣姦邪之事，不委令長。」

〔二〕服虔曰：「披有罪者籍也。」師古曰：「解讀曰懈。」

〔三〕師古曰：「於大會之中及行縣時則收取罪人，以警衆也。行音下更反。」

〔四〕師古曰：「郯縣之豪，姓許名仲孫。」

以高第入守右扶風，滿歲爲眞。選用廉平疾姦吏以爲右職，接待以禮，好惡與同之；其負翁歸，罰亦必行。治如在東海故迹，姦邪罪名亦縣縣有名籍。盜賊發其比伍中，〔一〕翁歸輒召其縣長吏，曉告以姦黠主名，教使用類推迹盜賊所過抵，〔二〕類常如翁歸言，無有遺（託）〔脫〕。〔三〕緩於小弱，急於豪彊。豪彊有論罪，輸掌畜官，〔四〕使斫莝，〔五〕責以員程，不得取代。〔六〕不中程，輒笞督，〔七〕極者至以鈇自剄而死。〔八〕京師畏其威嚴，扶風大治，盜賊課常爲三輔最。〔九〕

〔一〕師古曰：「比謂左右相次者也。五家爲伍，若今五保也。比音頻寐反。」

〔二〕師古曰：「抵，歸也。所經過及所歸投也。」

〔三〕師古曰：「類猶率也。」
〔四〕師古曰：「論罪，決罪也。扶風畜牧所在，有苑師之屬，故曰掌畜官也。畜音許救反。」
〔五〕師古曰：「莝，斬芻，音千臥反。」
〔六〕師古曰：「員，數也。計其人及日數爲功程。」
〔七〕師古曰：「督，責也。」
〔八〕師古曰：「鈇，斫莝刃也，音大夫之夫。使其斫莝，故因以莝刃自剄。而說者或謂爲斧，或云劍鈇，皆失之也。」
〔九〕師古曰：「言發則獲之，無有遺失，故爲最也。」

翁歸爲政雖任刑，其在公卿之間淸絜自守，語不及私，然溫良嗛退，不以行能驕人，〔一〕甚得名譽於朝廷。視事數歲，元康四年病卒。家無餘財，天子賢之，制詔御史：「朕夙興夜寐，以求賢爲右，〔二〕不異親疏近遠，務在安民而已。扶風翁歸廉平鄉正，〔三〕治民異等，早夭不遂，不得終其功業，朕甚憐之。其賜翁歸子黃金百斤，以奉其祭祠。」

〔一〕師古曰：「嗛，古以爲謙字。」
〔二〕師古曰：「右猶上也。」
〔三〕師古曰：「鄉讀曰嚮。」

翁歸三子皆爲郡守。少子岑歷位九卿，至後將軍。而閎孺亦至廣陵相，有治名。由是世稱田延年爲知人。

韓延壽字長公，燕人也，徙杜陵。少爲郡文學。父義爲燕郎中。剌王之謀逆也，義諫而死，燕人閔之。是時昭帝富於春秋，大將軍霍光持政，徵郡國賢良文學，問以得失。時魏相以文學對策，以爲「賞罰所以勸善禁惡，政之本也。日者燕王爲無道，〔一〕韓義出身彊諫，爲王所殺。義無比干之親而蹈比干之節，〔二〕宜顯賞其子，以示天下，明爲人臣之義。」光納其言，因擢延壽爲諫大夫，遷淮陽太守。治甚有名，徙潁川。

〔一〕師古曰：「日者猶言往日也。」

〔二〕師古曰：「殷之比干，紂之諸父，諫紂而死，故以爲喻也。」

潁川多豪彊，難治，國家常爲選良二千石。先是，趙廣漢爲太守，患其俗多朋黨，故構會吏民，令相告訐，〔一〕一切以爲聰明，潁川由是以爲俗，民多怨讎。延壽欲更改之，教以禮讓，恐百姓不從，乃歷召郡中長老爲鄉里所信向者數十人，設酒具食，親與相對，接以禮意，人人問以謠俗，民所疾苦，〔二〕爲陳和睦親愛銷除怨咎之路。長老皆以爲便，可施行，因與議定嫁娶喪祭儀品，略依古禮，不得過法。延壽於是令文學校官諸生皮弁執俎豆，〔三〕爲吏民行喪嫁娶禮。百姓遵用其教，賣偶車馬下里僞物者，棄之市道。〔四〕數年，徙爲東郡太守，黃霸代延壽居潁川，霸因其迹而大治。

〔一〕師古曰：「構，結也。」
〔二〕師古曰：「謠俗謂閭里歌謠，政教善惡也。」
〔三〕師古曰：「校亦學也，音效。」
〔四〕張晏曰：「下里，地下蒿里僞物也。」師古曰：「偶謂木土爲之，象眞車馬之形也。偶，對也。棄其物於市之道上也。」

延壽爲吏，上禮義，好古教化，所至必聘其賢士，以禮待用，廣謀議，納諫爭；舉行喪讓財，表孝弟有行；修治學官，〔一〕春秋鄉（社）〔射〕，陳鍾鼓管弦，盛升降揖讓，及都試講武，設斧鉞旌旗，習射御之事。治城郭，收賦租，先明布告其日，以期會爲大事，吏民敬畏趨鄉之。〔二〕又置正、五長，〔三〕相率以孝弟，不得舍姦人。〔四〕閭里仟佰有非常，吏輒聞知，姦人莫敢入界。其始若煩，後吏無追捕之苦，民無箠楚之憂，〔五〕皆便安之。接待下吏，恩施甚厚而約誓明。或欺負之者，延壽痛自刻責：「豈其負之，何以至此？」〔六〕吏聞者自傷悔，其縣尉至自刺死。及門下掾自剄，人救不殊，因瘖不能言。〔七〕延壽聞之，對掾史涕泣，遣吏醫治視，〔八〕厚復其家。〔九〕

〔一〕師古曰：「學官謂庠序之舍也。」
〔二〕師古曰：「趨讀曰趣。鄉讀曰嚮。」
〔三〕師古曰：「正若今之鄉正、里正也。五長，同伍之中置一人爲長也。」

〔四〕師古曰：「舍，止也。」

〔五〕師古曰：「箠，杖也。楚，荆木也，卽今之荆子也。箠音止蘂反。」

〔六〕師古曰：「言豈我負之邪，其人何以爲此事？」

〔七〕師古曰：「殊，絕也。以人救之，故身首不相絕也。瘖音於今反。」

〔八〕師古曰：「遣醫治之而吏護視之。」

〔九〕師古曰：「復音方目反。」

延壽嘗出，臨上車，騎吏一人後至，敕功曹議罰白。〔一〕還至府門，門卒當車，願有所言。延壽止車問之，卒曰：「孝經曰：『資於事父以事君，而敬同，故母取其愛，而君取其敬，兼之者父也。』〔二〕今旦明府早駕，久駐未出，騎吏父來至府門，不敢入。騎吏聞之，趨走出謁，適會明府登車。以敬父而見罰，得毋虧大化乎？」延壽舉手輿中曰：「微子，太守不自知過。」〔三〕歸舍，召見門卒。卒本諸生，聞延壽賢，無因自達，故代卒，〔四〕延壽遂待用之。其納善聽諫，皆此類也。在東郡三歲，令行禁止，斷獄大減，爲天下最。

〔一〕師古曰：「令定其罪名而更白之。」

〔二〕師古曰：「資，取也。取事父之道以事君，其敬則同也。母則極愛，君則極敬，不如父之兼敬愛也。」

〔三〕師古曰：「微，無也。」

〔四〕師古曰：「代人爲卒也。」

入守左馮翊，滿歲稱職爲眞。歲餘，不肯出行縣。〔一〕丞掾數白：「宜循行郡中，覽觀民俗，考長吏治迹。」延壽曰：「縣皆有賢令長，督郵分明善惡於外，行縣恐無所益，重爲煩擾。」〔二〕丞掾皆以爲方春月，可壹出勸耕桑。延壽不得已，行縣至高陵，民有昆弟相與訟田自言，延壽大傷之，曰：「幸得備位，爲郡表率，不能宣明教化，至令民有骨肉爭訟，既傷風化，重使賢長吏、嗇夫、三老、孝弟受其恥，〔三〕咎在馮翊，當先退。」是日移病不聽事，因入臥傳舍，閉閤思過。一縣莫知所爲，令丞、嗇夫、三老亦皆自繫待罪。於是訟者宗族傳相責讓，此兩昆弟深自悔，皆自髡肉袒謝，願以田相移，終死不敢復爭。〔四〕延壽大喜，開閤延見，內酒肉與相對飲食，厲勉以意告鄉部，有以表勸悔過從善之民。〔五〕延壽乃起聽事，勞謝令丞以下，引見尉薦。郡中歙然，莫不傳相敕厲，不敢犯。延壽恩信周偏二十四縣，莫復以辭訟自言者。推其至誠，吏民不忍欺紿。〔六〕

〔一〕師古曰：「行音下更反。其後亦同。」

〔二〕師古曰：「重音直用反。」

〔三〕師古曰：「重音直用反。」

〔四〕師古曰：「移猶傳也。一說兄以讓弟，弟又讓之，故云相移。」

〔五〕師古曰：「以其悔過從善，故令表顯以示勸勵。」

〔六〕師古曰：「給，誑也。」

延壽代蕭望之爲左馮翊，而望之遷御史大夫。侍謁者福爲望之道延壽在東郡時放散官錢千餘萬。望之與丞相丙吉議，吉以爲更大赦，不須考。〔一〕會御史當問(事)東郡，望之因令并問之。〔二〕延壽聞知，即部吏案校望之在馮翊時廩犧官錢放散百餘萬。廩犧吏掠治急，自引與望之爲姦。延壽劾奏，移殿門禁止望之。望之自奏「職在總領天下，聞事不敢不問，而爲延壽所拘持。」上由是不直延壽，各令窮竟所考。望之卒無事實，而望之遣御史案東郡，具得其事。延壽在東郡時，試騎士，〔三〕治飾兵車，畫龍虎朱爵。延壽衣黃紈方領，〔四〕駕四馬，傅總，建幢棨，〔五〕植羽葆，〔六〕鼓車歌車。〔七〕功曹引車，皆駕四馬，載棨戟。五騎爲伍，分左右部，軍假司馬、千人持幢旁轂。〔八〕歌者先居射室，〔九〕望見延壽車，嗷咷楚歌。〔一〇〕延壽坐射室，騎吏持戟夾陛列立，騎士從者帶弓鞬羅後。〔一一〕令騎士兵車四面營陳，被甲鞮鞪居馬上，抱弩負籣。〔一二〕又使騎士戲車弄馬盜驂。〔一三〕延壽又取官銅物，候月蝕鑄作刀劍鈎鐔，放效尚方事。〔一四〕及取官錢帛，私假繇使吏。〔一五〕及治飾車甲三百萬以上。

〔一〕師古曰：「更音工衡反。」

〔二〕師古曰：「望之以延壽代己爲馮翊，而有能名出己之上，故忌害之，欲陷以罪法。」

〔三〕師古曰：「每歲大試也。」

〔四〕晉灼曰：「以黃色素作直領也。」師古曰：「衣音於既反。」

〔五〕李奇曰：「戟也。」晉灼曰：「傅，著也。總，以緹繒飾鑣鐟也。建，立也。幢，旌幢也。棨，戟也。」師古曰：「幢，麾也。棨，有衣之戟也，其衣以赤黑繒爲之。幢音大江反。棨音啓。」

〔六〕師古曰：「植亦立也。羽葆，聚翟尾爲之，亦今纛之類也。植音常職反。」

〔七〕孟康曰：「如今郊駕時車上鼓吹也。」師古曰：「郊駕，郊祀時備法駕也。」

〔八〕師古曰：「旁音步浪反。」

〔九〕李奇曰：「都試射堂也。」

〔一〇〕服虔曰：「噭音叫呼之叫。咷音滌濯之滌。」師古曰：「咷音它釣反。」

〔一一〕師古曰：「鞬，弓衣也，音居言反。」

〔一二〕如淳曰：「蘭，盛弩箭箙也。」師古曰：「鞮鍪即兜鍪也。蘭，盛弩矢者也，其形如木桶。鞮音丁奚反。鍪音莫侯反。」

〔一三〕孟康曰：「戲車弄馬之技也。馳盜解驂馬，御者不見也。」

〔一四〕師古曰：「鉤亦兵器也，似劍而曲，所以鉤殺人也。鐔，劍喉也。又曰鐔似劍而小陜。鐔音淫，又音尋。」

〔一五〕師古曰：「假謂顧賃也。繇讀與徭同。」

於是望之劾奏延壽上僭不道，又自陳：「前爲延壽所奏，今復舉延壽罪，衆庶皆以臣懷不正之心，侵冤延壽。願下丞相、中二千石、博士議其罪。」事下公卿，皆以延壽前既無狀，後復誣愬典法大臣，欲以解罪，狡猾不道。天子惡之，延壽竟坐棄市。吏民數千人送至渭城，老小扶持車轂，爭奏酒炙。〔一〕延壽不忍距逆，人人爲飲，計飲酒石餘。使掾史分謝送者：「遠苦吏民，延壽死無所恨。」百姓莫不流涕。

〔一〕師古曰：「奏，進也。」

延壽三子皆爲郎吏。且死，屬其子勿爲吏，以己爲戒。〔一〕子皆以父言去官不仕。至孫威，乃復爲吏至將軍。威亦多恩信，能拊衆，得士死力。威又坐奢僭誅，延壽之風類也。

〔一〕師古曰：「屬音之欲反。」

張敞字子高，本河東平陽人也。祖父孺爲上谷太守，徙茂陵。敞父福事孝武帝，官至光祿大夫。敞後隨宣帝徙杜陵。敞本以鄉有秩補太守卒史，〔一〕察廉爲甘泉倉長，稍遷太僕丞，杜延年甚奇之。〔二〕會昌邑王徵即位，動作不由法度，敞上書諫曰：「孝昭皇帝蚤崩無嗣，〔三〕大臣憂懼，選賢聖承宗廟，東迎之日，唯恐屬車之行遲。〔四〕今天子以盛年初即位，天下莫不拭目傾耳，觀化聽風。〔五〕國輔大臣未褒，而昌邑小輦先遷，〔六〕此過之大者也。」後十餘日王賀廢，敞以切諫顯名，擢爲豫州刺史。以數上事有忠言，宣帝徵敞爲太中大夫，與于定國並平尚書事。以正違忤大將軍霍光，〔七〕而使主兵車出軍省減用度，〔八〕復出爲函谷關都尉。宣帝初即位，廢王賀在昌邑，上心憚之，徙敞爲山陽太守。

〔一〕師古曰：「鄉有秩者，嗇夫之類也。」
〔二〕師古曰：「延年時爲太僕也。」
〔三〕師古曰：「蚤，古早字。」
〔四〕師古曰：「不欲斥乘輿，故但言屬車耳。屬音之欲反。」
〔五〕師古曰：「言改易視聽，欲急聞見善政化也。拭音式。」
〔六〕李奇曰：「挽輦小臣也。」
〔七〕師古曰：「守正不阿也。」
〔八〕師古曰：「令其主節減車輿之用度也。」

久之，大將軍霍光薨，宣帝始親政事，封光兄孫山、雲皆爲列侯，以光子禹爲大司馬。頃之，山、雲以過歸第，霍氏諸壻親屬頗出補吏。敞聞之，上封事曰：「臣聞公子季友有功於魯，大夫趙衰有功於晉，〔一〕大夫田完有功於齊，皆疇其(官邑)〔庸〕，延及子孫，終後田氏篡齊，趙氏分晉，季氏顓魯。〔二〕故仲尼作春秋，迹盛衰，〔三〕譏世卿最甚。乃者大將軍決大計，安宗廟，定天下，功亦不細矣。夫周公七年耳，而大將軍二十歲，海內之命，斷於掌握。方其隆時，感動天地，侵迫陰陽，月朓日蝕，晝冥宵光，〔四〕地大震裂，火生地中，天文失度，祅祥變怪，不可勝記，皆陰類盛長，臣下顓制之所生也。朝臣宜有明言，曰陛下褒寵故大將軍以報功德足矣。間者輔臣顓政，貴戚太盛，君臣之分不明，請罷霍氏三侯皆就弟。及衞將軍張安世，宜賜几杖歸休，時存問召見，以列侯爲天子師。明詔以恩不聽，羣臣以義固爭而後許，天下必以陛下爲不忘功德，而朝臣爲知禮，霍氏世世無所患苦。今朝廷不聞直聲，〔五〕而令明詔自親其文，非策之得者也。〔六〕今兩侯以出，人情不相遠，以臣心度之，大司馬及其枝屬必有畏懼之心。夫近臣自危，非完計也，臣敞願於廣朝白發其端，直守遠郡，其路無由。〔七〕夫心之精微口不能言也，言之微眇書不能文也，〔八〕故伊尹五就桀，五就湯，〔九〕蕭相國薦淮陰累歲乃得通，況乎千里之外，因書文諭事指哉！唯陛下省察。」上甚善其計，然不徵也。

〔一〕師古曰：「衰音初爲反。」
〔二〕師古曰：「顓與專同。下皆類此。」
〔三〕師古曰：「著盛衰之跡。」
〔四〕師古曰：「冥，闇也。宵，夜也。眺音它了反。」
〔五〕師古曰：「言朝臣不進直言，以陳其事。」
〔六〕師古曰：「言失計也。」
〔七〕師古曰：「直讀曰值。」
〔八〕師古曰：「眇，細也。」

〔九〕師古曰：「孟子云『五就湯五就桀者，伊尹也』，言伊尹爲湯臣，見貢於桀，桀不用而湯復貢之，如此者五也。」

久之，勃海、膠東盜賊並起，敞上書自請治之，曰：「臣聞忠孝之道，退家則盡心於親，進宦則竭力於君。夫小國中君猶有奮不顧身之臣，況於明天子乎！今陛下遊意於太平，勞精於政事，亹亹不舍晝夜。〔一〕羣臣有司宜各竭力致身。山陽郡戶九萬三千，口五十萬以上，訖計盜賊未得者七十七人，〔二〕它課諸事亦略如此。臣敞愚駑，既無以佐思慮，久處閒郡，〔三〕身逸樂而忘國事，非忠孝之節也。伏聞膠東、勃海左右郡歲數不登，〔四〕盜賊並起，至攻官寺，篡囚徒，搜市朝，劫列侯。吏失綱紀，姦軌不禁。臣敞不敢愛身避死，唯明詔之所處，願盡力摧挫其暴虐，存撫其孤弱。事即有業，所至郡條奏其所由廢及所以興之狀。」〔五〕書奏，天子徵敞，拜膠東相，賜黃金三十斤。敞辭之官，自請治劇郡非賞罰無以勸善懲惡，〔六〕吏追捕有功效者，願得壹切比三輔尤異。〔七〕天子許之。

〔一〕師古曰：「亹亹言勉强也。舍，息也。亹音尾。」

〔二〕師古曰：「訖，盡也。」

〔三〕師古曰：「閒讀曰閑。」

〔四〕師古曰：「年穀頻不孰也。」

〔五〕師古曰：「有業，言各得其所。」

〔六〕師古曰：「懲，止也。」

〔七〕如淳曰：「壹切，權時也。趙廣漢奏請令長安游徼獄史秩百石，又循吏傳左馮翊有二百石卒史，此之謂尤異也。」

敞到膠東，明設購賞，開羣盜令相捕斬除罪。吏追捕有功，上名尚書調補縣令者數十人。〔一〕由是盜賊解散，傳相捕斬。吏民歙然，〔二〕國中遂平。

〔一〕師古曰：「調，選也，音徒釣反。」

〔二〕師古曰：「歙音翕。」

居頃之，王太后數出游獵，敞奏書諫曰：「臣聞秦王好淫聲，葉陽后為不聽鄭衞之樂；〔一〕楚嚴好田獵，樊姬為（之）不食鳥獸之肉。〔二〕口非惡旨甘，耳非憎絲竹也，所以抑心意，絕者欲者，〔三〕將以率二君而全宗祀也。禮，君母出門則乘輜軿，下堂則從傅母，〔四〕進退則鳴玉佩，內飾則結綢繆。〔五〕此言尊貴所以自斂制，不從恣之義也。〔六〕今太后資質淑美，慈愛寬仁，諸侯莫不聞，而少以田獵縱欲為名，於以上聞，亦未宜也。〔七〕唯觀覽於往古，全行乎來今，令后姬得有所法則，下臣有所稱誦，臣敞幸甚！」書奏，太后止不復出。

〔一〕孟康曰：「葉陽，秦昭王后也。」師古曰：「葉（陽）〔音〕式涉反。」

〔二〕師古曰：「樊姬，楚莊王姬也。」

〔三〕師古曰：「耆讀曰嗜。」

〔四〕師古曰：「輜軿，衣車也。輜音甾，又音楚疑反。軿音步千反，又音步丁反。」

〔五〕文穎曰：「謂衣裹結束裯繆也。」師古曰：「組紐之屬，所以自結固也。裯音直留反。繆音一虯反。」

〔六〕師古曰：「從讀曰縱。」

〔七〕師古曰：「上聞，聞於天子也。」

是時潁川太守黃霸以治行第一入守京兆尹。霸視事數月，不稱，罷歸潁川。於是制詔御史：「其以膠東相敞守京兆尹。」自趙廣漢誅後，比更守尹，〔一〕如霸等數人，皆不稱職。京師寖廢，〔二〕長安市偷盜尤多，百賈苦之。上以問敞，敞以爲可禁。敞既視事，求問長安父老，偷盜酋長數人，〔三〕居皆溫厚，出從童騎，閭里以爲長者。〔四〕敞皆召見責問，因貰其罪，把其宿負，〔五〕令致諸偷以自贖。〔六〕偷長曰：「今一旦召詣府，恐諸偷驚駭，願一切受署。」〔七〕敞皆以爲吏，遣歸休。置酒，小偷悉來賀，且飲醉，偷長以赭汙其衣裾。〔八〕吏坐里閭閱出者，〔九〕汙赭輒收縛之，一日捕得數百人。窮治所犯，或一人百餘發，盡行法罰。由是枹鼓稀鳴，市無偷盜，〔一〇〕天子嘉之。

〔一〕師古曰：「比，頻也。更，歷也，音工衡反。」

〔二〕師古曰：「寖，漸也。」

〔三〕應劭曰：「酋長，帥。」師古曰：「酋音才由反。」

〔四〕師古曰：「溫厚，言富足也。童騎，以童奴爲騎而自從也。」
〔五〕師古曰：「貰，緩也。把，執持也，音步馬反。」
〔六〕師古曰：「致，至也，引至于官府。」
〔七〕師古曰：「自言願權補吏職也。」
〔八〕師古曰：「赭，赤土也。」
〔九〕師古曰：「閭謂里之門也。」
〔一〇〕師古曰：「枹，擊鼓椎也，音桴，其字從木也。」

敞爲人敏疾，賞罰分明，見惡輒取，時時越法縱舍，有足大者。〔一〕其治京兆，略循趙廣漢之迹。方略耳目，發伏禁姦，不如廣漢，然敞本治春秋，以經術自輔，其政頗雜儒雅，往往表賢顯善，不醇用誅罰，以此能自全，竟免於刑戮。

〔一〕如淳曰：「有可貴異而大之者也。」晉灼曰：「越法縱舍，即足大者也。」師古曰：「晉說是也。」

京兆典京師，長安中浩穰，於三輔尤爲劇。〔一〕郡國二千石以高弟入守，及爲眞，久者不過二三年，近者數月一歲，輒毀傷失名，以罪過罷。唯廣漢及敞爲久任職。敞爲京兆，朝廷每有大議，引古今，處便宜，公卿皆服，天子數從之。然敞無威儀，時罷朝會，過走馬章臺街，〔二〕使御吏驅，自以便面拊馬。〔三〕又爲婦畫眉，長安中傳張京兆眉憮。〔四〕有司以奏敞。上問之，對曰：「臣聞閨房之內，夫婦之私，有過於畫眉者。」上愛其能，弗備責也。然終不得大位。

〔一〕師古曰：「浩，大也。穰，盛也。言人衆之多也。穰音人掌反。」

〔二〕孟康曰：「在長安中。」臣瓚曰：「在章臺下街也。」

〔三〕師古曰：「便面，所以障面，蓋(車)〔扇〕之類也。不欲見人，以此自障面則得其便，故曰便面，亦曰屏面。今之沙門所持竹扇，上袤平而下圜，即古之便面也。音頻面反。」

〔四〕應劭曰：「憮，大也。」孟康曰：「憮音詡。北方人謂媚好爲詡畜。」蘇林曰：「憮音嫵。」師古曰：「本以好媚爲稱，何說於大乎？蘇音是。」

敞與蕭望之、于定國相善。始敞與定國俱以諫昌邑王超遷。定國爲大夫平尚書事，敞出爲刺史，時望之爲大行丞。後望之先至御史大夫，定國後至丞相，敞終不過郡守。爲京兆九歲，坐與光祿勳楊惲厚善，後惲坐大逆誅，公卿奏惲黨友，不宜處位，等比皆免，〔一〕而敞奏獨寑不下。〔二〕敞使(卒)〔賊〕捕掾絮舜有所案驗。〔三〕舜以敞劾奏當免，不肯爲敞竟事，私歸其家。人或諫舜，舜曰：「吾爲是公盡力多矣，今五日京兆耳，安能復案事？」敞聞舜語，即部吏收舜繫獄。是時冬月未盡數日，案事吏晝夜驗治舜，竟致其死事。舜當出死，敞使主簿持教告舜曰：「五日京兆竟何如？冬月已盡，延命乎？」〔四〕乃棄舜市。會立春，行冤獄使者出，〔五〕舜家載尸，并編敞教，〔六〕自言使者。使者奏敞賊殺不辜。天子薄其罪，〔七〕欲令敞

得自便利，〔八〕即先下敞前坐楊惲不宜處位奏，免為庶人。敞免奏既下，詣闕上印綬，便從闕下亡命。〔九〕

〔一〕師古曰：「比，例也，音必寐反。」
〔二〕師古曰：「天子惜敞，故留所奏事不出。」
〔三〕李奇曰：「絮音挐。」師古曰：「賊捕掾，主捕賊者也。絮，姓也，音女居反，又音人餘反。」
〔四〕師古曰：「言汝不欲望延命乎？」
〔五〕師古曰：「行音下更反。」
〔六〕師古曰：「編，聯也，聯之於章前也。」
〔七〕師古曰：「以其事為輕小也。」
〔八〕師古曰：「從輕法以免也。便音頻面反。」
〔九〕師古曰：「不還其本縣邑也。」

數月，京師吏民解弛，〔一〕枹鼓數起，而冀州部中有大賊。天子思敞功效，使使者即家在所召敞。〔二〕敞身被重劾，〔三〕及使者至，妻子家室皆泣惶懼，而敞獨笑曰：「吾身亡命為民，郡吏當就捕，今使者來，此天子欲用我也。」即裝隨使者詣公（書）〔車〕上（車）〔書〕曰：「臣前幸得備位列卿，待罪京兆，坐殺賊捕掾絮舜。舜本臣敞素所厚吏，數蒙恩貸，〔四〕以臣有章劾當免，受記考事，〔五〕便歸臥家，謂臣『五日京兆』，背恩忘義，傷化薄俗。臣竊以舜無狀，枉法以誅之。臣敞賊殺無辜，鞠獄故不直，雖伏明法，死無所恨。」天子引見敞，拜爲冀州刺史。敞起亡命，復奉使典州。既到部，而廣川王國羣輩不道，賊連發，不得。敞以耳目發起賊主名區處，〔六〕誅其渠帥。廣川王姬昆弟及王同族宗室劉調等通行爲之囊橐，〔七〕吏逐捕窮窘，蹤迹皆入王宮。敞自將郡國吏，車數百兩，〔八〕圍守王宮，搜索調等，果得之殿屋重轑中。〔九〕敞傳吏皆捕格斷頭，〔一〇〕縣其頭王宮門外。因劾奏廣川王。天子不忍致法，削其戶。敞居部歲餘，冀州盜賊禁止。守太原太守，滿歲爲眞，太原郡清。

〔一〕師古曰：「弛，放也，音式爾反。」
〔二〕師古曰：「就其所居處而召之。」
〔三〕師古曰：「謂前有賊殺不辜之事。」
〔四〕師古曰：「貸音土帶反。」
〔五〕師古曰：「記，書也。若今之州縣爲符敎也。」
〔六〕師古曰：「區謂居止之所也。」
〔七〕師古曰：「言容止賊盜，若囊橐之盛物也。」
〔八〕師古曰：「一乘車爲〔一〕兩也。」
〔九〕蘇林曰：「轑，椽也。重轑，重棼中。」師古曰：「重棼卽今之廊舍也，一邊虛爲兩夏者也。轑音老。棼音扶分反。」
〔一〇〕師古曰：「傳讀曰附。言敞自監護吏而捕之。」

頃之，宣帝崩。元帝初即位，待詔鄭朋薦敞先帝名臣，宜傅輔皇太子。上以問前將軍蕭望之，望之以爲敞能吏，任治煩亂，材輕非師傅之器。天子使使者徵敞，欲以爲左馮翊。會病卒。敞所誅殺太原吏吏家怨敞，隨至杜陵刺殺敞中子璜。敞三子官皆至都尉。

初，敞爲京兆尹，而敞弟武拜爲梁相。是時梁王驕貴，民多豪彊，號爲難治。敞問武：「欲何以治梁？」武敬憚兄，謙不肯言。敞使吏送至關，戒吏自問武。武應曰：「馭黠馬者利其銜策，梁國大都，吏民凋敝，且當以柱後惠文彈治之耳。」〔一〕秦時獄法吏冠柱後惠文，武意欲以刑法治梁。吏還道之，敞笑曰：「審如掾言，武必辨治梁矣。」武既到官，其治有迹，亦能吏也。

〔一〕應劭曰：「柱後，以鐵爲柱，今法冠是也，一名惠文冠。」晉灼曰：「漢注法冠也，一號柱後惠文，以纚裹鐵柱卷。秦制執法服，今御史服之，謂之解廌，一角。今冠兩角，以解廌爲名耳。」師古曰：「晉說是也。纚即今方目紗也。纚音山爾反。卷音去權反。」

敞孫竦，王莽時至郡守，封侯，博學文雅過於敞，然政事不及也。竦死，敞無後。

王尊字子贛，〔一〕涿郡高陽人也。少孤，歸諸父，使牧羊澤中。尊竊學問，能史書。年十三，求爲獄小吏。數歲，給事太守府，問詔書行事，尊無不對。〔二〕太守奇之，除補書佐，署守屬監獄。〔三〕久之，尊稱病去，事師郡文學官，〔四〕治尚書、論語，略通大義。復召署守屬治獄，爲郡決曹史。數歲，以令舉幽州刺史從事。〔五〕而太守察尊廉，補遼西鹽官長。〔六〕數上書言便宜事，事下丞相御史。

〔一〕師古曰：「贛音貢。」
〔二〕師古曰：「以施行詔條問之，皆曉其事。」
〔三〕師古曰：「署爲守屬，令監獄主囚也。監音工銜反。」
〔四〕師古曰：「郡有文學官，而尊事之以爲師也。」
〔五〕如淳曰：「漢儀注刺史得擇所部二千石卒史與從事。」
〔六〕如淳曰：「地理志遼西有鹽官。」

初元中，舉直言，遷虢令，〔一〕轉守槐里，兼行美陽令事。春正月，美陽女子告假子不孝，曰：「兒常以我爲妻，妒笞我。」尊聞之，遣吏收捕驗問，辭服。尊曰：「律無妻母之法，聖人所不忍書，此經所謂造獄者也。」〔二〕尊於是出坐廷上，取不孝子縣磔著樹，使騎吏五人張弓射殺之，吏民驚駭。

〔一〕如淳曰：「本西虢也，屬右扶風。」
〔二〕晉灼曰：「歐陽尚書有此造獄事也。」師古曰：「非常刑名，造殺戮之法。」

後上行幸雍，過虢，尊供張如法而辦。〔一〕以高弟擢為安定太守。到官，出教告屬縣曰：「令長丞尉奉法守城，為民父母，〔二〕抑彊扶弱，宣恩廣澤，甚勞苦矣。太守以今日至府，願諸君卿勉力正身以率下。故行貪鄙，能變更者與為治。〔三〕明慎所職，毋以身試法。」又出教敕掾功曹「各自底厲，助太守為治。其不中用，趣自避退，毋久妨賢。〔四〕夫羽翮不修，則不可以致千里；闑內不理，無以整外。〔五〕府丞悉署吏行能，分別白之。賢為上，毋以富。賈人百萬，不足與計事。昔孔子治魯，七日誅少正卯，今太守視事已一月矣，五官掾張輔懷虎狼之心，貪汙不軌，〔六〕一郡之錢盡入輔家，然適足以葬矣。今將輔送獄，直符史詣閤下，從太守受其事。〔七〕丞戒之戒之！相隨入獄矣！」〔八〕輔繫獄數日死，盡得其狡猾不道，百萬姦臧。威震郡中，盜賊分散，入傍郡界。豪彊多誅傷伏辜者。坐殘賊免。

〔一〕師古曰：「尊雖行美陽令，而就虢供張也。供音居用反。張音竹亮反。」
〔二〕師古曰：「城謂縣城也。」
〔三〕師古曰：「更，改也。有如此者太守乃共為治者也。」
〔四〕師古曰：「趣讀曰促。」
〔五〕師古曰：「闑，門橛也，音魚烈反。」
〔六〕師古曰：「汙，濁也。不軌，不修法制也。」
〔七〕師古曰：「直符史，若今之當直佐史也。」

〔八〕師古曰：「意丞欲戒張輔，令其避罪，故以此言豫勑之。」

起家，復爲護羌將軍轉校尉，〔一〕護送軍糧委輸。而羌人反，絕轉道，〔二〕兵數萬圍尊。尊以千餘騎奔突羌賊。功未列上，〔三〕坐擅離部署，會赦，免歸家。

〔一〕師古曰：「爲校尉主轉運事，而屬護羌將軍。」

〔二〕師古曰：「絕轉運之道。」

〔三〕師古曰：「未列上於天子也。」

涿郡太守徐明薦尊不宜久在閭巷，上以尊爲郿令，〔一〕遷益州刺史。先是，琅邪王陽爲益州刺史，行部至邛郲九折阪，〔二〕歎曰：「奉先人遺體，柰何數乘此險！」〔三〕後以病去。及尊爲刺史，至其阪，問吏曰：「此非王陽所畏道邪？」吏對曰：「是。」尊叱其馭曰：「驅之！〔四〕王陽爲孝子，王尊爲忠臣。」尊居部二歲，懷來徼外，蠻夷歸附其威信。博士鄭寬中使行風俗，〔五〕舉奏尊治狀，遷爲東平相。

〔一〕師古曰：「右扶風之縣，音媚。」

〔二〕應劭曰：「在蜀郡嚴道縣。」臣瓚曰：「郲，山名也。」師古曰：「郲音來。」

〔三〕師古曰：「乘，登也。」

〔四〕師古曰：「驅馬令疾行也。」

〔五〕師古曰：「行音下更反。」

是時，東平王以至親驕奢不奉法度，傅相連坐。〔一〕及尊視事，奉璽書至庭中，王未及出受詔，尊持璽書歸舍，食已乃還。致詔後，謁見王，太傅在前說相鼠之詩。〔二〕尊曰：「毋持布鼓過雷門！」〔三〕王怒，起入後宮。尊亦直趨出就舍。先是王數私出入，驅馳國中，與后姬家交通。尊到官，召敕廄長：「大王當從官屬，鳴和鸞乃出，自今有令駕小車，叩頭爭之，言相教不得。」後尊朝王，王復延請登堂。尊謂王曰：「尊來爲相，人皆弔尊也，以尊不容朝廷，故見使相王耳。天下皆言王勇，顧但負貴，安能勇？〔四〕如尊乃勇耳。」王變色視尊，意欲格殺之，卽好謂尊曰：「願觀相君佩刀。」〔五〕尊舉掖，顧謂傍侍郎：「前引佩刀視王，〔六〕王欲誣相拔刀向王邪？」王情得，〔七〕又雅聞尊高名，大爲尊屈，酌酒具食，相對極驩。太后徵史奏尊〔八〕「爲相倨慢不臣，王血氣未定，不能忍。愚誠恐母子俱死。今妾不得使王復見尊。陛下不留意，妾願先自殺，不忍見王之失義也。」尊竟坐免爲庶人。大將軍王鳳奏請尊補軍中司馬，擢爲司隸校尉。

〔一〕師古曰：「前任傅相者頻坐以王得罪。」

〔二〕師古曰：「相鼠，鄘風篇名，刺無禮之詩也。其辭曰：『相鼠有皮，人而無儀！人而無儀，不死何爲！』相，視也。言視鼠有皮，雖處高顯之地，偷食苟得，不知廉恥，人無禮儀，亦與鼠同，不如速死也。」

〔三〕師古曰：「雷門，會稽城門也，有大鼓。越擊此鼓，聲聞洛陽，故尊引之也。布鼓謂以布爲鼓，故無聲。」

〔四〕師古曰：「顧，念也。負，恃也。安，焉也。」
〔五〕師古曰：「陽爲好語也。」
〔六〕師古曰：「視讀曰示。」
〔七〕師古曰：「謂尊所測正得其情也。」
〔八〕張晏曰：「太后名也。」韋昭曰：「徵，召也。召東平史，令爲奏也。」師古曰：「張說是也。徵史，太后之名，亦猶東平王后之稱謁也。」

初，中書謁者令石顯貴幸，專權爲姦邪。丞相匡衡、御史大夫張譚皆阿附畏事顯，不敢言。久之，元帝崩，成帝初卽位，顯徙爲中太僕，〔一〕不復典權。衡、譚乃奏顯舊惡，請免顯等。尊於是劾奏：「丞相衡、御史大夫譚位三公，典五常九德，〔二〕以總方略，壹統類，廣敎化，美風俗爲職。知中書謁者令顯等專權擅勢，大作威福，縱恣不制，無所畏忌，爲海內患害，不以時（皆）〔白〕奏行罰，而阿諛曲從，附下罔上，懷邪迷國，無大臣輔政之義，皆不道，在赦令前。赦後，衡、譚舉奏顯，不自陳不忠之罪，而反揚著先帝任用傾覆之徒，妄言百官畏之，甚於主上。卑君尊臣，非所宜稱，失大臣體。又正月行幸曲臺，臨饗罷衞士，〔三〕衡與中二千石大鴻臚賞等會坐殿門下，衡南鄉，賞等西鄉。衡更爲賞布東鄉席，〔四〕起立延賞坐，私語如食頃。衡知行臨，〔五〕百官共職，萬衆會聚，〔六〕而設不正之席，使下坐上，相比爲小惠於公門之下，〔七〕動不中禮，〔八〕亂朝廷爵秩之位。衡又使官大奴入殿中，問行起居，還言漏上十四刻行臨到，衡安坐，不變色改容。無怵惕肅敬之心，驕慢不謹，皆不敬。」有詔勿治。於是衡慙懼，免冠謝罪，上丞相、侯印綬。天子以新卽位，重傷大臣，〔九〕乃下御史丞問狀。劾奏尊「妄詆欺非謗赦前事，〔一〇〕猥歷奏大臣，〔一一〕無正法，飾成小過，以塗汙宰相，摧辱公卿，輕薄國家，奉使不敬。」有詔左遷尊爲高陵令，數月，以病免。

〔一〕師古曰：「皇后之屬官。」

〔二〕師古曰：「五常，仁、義、禮、智、信也。九德，寬而栗，柔而立，愿而恭，亂而敬，擾而毅，直而溫，簡而廉，剛而塞，彊而義也。事見虞書皋陶謨也。」

〔三〕如淳曰：「諸衞士更盡得代去，故天子自臨而饗之。」

〔四〕師古曰：「鄉讀曰嚮也。」

〔五〕如淳曰：「天子當臨饗士時。」

〔六〕師古曰：「共讀曰供。」

〔七〕師古曰：「比，周也，音頻寐反。」

〔八〕師古曰：「中，當也，音竹仲反。」

〔九〕師古曰：「重，難也。」

〔一〇〕師古曰：「詆，毀也，音丁禮反。非讀曰誹也。」

〔二〕師古曰：「猥，多也，曲也。歷謂所奏非一人。」

會南山羣盜傰宗等數百人〔一〕爲吏民害，拜故弘農太守傳剛爲校尉，將迹射士千人逐捕，〔二〕歲餘不能禽。或說大將軍鳳：「賊數百人在轂下，〔三〕發軍擊之不能得，難以視四夷。〔四〕獨選賢京兆尹乃可。」於是鳳薦尊，徵爲諫大夫，守京輔都尉，行京兆尹事。旬月間盜賊清。遷光祿大夫，守京兆尹，後爲眞，凡三歲。坐遇使者無禮。司隸遣假佐放奉詔書白尊發吏捕人，〔五〕放謂尊：「詔書所捕宜密。」尊曰：「治所公正，京兆善漏泄人事。」〔六〕放曰：「所捕宜今發吏。」〔七〕尊又曰：「詔書無京兆文，不當發吏。」及長安繫者三月間千人以上。尊出行縣，男子郭賜自言尊：〔八〕「許仲家十餘人共殺賜兄賞，公歸舍。」〔九〕吏不敢捕。尊行縣還，上奏曰：「彊不陵弱，各得其所，寬大之政行，和平之氣通。」御史大夫中奏尊暴虐不改，外爲大言，倨嫚姍（嫌）〔上〕，〔一〇〕威信日廢，不宜備位九卿。尊坐（先）〔免〕，吏民多稱惜之。

〔一〕蘇林曰：「傰音朋。」晉灼曰：「音倍。」師古曰：「晉音是也。」

〔二〕師古曰：「迹射，言能尋跡而射取之也。射音食亦反。」

〔三〕師古曰：「在天子輦轂之下，明其逼近也。」

〔四〕師古曰：「視讀曰示。」

〔五〕蘇林曰：「胡公漢官假佐，取內郡善史書佐給諸府也。」

〔六〕師古曰：「謂司隸官屬爲治所者，尊之也，若今謂使人爲尚書矣。治音直吏反。」

〔七〕師古曰：「當卽發也。」

〔八〕師古曰：「有冤事自言而與許仲相訟也。」

〔九〕師古曰：「公然而歸，無所避畏者。」

〔一〇〕師古曰：「姍，古訕字也。訕，誹也，音所諫反，又音刪。」

湖三老公乘興等〔一〕上書訟尊治京兆功効日著：「往者南山盜賊阻山橫行，剽劫良民，殺奉法吏，道路不通，城門至以警戒。步兵校尉使逐捕，暴師露衆，曠日煩費，不能禽制。二卿坐黜，〔二〕羣盜寖強，吏氣傷沮，〔三〕流聞四方，爲國家憂。當此之時，有能捕斬，不愛金爵重賞。關內侯寬中使問所徵故司隸校尉王尊捕羣盜方略，拜爲諫大夫，守京輔都尉，行京兆尹事。尊盡節勞心，夙夜思職，卑體下士，〔四〕厲奔北之吏，起沮傷之氣，二旬之間，大黨震壞，渠率效首。〔五〕賊亂蠲除，民反農業，拊循貧弱，鉏耘豪彊。長安宿豪大猾東市賈萬、城西萬章、翦張禁、酒趙放、〔六〕杜陵楊章等皆通邪結黨，挾養姦軌，上干王法，下亂吏治，并兼役使，侵漁小民，爲百姓豺狼。更數二千石，二十年莫能禽討，〔七〕尊以正法案誅，皆伏其辜。姦邪銷釋，吏民說服。〔八〕尊撥劇整亂，誅暴禁邪，皆前所稀有，名將所不及。雖拜爲眞，未有殊絕褒賞加於尊身。今御史大夫奏尊「傷害陰陽，爲國家憂，無承用詔書之意，靖言庸違，象龔滔天。」〔九〕原其所以，出御史丞楊輔，故爲尊書佐，素行陰賊，惡口不信，〔一〇〕好以刀筆陷人於法。輔常醉過尊大奴利家，利家捽搏其頰，〔一一〕兄子閎拔刀欲剄之。輔以故深怨疾毒，欲傷害尊。疑輔內懷怨恨，外依公事，建畫爲此議，傅致奏文，〔一二〕浸潤加誣，以復私怨。〔一三〕昔白起爲秦將，東破韓、魏，南拔郢都，應侯譖之，賜死杜郵；〔一四〕吳起爲魏守西河，而秦、韓不敢犯，讒人間焉，斥逐奔楚。〔一五〕秦聽浸潤以誅良將，魏信讒言以逐賢守，此皆偏聽不聰，失人之患也。臣等竊痛傷尊修身絜己，砥節首公，〔一六〕刺譏不憚將相，誅惡不避豪彊，誅不制之賊，解國家之憂，功(岩)〔著〕職修，威信不廢，誠國家爪牙之吏，折衝之臣，今一旦無辜制於仇人之手，傷於詆欺之文，上不得以功除罪，下不得蒙棘木之聽，〔一七〕獨掩怨讎之偏奏，被共工之大惡，〔一八〕無所陳怨愬罪。尊以京師廢亂，羣盜並興，選賢徵用，起家爲卿，賊亂既除，豪猾伏辜，即以佞巧廢黜。一尊之身，三期之間，乍賢乍佞，豈不甚哉！〔一九〕孔子曰：「愛之欲其生，惡之欲其死，是惑也。」「浸潤之譖不行焉，可謂明矣。」〔二〇〕願下公卿大夫博士議郎，定尊素行。夫人臣而傷害陰陽，死誅之罪也；靖言庸違，放殛之刑也。〔二一〕審如御史章，尊乃當伏觀闕之誅，〔二二〕放於無人之域，不得苟免。〔二三〕及任舉尊者，當獲選舉之辜，不可但已。〔二四〕即不如章，飾文深詆以愬無罪，〔二五〕亦宜有誅，以懲讒賊之口，絕詐欺之(俗)〔路〕。〔一六〕唯明主參詳，使白黑分別。」書奏，天子復以尊爲徐州刺史，遷東郡太守。

〔一〕師古曰：「湖，縣名也，今虢州湖城縣取其名。」
〔二〕如淳曰：「三輔皆秩中二千石，號爲卿也。即前京兆尹王昌貶爲鴈門太守，甄遵河內太守也。」
〔三〕師古曰：「寖，益也。沮，壞也，音才汝反。」
〔四〕師古曰：「下音胡嫁反。」
〔五〕師古曰：「效，致也，斬其首而致之也。」
〔六〕蘇林曰：「萬音矩。」晉灼曰：「翦張禁，酒趙放，此二人作翦、作酒之家。」
〔七〕師古曰：「更，歷也，音工衡反。」
〔八〕師古曰：「釋，解也，音懌。說讀曰悅。」
〔九〕師古曰：「引虞書堯典之辭也。靖，治也。庸，用也。違，僻也。滔，漫也。謂其言假託於治，實用違僻，貌象恭敬，過惡漫天也。漫音莫干反。一曰，滔，漫也。」
〔一〇〕師古曰：「謂其口(而惡)〔惡而〕心不信也。」
〔一一〕師古曰：「捽，持頭也，音才兀反。搏，擊也。」
〔一二〕師古曰：「建立謀畫此議也。傅讀曰附，謂益其事而引致於罪狀。」
〔一三〕師古曰：「浸潤猶漸染也。復，報也。」
〔一四〕師古曰：「應侯，范雎也。杜郵，地名，在咸陽也。」

〔一五〕師古曰：「間音工莧反。」

〔一六〕師古曰：「砥，厲也。首，向也。砥音指。首音式救反。」

〔一七〕張晏曰：「周禮三槐九棘，公卿於下聽訟。」

〔一八〕臣瓚曰：「共工，官名，堯時諸侯，舜流之於幽州也。」

〔一九〕師古曰：「期，年也，音基。」

〔二〇〕師古曰：「論語稱孔子之言。」

〔二一〕師古曰：「殛，誅也，音居力反。」

〔二二〕張晏曰：「孔子誅少正卯於兩觀之間。」

〔二三〕師古曰：「非止合免官而已也。」

〔二四〕師古曰：「但，徒也，空也。已，止也。不可空然而止也。」

〔二五〕師古曰：「詆，毀也。」

〔二六〕師古曰：「懲，（愴）〔創〕也。」

久之，河水盛溢，泛浸瓠子金隄，老弱奔走，恐水大決爲害。尊躬率吏民，投沈白馬，〔一〕祀水神河伯。尊親執圭璧，使巫策祝，請以身填金隄，〔二〕因止宿，廬居隄上。吏民數千萬人爭叩頭救止尊，尊終不肯去。及水盛隄壞，吏民皆奔走，唯一主簿泣在尊旁，立不動。而水波稍卻迴還。吏民嘉壯尊之勇節，白馬三老朱英等奏其狀。下有司考，皆如言。於是制詔御史：「東郡河水盛長，毀壞金隄，未決三尺，百姓惶恐奔走。太守身當水衝，履咫尺之難，不避危殆，以安衆心，吏民復還就作，水不爲災，朕甚嘉之。秩尊中二千石，加賜黃金二十斤。」

〔一〕師古曰：「以祭水也。」

〔二〕師古曰：「塡，塞也，音大賢反。」

數歲，卒官，吏民紀之。尊子伯亦爲京兆尹，坐耎弱不勝任免。

王章字仲卿，泰山鉅平人也。少以文學爲官，稍遷至諫大夫，在朝廷名敢直言。元帝初，擢爲左曹中郎將，與御史中丞陳咸相善，共毀中書令石顯，爲顯所陷，咸減死髡，章免官。成帝立，徵章爲諫大夫，遷司隸校尉，大臣貴戚敬憚之。王尊免後，代者不稱職，章以選爲京兆尹。時帝舅大將軍王鳳輔政，章雖爲鳳所舉，非鳳專權，不親附鳳。會日有蝕之，章奏封事，召見，言鳳不可任用，宜更選忠賢。上初納受章言，後不忍退鳳。章由是見疑，遂爲鳳所陷，罪至大逆。語在元后傳。

初，章爲諸生學長安，獨與妻居。章疾病，無被，臥牛衣中，〔一〕與妻決，涕泣。〔二〕其妻呵怒之曰：「仲卿！京師尊貴在朝廷人誰踰仲卿者？今疾病困戹，不自激卬，〔三〕乃反涕泣，何鄙也！」

〔一〕師古曰：「牛衣，編亂麻爲之，即今俗呼爲龍具者。」

〔二〕師古曰：「自謂將死，故辭决。」

〔三〕如淳曰：「激厲抗揚之意也。」師古曰：「卬讀曰仰。仰頭爲健。」

後章仕宦歷位，及爲京兆，欲上封事，妻又止之曰：「人當知足，獨不念牛衣中涕泣時耶？」章曰：「非女子所知也。」書遂上，果下廷尉獄，妻子皆收繫。章小女年可十二，夜起號哭曰：「平生獄上呼囚，（素）〔數〕常至九，今八而止。〔一〕我君（數）〔素〕剛，先死者必君。」明日問之，章果死。妻子皆徙合浦。

〔一〕張晏曰：「平生，先時也。獄卒夜閱囚時有九人，常呼問九人。今八人便止，知一人死也。」

大將軍鳳薨後，弟成都侯商復爲大將軍輔政，白上還章妻子故郡。其家屬皆完具，采珠致產數百萬，時蕭育爲泰山太守，皆令贖還故田宅。

章爲京兆二歲，死不以其罪，衆庶冤紀之，號爲三王。王駿自有傳，駿即王陽子也。

贊曰：自孝武置左馮翊、右扶風、京兆尹，而吏民爲之語曰：「前有趙、張，後有三王。」然劉向獨序趙廣漢、尹翁歸、韓延壽，馮商傳王尊，揚雄亦如之。〔一〕廣漢聰明，下不能欺，延壽厲善，所居移風，然皆訐上不信，以失身墮功。〔二〕翁歸抱公絜己，爲近世表。張敞衎衎，履忠進言，〔三〕緣飾儒雅，刑罰必行，縱赦有度，條教可觀，然被輕嫷之名。〔四〕王尊文武自將，〔五〕所在必發，譎詭不經，好爲大言。王章剛直守節，不量輕重，以陷刑戮，妻子流遷，哀哉！

〔一〕張晏曰：「劉向作新序，不道王尊。馮商續史記，爲作傳。雄作法言，亦論其美也。」

〔二〕師古曰：「墮，毀也，音火規反。」

〔三〕師古曰：「衎衎，彊敏之貌也，音口翰反。」

〔四〕師古曰：「嫷，古惰字也。謂走馬拊馬及畫眉。」

〔五〕師古曰：「將，助也。」

校勘記

三一九九頁一三行　方上〔解〕在張湯傳。宋祁說「方上」下當有「解」字。按景祐本有「解」字。

三二〇一頁五行　或銗或(筒)〔筩〕，景祐、汲古、殿、局本都作「筩」，此誤。

三二〇四頁一三行　丞相(史)〔吏〕逐去(客)。景祐本「史」作「吏」。景祐、殿本都無「客」字。

三二〇五頁七行　事下廷尉治(罪)，景祐本無「罪」字。王念孫說「罪」字後人所加。

三二〇八頁一〇行　類常如翁歸言，無有遺(託)〔脫〕。景祐、殿、局本都作「脫」。王先謙說作「脫」是。

三二一二頁七行　春秋鄉(社)〔射〕，景祐、殿本都作「射」。王先謙說作「射」是。

三二一四頁三行　會御史當問(事)東郡，景祐本無「事」字。

三二一七頁一三行　皆疇其(官邑)〔庸〕，景祐、殿本都作「庸」。

三二二〇頁八行　樊姬爲(之)不食鳥獸之肉。景祐本無「之」字。

三二二〇頁一三行　葉(陽)〔音〕式涉反。景祐、殿本都作「音」。

三二二三頁四行　蓋(車)〔扇〕之類也。景祐、殿本都作「扇」，此誤。

三二二三頁一一行　(卒)〔賊〕捕掾，景祐、殿本都作「賊」，此誤。

三二二四頁一四行　詣公(書)〔車〕上(車)〔書〕　景祐、殿本都作「詣公車上書」，此誤倒。

三二二五頁一四行　一乘車爲〔一〕兩也。景祐本有「一」字。

三二三一頁一一行　不以時(皆)〔白〕奏行罰，景祐、殿、局本都作「白」，此誤。

三二三三頁一〇行　倨嫚姍(嫌)〔上〕，景祐、汲古、殿、局本都作「上」，此誤。

三二三三頁一〇行　傳坐(先)〔免〕。景祐、殿、局本都作「免」，此誤。

三二三五頁八行　功(岩)〔著〕職修，景祐、殿、局本都作「著」，此誤。

三二三六頁一行　絕詐欺之(俗)〔路〕。景祐、殿本都作「路」。王先謙說作「路」是。

三二三六頁一三行　謂其口(而惡)〔惡而〕心不信也。景祐、殿本都作「惡而」。王先謙說作「惡而」是。

三二三七頁一三行　懲，(愴)〔創〕也。景祐本作「創」，他本都誤。

三二三九頁七行　(素)〔數〕常至九，今八而止。我君(數)〔素〕剛，景祐、殿本上「素」作「數」，下「數」作「素」，此互譌。

漢書卷七十七

蓋諸葛劉鄭孫毋將何傳第四十七

蓋寬饒字次公，魏郡人也。〔一〕明經爲郡文學，以孝廉爲郎。舉方正，對策高第，遷諫大夫，行郎中戶將事。〔二〕劾奏衞將軍張安世子侍中陽都侯彭祖不下殿門，〔三〕并連及安世居位無補。彭祖時實下門，寬饒坐舉奏大臣非是，〔四〕左遷爲衞司馬。〔五〕

〔一〕師古曰：「蓋音公盍反。」

〔二〕師古曰：「百官公卿表郎中令屬官有郎中車、戶、騎三將，蓋各以所主爲名也。戶將者，主戶衞也。」

〔三〕師古曰：「過殿門不下車也。」

〔四〕師古曰：「不以實也。」

〔五〕蘇林曰：「如今衞士令也。」臣瓚曰：「漢注有衞屯司馬。」

先是時，衞司馬在部，見衞尉拜謁，常爲衞官繇使市買。〔一〕寬饒視事，案舊令，遂揖官屬以下行衞者。〔二〕衞尉私使寬饒出，寬饒以令詣官府門上謁辭。〔三〕尙書責問衞尉，〔四〕由是衞官不復私使候、司馬。候、司馬不拜，出先置衞，輒上奏辭，〔五〕自此正焉。

〔一〕師古曰：「繇讀與徭同。」
〔二〕蘇林曰：「衞尉官屬也。或曰詔遣使行衞者也。」師古曰：「或說非也。行音下更反。」
〔三〕文穎曰：「私見使而公辭尙書也。」蘇林曰：「以法詣衞尉府門上謁也。」師古曰：「文說是也。」
〔四〕文穎曰：「由寬饒以法令不給使，尙書責衞尉，不復使司馬。」
〔五〕如淳曰：「天子出，爲天子先導。先天子發，故上奏辭。」

寬饒初拜爲司馬，未出殿門，斷其禪衣，令短離地，〔一〕冠大冠，帶長劍，躬案行士卒廬室，視其飲食居處，有疾病者身自撫循臨問，加致醫藥，遇之甚有恩。及歲盡交代，上臨饗罷衞卒，〔二〕衞卒數千人皆叩頭自請，願復留共更一年，〔三〕以報寬饒厚德。宣帝嘉之，以寬饒爲太中大夫，使行風俗，〔四〕多所稱舉貶黜，奉使稱意。擢爲司隸校尉，刺舉無所迴避，小大輒舉，所劾奏衆多，廷尉處其法，半用半不用，〔五〕公卿貴戚及郡國吏繇使至長安，皆恐懼莫敢犯禁，〔六〕京師爲淸。

〔一〕師古曰：「禪音單，其字從衣。」
〔二〕師古曰：「得代當歸者也。」
〔三〕師古曰：「更猶今言上番也，音工衡反。」
〔四〕師古曰：「行音下更反。」

〔五〕師古曰：「以其峻刻，故有不用者。」

〔六〕師古曰：「繇讀與傜同，供傜役及爲使而來者。」

平恩侯許伯入第，〔一〕丞相、御史、將軍、中二千石皆賀，寬饒不行。許伯請之，乃往，從西階上，東鄉特坐。〔二〕許伯自酌曰：「蓋君後至。」寬饒曰：「無多酌我，我乃酒狂。」丞相魏侯笑曰：「次公醒而狂，何必酒也？」坐者皆屬目卑下之。〔三〕酒酣樂作，長信少府檀長卿起舞，爲沐猴與狗鬭，〔四〕坐皆大笑。寬饒不說，卬視屋而歎〔五〕曰：「美哉！然富貴無常，忽則易人，此如傳舍，所閱多矣。〔六〕唯謹愼爲得久，君侯可不戒哉！」因起趨出，劾奏長信少府以列卿而沐猴舞，失禮不敬。上欲罪少府，許伯爲謝，良久，上乃解。

〔一〕師古曰：「許伯，皇太子外祖也。入第者，治第新成，始入居之。」

〔二〕師古曰：「言自尊抗，無所詘也。鄉讀曰嚮。」

〔三〕師古曰：「屬猶注也，音之欲反。下音胡稼反。」

〔四〕師古曰：「沐猴，獼猴。」

〔五〕師古曰：「說讀曰悅。卬讀曰仰。」

〔六〕師古曰：「言如客舍行客，輒過之，故多所經歷也。」

寬饒爲人剛直高節，志在奉公。家貧，奉錢月數千，〔一〕半以給吏民爲耳目言事者。身爲司隸，子常步行自戍北邊，〔二〕公廉如此。然深刻喜陷害人，〔三〕在位及貴戚人與爲怨，〔四〕

又好言事刺譏，奸犯上意。〔五〕上以其儒者，優容之，然亦不得遷。同列後進或至九卿，寬饒自以行清能高，有益於國，而爲凡庸所越，愈失意不快，數上疏諫爭。太子庶子王生高寬饒節，而非其如此，予書曰：「明主知君絜白公正，不畏彊禦，〔六〕故命君以司察之位，擅君以奉使之權，尊官厚祿已施於君矣。君宜夙夜惟思當世之務，奉法宣化，憂勞天下，雖日有益，月有功，猶未足以稱職而報恩也。自古之治，三王之術各有制度。〔七〕今君不務循職而已，乃欲以太古久遠之事匡拂天子，〔八〕數進不用難聽之語以摩切左右，非所以揚令名全壽命者也。方今用事之人皆明習法令，言足以飾君之辭，文足以成君之過，君不惟蘧氏之高蹤，〔九〕而慕子胥之末行，〔一〇〕用不訾之軀，臨不測之險，〔一一〕竊爲君痛之。夫君子直而不挺，曲而不詘。〔一二〕大雅云：『既明且哲，以保其身。』〔一三〕狂夫之言，聖人擇焉。唯裁省覽。」寬饒不納其言。

〔一〕師古曰：「奉音扶用反。」
〔二〕蘇林曰：「子自行戍，不取代。」
〔三〕師古曰：「喜音許吏反。」
〔四〕師古曰：「人人皆怨之。」
〔五〕師古曰：「奸音干。」

〔六〕師古曰：「彊禦，彊梁而禦善者也。」
〔七〕師古曰：「三王謂夏、殷、周，文質不同也。」
〔八〕師古曰：「匡，正也。拂讀曰弼。」
〔九〕師古曰：「蘧伯玉，邦無道，則可卷而懷之。」
〔一〇〕師古曰：「伍子胥知吳王不可諫，而不能止，自取誅滅也。」
〔一一〕師古曰：「訾與貲同。不貲者，言無貲量可以比之，貴重之極也。不測謂深也。」
〔一二〕師古曰：「挺然，直貌。言雖執直道，而遭遇時變，與時紆曲，然其本志不屈橈也。挺音吐鼎反。」
〔一三〕師古曰：「烝民之詩也。言明智者可以自全，不至亡身。」

是時上方用刑法，信任中尚書宦官，寬饒奏封事曰：「方今聖道寖廢，儒術不行，〔一〕以刑餘爲周召，〔二〕以法律爲詩書。」〔三〕又引韓氏易傳言：「五帝官天下，三王家天下，家以傳子，官以傳賢，若四時之運，功成者去，不得其人則不居其位。」書奏，上以寬饒怨謗終不改，下其書中二千石。時執金吾議，以爲寬饒指意欲求禪，大逆不道。〔四〕諫大夫鄭昌愍傷寬饒忠直憂國，以言事不當意而爲文吏所詆挫，〔五〕上書頌寬饒曰：〔六〕「臣聞山有猛獸，藜藿爲之不采；國有忠臣，姦邪爲之不起。司隸校尉寬饒居不求安，食不求飽，〔七〕進有憂國之心，退有死節之義，上無許、史之屬，下無金、張之託，〔八〕職在司察，直道而行，多仇少與，〔九〕上書陳國事，有司劾以大辟，臣幸得從大夫之後，官以諫爲名，不敢不言。」上不聽，遂下寬饒吏。寬饒引佩刀自剄北闕下，衆莫不憐之。

〔一〕師古曰：「濡，漸也。」

〔二〕師古曰：「言使奄人當權軸也。周謂周公旦也，召謂召公奭也。召讀曰邵。」

〔三〕師古曰：「言以（行）〔刑〕法成教化也。」

〔四〕師古曰：「禮，古禪字。言欲使天子傳位於己。」

〔五〕師古曰：「詆，毀也。挫，折也。」

〔六〕師古曰：「頌謂稱其美。」

〔七〕師古曰：「論語稱孔子曰『君子食無求飽，居無求安』，故引之。」

〔八〕應劭曰：「許伯，宣帝皇后父。史高，宣帝外家也。金，金日磾也。張，張安世也。此四家屬無不聽。」師古曰：「此說非也。許氏、史氏有外屬之恩，金氏、張氏自託在於近狎也。屬讀如本字也。」

〔九〕師古曰：「仇，怨讎也。與，黨與也。」

諸葛豐字少季，琅邪人也。以明經爲郡文學，名特立剛直。貢禹爲御史大夫，除豐爲屬，舉侍御史。元帝擢爲司隸校尉，刺舉無所避，京師爲之語曰：「間何闊，逢諸葛。」〔一〕上嘉其節，加豐秩光祿大夫。

〔一〕師古曰：「言間者何久闊不相見，以逢諸葛故也。」

時侍中許章以外屬貴幸，奢淫不奉法度，賓客犯事，與章相連。豐案劾章，欲奏其事，適逢許侍中私出，豐駐車舉節詔章曰：「下！」欲收之。章迫窘，馳車去，豐追之。許侍中因得入宮門，自歸上。〔一〕豐亦上奏，於是收豐節。司隸去節自豐始。

〔一〕師古曰：「歸誠乞哀於天子也。」

豐上書謝曰：「臣豐駑怯，文不足以勸善，武不足以執邪。陛下不量臣能否，拜爲司隸校尉，未有以自效，復秩臣爲光祿大夫，官尊責重，非臣所當處也。又迫年歲衰暮，常恐卒塡溝渠，〔二〕（德）無以報厚（德），使論議士譏臣無補，長獲素餐之名。〔三〕故常願捐一旦之命，不待時而斷姦臣之首，縣於都市，編書其罪，〔三〕使四方明知爲惡之罰，然後卻就斧鉞之誅，〔四〕誠臣所甘心也。夫以布衣之士，尙猶有刎頸之交，〔五〕今以四海之大，曾無伏節死誼之臣，率盡苟合取容，阿黨相爲，念私門之利，忘國家之政。邪穢濁溷之氣上感于天，〔六〕是以災變數見，百姓困乏。此臣下不忠之效也，臣誠恥之亡已。凡人情莫不欲安存而惡危亡，然忠臣直士不避患害者，誠爲君也。今陛下天覆地載，物無不容，〔七〕使尙書令堯賜臣豐書曰：『夫司隸者刺舉不法，善善惡惡，非得顓之也。〔八〕免處中和，順經術意。』恩深德厚，臣豐頓首幸甚。臣竊不勝憤懣，願賜清宴，〔九〕唯陛下裁幸。」上不許。

〔一〕師古曰：「卒讀曰猝。」

〔二〕師古曰：「素，空也。言不舉職務，空食祿奉而已。」

〔三〕師古曰：「編謂聯次簡牘也。」

〔四〕師古曰：「卻，退也。」

〔五〕師古曰：「刎，斷也，音吻。」

〔六〕師古曰：「溷亦濁也，音下頓反。」

〔七〕師古曰：「如天之覆，如地之載也。」

〔八〕師古曰：「善善，褒賞善人也。惡惡，誅罰惡人也。顓與專同。」

〔九〕師古曰：「懣音滿。」

是後所言益不用，豐復上書言：「臣聞伯奇孝而棄於親，子胥忠而誅於君，〔一〕隱公慈而殺於弟，〔二〕叔武弟而殺於兄。〔三〕夫以四子之行，屈平之材，〔四〕然猶不能自顯而被刑戮，豈不足以觀哉！使臣殺身以安國，蒙誅以顯君，〔五〕臣誠願之。獨恐未有云補，而為衆邪所排，令讒夫得遂，正直之路雍塞，〔六〕忠臣沮心，智士杜口，〔七〕此愚臣之所懼也。」

〔一〕師古曰：「並解於上也。」

〔二〕師古曰：「魯隱公欲立弟桓公，為其尚少，已且攝位，而卒為桓公所殺。」

〔三〕師古曰：「叔武，衞成公之弟夷叔也。成公避晉之難，出奔陳，使大夫元咺奉叔武以居守。其後晉人納成公，成公疑叔武而先期入，叔武將沐，聞君至，喜，捉髮走出，前驅射而殺之。事在左傳僖二十八年。叔武弟音大計反。」

〔四〕師古曰：「屈平卽是屈原也。」

〔五〕師古曰：「蒙，被也。」

〔六〕師古曰：「雍讀曰壅。」

〔七〕師古曰：「沮，壞；杜，塞也。沮音才汝反。」

豐以春夏繫治人，在位多言其短。上徙豐爲城門校尉，豐上書告光祿勳周堪、光祿大夫張猛。上不直豐，乃制詔御史：「城門校尉豐，前與光祿勳堪、光祿大夫猛在朝之時，數稱言堪、猛之美。豐前爲司隸校尉，不順四時，修法度，專作苛暴，以獲虛威，朕不忍下吏，以爲城門校尉。不內省諸己，〔一〕而反怨堪、猛，以求報舉，〔二〕告案無證之辭，暴揚難驗之罪，毀譽恣意，不顧前言，〔三〕不信之大者也。朕憐豐之耆老，不忍加刑，其免爲庶人。」終於家。

〔一〕師古曰：「省，察也。」

〔二〕師古曰：「舉言其事以報怨。」

〔三〕師古曰：「前言謂譽堪、猛之美。今乃更言其短，是不顧也。」

劉輔，河間宗室〔人〕也。舉孝廉，爲襄賁令。〔一〕上書言得失，召見，上美其材，擢爲諫大夫。會成帝欲立趙倢伃爲皇后，先下詔封倢伃父臨爲列侯。輔上書言：「臣聞天之所與必先賜以符瑞，天之所違必先降以災變，此神明之徵應，自然之占驗也。昔武王、周公承順天地，以饗魚烏之瑞，〔三〕然猶君臣祗懼，動色相戒，況於季世，不蒙繼嗣之福，屢受威怒之異者虖！雖夙夜自責，改過易行，畏天命，念祖業，妙選有德之世，考卜窈窕之女，〔三〕以承宗廟，順神祇心，塞天下望，〔四〕子孫之祥猶恐晚暮，今乃觸情縱欲，傾於卑賤之女，欲以母天下，不畏于天，不媿于人，惑莫大焉。里語曰：『腐木不可以爲柱，卑人不可以爲主。』天人之所不予，必有禍而無福，市道皆共知之，〔五〕朝廷莫肯壹言，臣竊傷心。自念得以同姓拔擢，尸祿不忠，汙辱諫爭之官，不敢不盡死，唯陛下深察。」書奏，上使侍御史收縛輔，繫掖庭祕獄，〔六〕羣臣莫知其故。

〔一〕蘇林曰：「賁音肥，東海縣也。」
〔二〕師古曰：「謂伐紂時有白魚、赤烏之瑞也。事見今文尚書。」
〔三〕師古曰：「窈窕，幽閑也。」
〔四〕師古曰：「塞，滿也。」
〔五〕師古曰：「市道，市中之道也。一曰市人及行於道路者也。」
〔六〕師古曰：「漢書舊儀掖庭詔獄令丞宦者爲之，主理婦人女官也。」

於是中朝左將軍辛慶忌、右將軍廉褒、光祿勳師丹、太中大夫谷永〔一〕俱上書曰：「臣聞明王垂寬容之聽，崇諫爭之官，廣開忠直之路，不罪狂狷之言，〔二〕然後百僚在位，竭忠盡謀，不懼後患，朝廷無讇諛之士，元首無失道之僣。〔三〕竊見諫大夫劉輔，前以縣令求見，擢爲諫大夫，此其言必有卓詭切至，當聖心者，〔四〕故得拔至於此。旬日之間，收下祕獄，臣等愚，以爲輔幸得託公族之親，在諫臣之列，新從下土來，未知朝廷體，獨觸忌諱，不足深過。小罪宜隱忍而已，如有大惡，宜暴治理官，與衆共之。〔五〕昔趙簡子殺其大夫鳴犢，孔子臨河而還。〔六〕今天心未豫，〔七〕災異屢降，水旱迭臻，〔八〕方當隆寬廣問，褒直盡下之時也。而行慘急之誅於諫爭之臣，震驚羣下，失忠直心。假令輔不坐直言，所坐不著，〔九〕天下不可戶曉。〔一〇〕同姓近臣本以言顯，其於治親養忠之義誠不宜幽囚于掖庭獄。公卿以下見陛下進用輔亟，而折傷之暴，〔一一〕人有懼心，〔一二〕精銳銷耎，〔一三〕莫敢盡節正言，非所以昭有虞之聽，廣德美之風也。〔一四〕臣等竊深傷之，唯陛下留神省察。」

〔一〕孟康曰：「中朝，內朝也。大司馬左右前後將軍、侍中、常侍、散騎、諸吏爲中朝。丞相以下至六百石爲外朝也。」

〔二〕師古曰：「狷，急也，音絹。」

〔三〕師古曰：「元首謂天子也。讇，古諂字也。」

〔四〕師古曰：「卓，高遠也。詭，異於衆也。」

〔五〕師古曰：「令衆人知其罪狀而罰之。」

〔六〕張晏曰：「趙簡子欲分晉國，故先殺鳴犢，又聘孔子。孔子聞其死，至河而還也。」師古曰：「戰國策說二人姓名云『鳴犢、鐸犨』，而史記及古今人表並以爲鳴犢、竇犨，蓋鐸、犢及竇，其聲相近，故有不同耳。今永等指舉殺鳴犢一人，不論竇犨也。」

〔七〕張晏曰：「豫，悅豫也。」

〔八〕師古曰：「迭，互也。音徒結反。」

〔九〕師古曰：「著，明也。」

〔一〇〕師古曰：「言不可家家曉喻之也。」

〔一一〕師古曰：「亟，急也。」

〔一二〕師古曰：「人人皆懼也。」

〔一三〕蘇林曰：「耎，弱也。」師古曰：「音乃喚反。」

〔一四〕師古曰：「舜有敢諫之鼓，故言有虞之聽也。一曰謂達四聰也。」

上乃徙繫輔共工獄，〔一〕減死罪一等，論爲鬼薪。終於家。

〔一〕蘇林曰：「考工也。」師古曰：「少府之屬官也，亦有詔獄。共讀與龔同。」

鄭崇字子游，本高密大族，世與王家相嫁娶。〔一〕祖父以訾徙平陵。父賓明法令，爲御史，事貢公，〔二〕名公直。崇少爲郡文學史，至丞相大車屬。〔三〕弟立與高武侯傅喜同門學，相友善。〔四〕喜爲大司馬，薦崇，哀帝擢爲尙書僕射。數求見諫爭，上初納用之。每見曳革履，〔五〕上笑曰：「我識鄭尙書履聲。」

〔一〕師古曰：「女嫁王家，男又娶也。」
〔二〕師古曰：「賈禹也。」
〔三〕如淳曰：「丞相大車屬如今公府御屬。」
〔四〕師古曰：「同門謂同師也。」
〔五〕師古曰：「執曰韋，生曰革。」

久之，上欲封祖母傅太后從弟商，崇諫曰：「孝成皇帝封親舅五侯，天爲赤黃晝昏，日中有黑氣。今祖母從昆弟二人已侯。孔鄉侯，皇后父；高武侯以三公封，尙有因緣。〔一〕今無故欲復封商，壞亂制度，逆天人心，非傅氏之福也。臣聞師曰：『逆陽者厥極弱，逆陰者厥極凶短折，犯人者有亂亡之患，犯神者有疾夭之禍。』故周公著戒曰：『惟王不知艱難，唯耽樂是從，時亦罔有克壽。』〔二〕故衰世之君夭折蚤沒，〔三〕此皆犯陰之害也。臣願以身命當國咎。」崇因持詔書案起。〔四〕傅太后大怒曰：「何有爲天子乃反爲一臣所顓制邪！」〔五〕上遂下詔曰：「朕幼而孤，皇太太后躬自養育，免于襁褓，教道以禮，至於成人，〔六〕惠澤茂焉。〔七〕『欲報之德，皞天罔極。』〔八〕前追號皇太太后父爲崇祖侯，惟念德報未殊，朕甚恧焉。〔九〕侍中光祿大夫商，皇太太后父同產子，小自保大，〔一〇〕恩義最親。其封商爲汝昌侯，爲崇祖侯後，更號崇祖侯爲汝昌哀侯。」

〔一〕師古曰：「孔鄉侯，傅晏也。高武侯，傅喜也。」

〔二〕師古曰：「周書亡逸之篇也。言王者不知稼穡之艱難，唯從耽樂，則致夭喪，無能壽考也。」

〔三〕師古曰：「蚤，古（皁）〔早〕字也。」

〔四〕李奇曰：「持當受詔書案起也。」師古曰：「李說非也。案者，即寫詔之文。」

〔五〕師古曰：「顓與專同也。」

〔六〕師古曰：「道讀曰導。」

〔七〕師古曰：「茂，美也。」

〔八〕師古曰：「詩小雅蓼莪之篇曰：『父兮生我，母兮鞠我，欲報之德，昊天罔極。』言欲報父母之恩德，心無已也。呼昊天者，陳己至誠也。皡字與昊同。」

〔九〕師古曰：「殊，異也。恧，愧也，音女六反。」

〔一〇〕如淳曰：「太后從小養之，使至大也。」

崇又以董賢貴寵過度諫，由是重得罪。〔一〕數以職事見責，發疾頸癰，欲乞骸骨，不敢。尚書令趙昌佞讇，素害崇，知其見疏，因奏崇與宗族通，疑有姦，請治。上責崇曰：「君門如市人，何以欲禁切主上？」〔二〕崇對曰：「臣門如市，臣心如水。〔三〕願得考覆。」上怒，下崇獄，窮治，死獄中。

〔一〕師古曰：「重音直用反。」

〔二〕師古曰：「言請求者多，交通賓客。」

〔三〕師古曰：「言至清也。」

孫寶字子嚴，潁川鄢陵人也。〔一〕以明經爲郡吏。御史大夫張忠辟寶爲屬，欲令授子經，更爲除舍，〔二〕設儲偫。〔三〕寶自劾去，忠固還之，〔四〕心內不平。〔五〕後署寶主簿，寶徙入舍，祭竈請比鄰。忠陰察，怪之，使所親問寶：「前大夫爲君設除大舍，子自劾去者，欲爲高節也。今兩府高士俗不爲主簿，子既爲之，徙舍甚說，〔六〕何前後不相副也？」寶曰：「高士不爲主簿，而大夫君以寶爲可，一府莫言非，〔七〕士安得獨自高？前日君男欲學文，而移寶自近。〔八〕禮有來學，義無往教；道不可詘，身詘何傷？且不遭者可無不爲，況主簿乎！」〔九〕忠聞之，甚慙，上書薦寶經明質直，宜備近臣。爲議郎，遷諫大夫。

〔一〕師古曰：「鄢音偃。」

〔二〕師古曰：「除謂修飾掃除也。」

〔三〕師古曰：「謂豫備器物也。偫音丈紀反。」

〔四〕師古曰：「固者，謂再三留之。」

〔五〕師古曰：「恨其去也。」

〔六〕師古曰：「說讀曰悅。」

〔七〕師古曰：「言大夫以爲寶適可爲主簿耳，府中之人又不以爲不當也。」

〔八〕師古曰：「文謂書也。」

〔九〕師古曰：「言士不遭遇知己，則當屈辱，無所不爲也。」

鴻嘉中，廣漢羣盜起，選爲益州刺史。廣漢太守扈商者，大司馬車騎將軍王音姊子，軟弱不任職。寶到部，親入山谷，諭告羣盜，非本造意。渠率皆得悔過自出，〔一〕遣歸田里。自劾矯制，奏商爲亂首，〔二〕春秋之義，誅首惡而已。商亦奏寶所縱或有渠率當坐者。〔三〕商徵下獄，寶坐失死罪免。益州吏民多陳寶功效，言爲車騎將軍所排。上復拜寶爲冀州刺史，遷丞相司直。

〔一〕師古曰：「渠，大也。」

〔二〕師古曰：「擅放羣盜歸，故云矯制。（也）〔由〕商不任職，致有賊盜，故云爲亂首也。」

〔三〕師古曰：「縱，放也。」

時帝舅紅陽侯立使客因南郡太守李尚占墾草田數百頃，〔一〕頗有民所假少府陂澤，略皆開發，〔二〕上書願以入縣官。〔三〕有詔郡平田予直，〔四〕錢有貴一萬萬以上。〔五〕寶聞之，遣丞相史按驗，發其姦，劾奏立、尙懷姦罔上，狡猾不道。尙下獄死。立雖不坐，後兄大司馬衞將軍商薨，次當代商，上度立而用其弟曲陽侯根爲大司馬票騎將軍。〔六〕

〔一〕師古曰：「隱度而取之也。草田，荒田也。占音之贍反。」

〔二〕師古曰：「舊爲陂澤，本屬少府，其後以假百姓，百姓皆已田之，而立總謂爲草田，占云新自墾。」

〔三〕師古曰：「立上書云新墾得此田，請以入官也。」

〔四〕師古曰：「受其田而準償價直也。」

〔五〕師古曰：「增於時價。」

〔六〕如淳曰：「度，過也。過立而用根。」

會益州蠻夷犯法，巴蜀頗不安，上以寶著名西州，拜爲廣漢太守，秩中二千石，賜黃金三十斤。蠻夷安輯，吏民稱之。〔一〕

〔一〕師古曰：「輯與集同。」

徵爲京兆尹。故吏侯文以剛直不苟合，常稱疾不肯仕，寶以恩禮請文，欲爲布衣友，日設酒食，妻子相對。文求受署爲掾，進見如賓禮。數月，以立秋日署文東部督郵。入見，敕曰：「今日鷹隼始擊，當順天氣取姦惡，以成嚴霜之誅，掾部渠有其人乎？」〔一〕文卬曰：「無其人不敢空受職。」〔二〕寶曰：「誰也？」文曰：「霸陵杜穉季。」寶曰：「其次。」〔三〕文曰：「豺狠橫道，不宜復問狐狸。」〔四〕寶默然。稺季者大俠，與衞尉淳于長、大鴻臚蕭育等皆厚善。寶前失車騎將軍，與紅陽侯有卻，〔五〕自恐見危，時淳于長方貴幸，友寶，寶亦欲附之，始視事而長以稺季託寶，故寶窮，無以復應文。文怪寶氣索，〔六〕知其有故，因曰：「明府素著威名，今不敢取稺季，當且闔閤，勿有所問。〔七〕如此竟歲，吏民未敢誣明府也。〔八〕即度稺季而譴它事，〔九〕衆口讙譁，終身自墮。」〔一〇〕寶曰：「受教。」稺季耳目長，聞知之，杜門不通水火，〔一一〕穿舍後牆爲小戶，但持鉏自治園，因文所厚自陳如此。〔一二〕文曰：「我與稺季幸同土壤，素無睚眥，〔一三〕顧受將命，分當相直。〔一四〕誠能自改，嚴將不治前事，卽不更心，但更門戶，適趣禍耳。」〔一五〕稺季遂不敢犯法，寶亦竟歲無所譴。明年，稺季病死。寶爲京兆尹三歲，京師稱之。會淳于長敗，寶與蕭育等皆坐免官。文復去吏，死於家。稺季子杜蒼，字君敖，名出稺季右，在游俠中。

〔一〕師古曰：「渠讀曰詎。詎，豈也。言掾所部內，豈有其人乎？」

〔二〕師古曰：「卬讀曰仰。謂仰頭而對也。」

〔三〕師古曰：「除稺季之外更有誰也。」

〔四〕師古曰：「言不當釋大而取小也。」

〔五〕師古曰：「失車騎將軍，謂失王音意，奏屬商事也。卻與隙同。」

〔六〕師古曰：「索，盡也，音先各反。」
〔七〕師古曰：「閼，閉也。」
〔八〕師古曰：「誣，謗也。」
〔九〕李奇曰：「過度不治罪。」
〔一〇〕師古曰：「墮，毀也，音火規反。」
〔一一〕師古曰：「杜，塞也。不通水火，謂雖鄰伍亦不往來也。」
〔一二〕師古曰：「具言恐懼改節之狀也。」
〔一三〕師古曰：「睚音涯。眥音才賜反。睚又音五懈反。眥又音仕懈反。已解於前也。」
〔一四〕師古曰：「言自顧念受郡將之命，分當相值遇也。分音胡問反。直讀曰值也。」
〔一五〕師古曰：「更，改也。趣讀曰促。」

哀帝卽位，徵寶爲諫大夫，遷司隸。初，傅太后與中山孝王母馮太后俱事元帝，有郤，〔一〕傅太后使有司考馮太后，令自殺，衆庶冤之。寶奏請覆治，傅太后大怒，曰：「帝置司隸，主使察我。馮氏反事明白，故欲擿觖以揚我惡。〔二〕我當坐之。」上乃順指下寶獄。尚書僕射唐林爭之，上以林朋黨比周，〔三〕左遷敦煌魚澤障候。大司馬傅喜、光祿大夫龔勝固爭，上爲言太后，出寶復官。

〔一〕師古曰：「以當熊事，慙而嫉之。」

〔二〕師古曰：「擿抉謂挑發之也。擿音它歷反。抉音決。挑音它聊反。」
〔三〕師古曰：「比音頻寐反。」

頃之，鄭崇下獄，寶上書曰：「臣聞疏不圖親，外不慮內。〔一〕臣幸得銜命奉使，職在刺舉，不敢避貴幸之勢，以塞視聽之明。按尚書令昌奏僕射崇，下獄覆治，榜掠將死，卒無一辭，〔二〕道路稱冤。疑昌與崇內有纖介，〔三〕浸潤相陷，自禁門內樞機近臣，蒙受冤譖，〔四〕虧損國家，爲謗不小。臣請治昌，以解衆心。」書奏，天子不說，〔五〕以寶名臣不忍誅，乃制詔丞相大司空：「司隸寶奏故尚書僕射崇冤，請獄治尚書令昌。案崇近臣，罪惡暴著，而寶懷邪，附下罔上，以春月作詆欺，遂其姦心，蓋國之賊也。傳不云乎？『惡利口之覆國家。』〔六〕其免寶爲庶人。」

〔一〕師古曰：「圖，謀也。慮，思也。」
〔二〕師古曰：「榜掠，謂笞擊而考問之也。榜音彭。」
〔三〕師古曰：「言有細故宿嫌也。」
〔四〕師古曰：「蒙，被也。」
〔五〕師古曰：「說讀曰悅。」
〔六〕師古曰：「論語稱孔子之言。」

哀帝崩，王莽白王太后徵寶以爲光祿大夫，與王舜等俱迎中山王。平帝立，寶爲大司農。會越巂郡上黃龍游江中，太師孔光、大司徒馬宮等咸稱莽功德比周公，宜告祠宗廟。寶曰：「周公上聖，召公大賢。尚猶有不相說，著於經典，兩不相損。〔一〕今風雨未時，百姓不足，每有一事，羣臣同聲，〔二〕得無非其美者。」〔三〕時大臣皆失色，侍中奉車都尉甄邯即時承制罷議者。會寶遣吏迎母，母道病，留弟家，獨遣妻子。司直陳崇以奏寶，事下三公即訊。〔四〕寶對曰：「年七十誖眊，恩衰共養，營妻子，如章。」〔五〕寶坐免，終於家。建武中，錄舊德臣，以寶孫伉爲諸長。〔六〕

〔一〕師古曰：「周書君奭之序曰『召公爲保，周公爲師，相成王爲左右，召公不說，周公作君奭』是也。兩不相損者，言俱有令名也。召讀曰邵。說讀曰悅。」

〔二〕師古曰：「言雷同阿附，妄說福祥。」

〔三〕師古曰：「言此非朝廷美事也。」

〔四〕師古曰：「就問之也。」

〔五〕師古曰：「誖，惑也。眊與耄同。自言老耄，心志亂惑，供養之恩衰，具如所奏之章也。誖音布內反。共讀曰供，音居用反。」

〔六〕師古曰：「伉音抗。諸，琅邪之縣也。」

毋將隆字君房，東海蘭陵人也。大司馬車騎將軍王音內領尚書，外典兵馬，踵故選置從事中郎，〔一〕與參謀議，奏請隆爲從事中郎，遷諫大夫。成帝末，隆奏封事言：「古者選諸侯入爲公卿，以褒功德，宜徵定陶王使在國邸，以填萬方。」〔二〕其後上竟立定陶王爲太子，隆遷冀州牧、潁川太守。哀帝卽位，以高第入爲京兆尹，遷執金吾。

〔一〕師古曰：「踵猶躡也，言承躡故事也。」

〔二〕師古曰：「填音竹刃反。」

時侍中董賢方貴，上使中黃門發武庫兵，前後十輩，送董賢及上乳母王阿舍。隆奏言：「武庫兵器，天下公用，國家武備，繕治造作，皆度大司農錢。〔一〕大司農錢自乘輿不以給共養，〔二〕共養勞賜，壹出少府。蓋不以本臧給末用，不以民力共浮費，〔三〕別公私，示正路也。古者諸侯方伯得顓征伐，乃賜斧鉞。〔四〕漢家邊吏，職在距寇，亦賜武庫兵，皆任其事然後蒙之。春秋之誼，家不臧甲，所以抑臣威，損私力也。今賢等便僻弄臣，私恩微妾，而以天下公用給其私門，契國威器共其家備。〔五〕民力分於弄臣，武兵設於微妾，建立非宜，以廣驕僭，非所以示四方也。孔子曰：『奚取於三家之堂！』〔六〕臣請收還武庫。」上不說。〔七〕

〔一〕蘇林曰：「用度皆出大司農。」

〔二〕師古曰：「共音居用反。養音弋向反。」

〔三〕師古曰：「共讀曰供。」

〔四〕師古曰：「顓與專同也。」

〔五〕李奇曰：「契，缺也。」晉灼曰：「契，取也。」師古曰：「李說是也。共讀曰供。」

〔六〕師古曰：「三家，謂魯大夫叔孫、仲孫、季孫也。論語云：『三家者，以雍徹。孔子曰：「相維辟公，天子穆穆，奚取於三家之堂！」』言三家以雍徹食，此乃天子之禮耳，何爲在三家之堂也！」

〔七〕師古曰：「說讀曰悅。」

頃之，傅太后使謁者買諸官婢，賤取之，復取執金吾官婢八人。隆奏言賈賤，請更平直。〔一〕上於是制詔丞相、御史大夫：「交讓之禮興，則虞芮之訟息。〔二〕隆位九卿，既無以匡朝廷之不逮，而反奏請與永信宮爭貴賤之賈，程奏顯言，〔三〕衆莫不聞。舉錯不由誼理，〔四〕爭求之名自此始，無以示百僚，傷化失俗。」以隆前有安國之言，〔五〕左遷爲沛郡都尉，遷南郡太守。

〔一〕師古曰：「賈讀曰價。其下亦同。」

〔二〕師古曰：「虞、芮，二國名。文王爲西伯，爲斷其訟，二國各慙而止也。」

〔三〕蘇林曰：「露奏也。」

〔四〕師古曰：「錯音千故反。」

〔五〕如淳曰：「徵定陶王使在國邸也。」

王莽少時，慕與隆交，隆不甚附。哀帝崩，莽秉政，使大司徒孔光奏隆前爲冀州牧治中山馮太后獄冤陷無辜，不宜處位在中土。本中謁者令史立、侍御史丁玄自典考之，但與隆連名奏事。史立時爲中太僕，丁玄泰山太守，及尚書令趙昌譖鄭崇者爲河內太守，皆免官，徙合浦。

何並字子廉，祖父以吏二千石自平輿徙平陵。〔一〕並爲郡吏，至大司空掾，事何武。武高其志節，舉能治劇，爲長陵令，道不拾遺。

〔一〕師古曰：「平（陵）〔輿〕，汝南之縣也。」

初，邛成太后外家王氏貴，〔一〕而侍中王林卿通輕俠，傾京師。後坐法免，賓客愈盛，歸長陵上冢，因留飲連日。並恐其犯法，自造門上謁，〔二〕謂林卿曰：「冢間單外，君宜以時歸。」〔三〕林卿曰：「諾。」先是林卿殺婢壻埋冢舍，〔四〕並具知之，以非己時，又見其新免，故不發舉，欲無令留界中而已，即且遣吏奉謁傳送。林卿素驕，慙於賓客，並度其爲變，儲兵馬以待之。〔五〕林卿既去，北度涇橋，令騎奴還至寺門，拔刀剝其建鼓。〔六〕並自從吏兵追林卿。行數十里，林卿迫窘，乃令奴冠其冠被其襜褕自代，乘車從童騎，〔七〕身變服從間徑馳去。會日暮追及，收縛冠奴，奴曰：「我非侍中，奴耳。」並心自知已失林卿，乃曰：「王君困，自稱奴，得脫死邪？」叱吏斷頭持還，縣所剝鼓置都亭下，署曰：「故侍中王林卿坐殺人埋冢舍，使奴剝寺門鼓。」〔八〕吏民驚駭。林卿因亡命，衆庶讙譁，以爲實死。〔九〕成帝太后以邛成太后愛林卿故，聞之涕泣，爲言哀帝。哀帝問狀而善之，遷並隴西太守。

〔一〕應劭曰：「宣帝王皇后父奉光封邛成侯，成帝母亦姓王，故以父爵別之也。」

〔二〕師古曰：「造，至也，音千到反。」

〔三〕師古曰：「單外，言在郊郭之外而單露。」

〔四〕師古曰：「婢壻，外人與其婢姦者也。冢舍，守冢之舍也。」

〔五〕師古曰：「儲，豫備也。度音徒各反。」

〔六〕師古曰：「諸官曹之所通呼爲寺。建鼓一名植鼓。建，立也。謂植木而旁懸鼓焉。縣有此鼓者，所以召集號令，爲開閉之時。」

〔七〕師古曰：「襜褕，曲裾襌衣也。童騎，童奴之騎也。」

〔八〕師古曰：「署謂書表其事也。」

〔九〕師古曰：「讙譁，衆議也。讙音許元反。」

徙潁川太守，代陵陽嚴詡。詡本以孝行爲官，謂掾史爲師友，有過輒閉閤自責，終不大言。郡中亂，王莽遣使徵詡，官屬數百人爲設祖道，詡據地哭。掾史曰：「明府吉徵，不宜若此。」詡曰：「吾哀潁川士，身豈有憂哉！我以柔弱徵，必選剛猛代。代到，將有僵仆者，故相弔耳。」〔一〕詡至，拜爲美俗使者。〔二〕是時潁川鍾元爲尚書令，領廷尉，用事有權。弟威爲郡掾，臧千金。〔三〕並爲太守，（故）〔過〕辭鍾廷尉，廷尉免冠爲弟請一等之罪，〔四〕願蚤就髡鉗。並曰：「罪在弟身與君律，不在於太守。」元懼，馳遣人呼弟。陽翟輕俠趙季、李款多畜賓客，以氣力漁食閭里，〔五〕至姦人婦女，持吏長短，從橫郡中，〔六〕聞並且至，皆亡去。並下車求勇猛曉文法吏且十人，使文吏治三人獄，武吏往捕之，各有所部。敕曰：「三人非負太守，乃負王法，不得不治。鍾威所犯多在赦前，驅使入函谷關，勿令汙民間；不入關，乃收之。趙、李桀惡，雖遠去，當得其頭，以謝百姓。」鍾威負其兄，止雒陽，〔七〕吏格殺之。亦得趙、李它郡，持頭還，並皆縣頭及其具獄於市。郡中清靜，表善好士，〔八〕見紀潁川，名次黃霸。性清廉，妻子不至官舍。數年，卒。疾病，召丞掾作先令書，〔九〕曰：「告子恢，吾生素餐日久，死雖當得法賻，勿受。〔一〇〕葬爲小椁，亶容下棺。」〔一一〕恢如父言。王莽擢恢爲關都尉。建武中以並孫爲郎。

〔一〕師古曰：「僵，偃也。仆，頓也。僵音薑。仆音赴。」
〔二〕文穎曰：「宣美風化使者。」
〔三〕師古曰：「臧謂致罪之臧也。」
〔四〕如淳曰：「減死罪一等。」
〔五〕師古曰：「漁者，謂侵奪取之，若漁獵之爲也。」

〔六〕師古曰：「從音子用反。橫音胡孟反。」

〔七〕師古曰：「負謂恃其權力也。」

〔八〕師古曰：「好音呼到反。」

〔九〕師古曰：「先爲遺令也。」

〔10〕如淳曰：「公令，吏死官，得法賻。」師古曰：「贈終者布帛曰賻，音附。」

〔11〕張晏曰：「禮三重棺。趙簡子曰『不設屬辟，下卿之罰也。』或曰但下棺，無餘器物也。」師古曰：「言止作小槨，纔容下棺而已，無令高大也。亶讀曰但。」

贊曰：蓋寬饒爲司臣，正色立於朝，雖詩所謂「國之司直」無以加也。〔一〕若采王生之言以終其身，斯近古之賢臣矣。諸葛、劉、鄭雖云狂瞽，有異志焉。孔子曰：「吾未見剛者。」〔二〕以數子之名迹，然毋將汙於冀州，〔三〕孫寶橈於定陵，〔四〕況俗人乎！何並之節，亞尹翁歸云。

〔一〕師古曰：「詩鄭風羔裘之篇曰『彼己之子，邦之司直』，言其德美，可主正直之任也。」

〔二〕師古曰：「論語稱孔子之言也。言有剛德者爲難也。」

〔三〕孟康曰：「汙，下也。」師古曰：「毋將隆爲冀州牧，與史立、丁元共奏馮太后事，是爲汙曲也。汙音一胡反。」

〔四〕師古曰：「橈亦曲也。謂受淳于長託而不治杜稺季也。橈音女教反。」

校勘記

三二四八頁四行 言以（行）〔刑〕法成教化也。景祐、殿本都作「刑」。王先謙說作「刑」是。

三二四九頁六行 常恐卒塡溝渠，（德）無以報厚〔德〕，景祐、殿本都作「無以報厚德」。

三二五一頁一三行 河間宗室〔人〕也，景祐、殿本都有「人」字。

三二五六頁五行 蚤，古（旱）〔早〕字也。景祐、殿、局本都作「早」，此誤。

三二五八頁一三行 （也）〔由〕商不任職，致有賊盜，景祐、殿本都作「由」。

三二六六頁六行 平（陵）輿，汝南之縣也。周壽昌說「平陵」當作「平輿」。按景祐本正作「平輿」。

三二六八頁一行 並爲太守，（故）〔過〕辭鍾廷尉，景祐、殿本都作「過」。王先謙說作「過」是。

漢書卷七十八

蕭望之傳第四十八

蕭望之字長倩，東海蘭陵人也，〔一〕徙杜陵。家世以田爲業，至望之，好學，治齊詩，事同縣后倉且十年。以令詣太常受業，〔二〕復事同學博士白奇，〔三〕又從夏侯勝問論語、禮服。〔四〕京師諸儒稱述焉。

〔一〕師古曰：「近代譜諜妄相託附，乃云望之蕭何之後，追次昭穆，流俗學者共祖述焉。但酇侯漢室宗臣，功高位重，子孫胤緒具詳表、傳。長倩鉅儒達學，名節並隆，博覽古今，能言其祖。市朝未變，年載非遙，長老所傳，耳目相接，若其實承何後，史傳寧得弗詳？漢書既不敍論，後人焉所取信？不然之事，斷可識矣。」

〔二〕如淳曰：「令郡國官有好文學敬長肅政教者，二千石奏上，與計偕，詣太常受業如弟子也。」

〔三〕師古曰：「常同於后倉受業，而奇後爲博士。」

〔四〕師古曰：「禮之喪服也。」

是時大將軍霍光秉政，長史丙吉薦儒生王仲翁與望之等數人，皆召見。先是左將軍上官桀與蓋主謀殺光，光既誅桀等，後出入自備。吏民當見者，露索去刀兵，兩吏挾持。〔一〕望之獨不肯聽，自引出閤曰：「不願見。」吏牽持匈匈。光聞之，告吏勿持。望之既至前，說光曰：「將軍以功德輔幼主，將以流大化，致於洽平，〔二〕是以天下之士延頸企踵，爭願自(効)〔效〕，以輔高明。今士見者皆先露索挾持，恐非周公相成王躬吐握之禮，致白屋之意。」〔三〕於是光獨不除用望之，而仲翁等皆補大將軍史。三歲間，仲翁至光祿大夫給事中，望之以射策甲科爲郎，〔四〕署小苑東門候。〔五〕仲翁出入從倉頭廬兒，〔六〕下車趨門，傳呼甚寵，〔七〕顧謂望之曰：「不肯錄錄，反抱關爲。」〔八〕望之曰：「各從其志。」

〔一〕師古曰：「索，搜也，露形體而搜也。索音山客反。」

〔二〕師古曰：「令太平之化通洽四方也。」

〔三〕師古曰：「周公攝政，一沐三握髮，一飯三吐餔，以接天下之士。白屋，謂白蓋之屋以茅覆之，賤人所居。蓋音合。」

〔四〕師古曰：「射策者，謂爲難問疑義書之於策，量其大小署爲甲乙之科，列而置之，不使彰顯。有欲射者，隨其所取得而釋之，以知優劣。射之，言投射也。對策者，顯問以政事經義，令各對之，而觀其(人)〔文〕辭定高下也。」

〔五〕師古曰：「署，補署也。門候，主候時而開閉也。」

〔六〕師古曰：「皆官府之給賤役者也，解在貢禹傳。」

〔七〕師古曰：「趨讀曰趣。趣，嚮也。下車而嚮門，傳聲而呼侍從者，甚有尊寵也。」

〔八〕師古曰：「錄錄謂循常也。言望之不能隨例搜索，以(爲)〔違〕牾執政，不得大官而守門也。」

後數年，坐弟犯法，不得宿衞，免歸爲郡吏。及御史大夫魏相除望之爲屬，察廉爲大行治禮丞。

時大將軍光薨，子禹復爲大司馬，兄子山領尚書，〔一〕親屬皆宿衞內侍。地節三年夏，京師雨雹，望之因是上疏，願賜清閒之宴，口陳災異之意。〔二〕宣帝自在民間聞望之名，曰：「此東海蕭生邪？下少府宋畸問狀，〔三〕無有所諱。」望之對，以爲「春秋昭公三年大雨雹，是時季氏專權，卒逐昭公。鄉使魯君察於天變，宜亡此害。〔四〕今陛下以聖德居位，思政求賢，堯舜之用心也。然而善祥未臻，陰陽不和，是大臣任政，一姓擅勢之所致也。附枝大者賊本心，私家盛者公室危。〔五〕唯明主躬萬機，選同姓，舉賢材，以爲腹心，與參政謀，令公卿大臣朝見奏事，明陳其職，以考功能。如是，則庶事理，公道立，姦邪塞，私權廢矣。」對奏，天子拜望之爲謁者。時上初即位，思進賢良，多上書言便宜，輒下望之問狀，高者請丞相御史，〔六〕次者中二千石試事，滿歲以狀聞，〔七〕下者報聞，或罷歸田里，所白處奏皆可。〔八〕累遷諫大夫，丞相司直，歲中三遷，官至二千石。其後霍氏竟謀反誅，望之寖益任用。〔九〕

〔一〕師古曰：「霍山，去病之孫。今云兄子者，轉寫誤爾。」

〔二〕師古曰：「閒讀曰閑。」

〔三〕師古曰：「畸音居宜反。」

〔四〕師古曰：「鄉讀曰嚮。亡讀曰無。」

〔五〕師古曰：「本心，樹之本株也。」

〔六〕師古曰：「望之以其人所言之狀請於丞相御史，或以奏聞，即見超擢。」

〔七〕師古曰：「試令行其所言之事，或以諸它職事試之。」

〔八〕師古曰：「當主上之意也。」

〔九〕師古曰：「寖，漸也。」

是時選博士諫大夫通政事者補郡國守相，以望之爲平原太守。望之雅意在本朝，遠爲郡守，內不自得，乃上疏曰：「陛下哀愍百姓，恐德化之不究，〔一〕悉出諫官以補郡吏，所謂憂其末而忘其本者也。朝無爭臣則不知過，國無達士則不聞善。〔二〕願陛下選明經術，溫故知新，通於幾微謀慮之士以爲內臣，與參政事。諸侯聞之，則知國家納諫憂政，亡有闕遺。若此不怠，成康之道其庶幾乎！〔三〕外郡不治，豈足憂哉？」書聞，徵入守少府。宣帝察望之經明持重，論議有餘，材任宰相，〔四〕欲詳試其政事，復以爲左馮翊。望之從少府出爲左遷，恐有不合意，即移病。〔五〕上聞之，使侍中成都侯金安上諭意曰：「所用皆更治民以考功。〔六〕君前爲平原太守日淺，故復試之於三輔，非有所聞也。」〔七〕望之即視事。

〔一〕師古曰：「究，竟也，謂周徧於天下。」

〔二〕師古曰：「達士謂達於政事也。」
〔三〕師古曰：「周成康二王致太平也。」
〔四〕師古曰：「任，堪也。」
〔五〕師古曰：「移病謂移書言病。一曰以病而移居。」
〔六〕師古曰：「更猶經歷也，音工衡反。」
〔七〕師古曰：「所聞謂聞其短失。」

是歲西羌反，漢遣後將軍征之。京兆尹張敞上書言：「國兵在外，軍以夏發，隴西以北，安定以西，吏民並給轉輸，田事頗廢，素無餘積，雖羌虜以破，來春民食必乏。窮辟之處，買亡所得，〔一〕縣官穀度不足以振之。〔二〕願令諸有辠，非盜受財殺人及犯法不得赦者，皆得以差入穀此八郡贖罪。〔三〕務益致穀以豫備百姓之急。」事下有司，望之與少府李彊議，以爲「民函陰陽之氣，有（仁）〔好〕義欲利之心，〔四〕在教化之所助。堯在上，不能去民欲利之心，而能令其欲利不勝其好義也；雖桀在上，不能去民好義之心，而能令其好義不勝其欲利也。故堯、桀之分，在於義利而已，道民不可不慎也。〔五〕今欲令民量粟以贖罪，如此則富者得生，貧者獨死，是貧富異刑而法不壹也。人情，貧窮，父兄囚執，聞出財得以生活，爲人子弟者將不顧死亡之患，敗亂之行，以赴財利，求救親戚。一人得生，十人以喪，如此，伯夷之行壞，公綽之名滅。〔六〕政教壹傾，雖有周召之佐，恐不能復。〔七〕古者臧於民，不足則取，有餘則予。詩曰「爰及矜人，哀此鰥寡」，〔八〕上惠下也。又曰「雨我公田，遂及我私」，〔九〕下急上也。今有西邊之役，民失作業，雖戶賦口斂以贍其困乏，〔一〇〕古之通義，百姓莫以爲非。以死救生，恐未可也。〔一一〕陛下布德施教，教化旣成，堯舜亡以加也。今議開利路以傷旣成之化，臣竊痛之。」

〔一〕師古曰：「辟讀曰僻也。」
〔二〕師古曰：「度音徒各反。」
〔三〕師古曰：「差，次也。八郡，卽隴西以北，安定以西。」
〔四〕師古曰：「函與含同也。」
〔五〕師古曰：「道讀曰導。」
〔六〕師古曰：「公綽，魯大夫孟公綽也。論語稱孔子曰：『若臧武仲之智，公綽之不欲，卞莊子之勇，冉求之藝，文之以禮樂，可以爲成人矣。』」
〔七〕師古曰：「召讀曰邵。復音扶目反。」
〔八〕師古曰：「小雅鴻雁之詩也。矜人，可哀矜之人，謂貧弱者也。言王者惠澤下及哀矜之人以至鰥寡。」
〔九〕師古曰：「小雅大田之詩也。言衆庶喜於時雨，先潤公田，又及私田，是則其心先公後私。雨音于具反。」
〔一〇〕師古曰：「率戶而賦，計口而斂也。」

〔三〕師古曰：「子弟竭死以救父兄，令其生也。」

於是天子復下其議兩府，丞相、御史以難問張敞。敞曰：「少府左馮翊所言，常人之所守耳。昔先帝征四夷，兵行三十餘年，百姓猶不加賦，而軍用給。今羌虜一隅小夷，跳梁於山谷間，漢但令辠人出財減辠以誅之，其名賢於煩擾良民橫興賦斂也。〔一〕又諸盜及殺人犯不道者，百姓所疾苦也，皆不得贖；首匿、見知縱、所不當得為之屬，議者或頗言其法可蠲除，〔二〕今因此令贖，其便明甚，何化之所亂？甫刑之罰，小過赦，薄罪贖，〔三〕有金選之品，〔四〕所從來久矣，何賊之所生？敞備皁衣二十餘年，〔五〕嘗聞罪人贖矣，未聞盜賊起也。竊憐涼州被寇，方秋饒時，民尚有飢乏，病死於道路，況至來春將大困乎！不早慮所以振救之策，而引常經以難，恐後為重責。常人可與守經，未可與權也。敞幸得備列卿，以輔兩府為職，不敢不盡愚。」

〔一〕師古曰：「橫音胡孟反。」

〔二〕師古曰：「以其罪輕而法重，故常欲除此科條。」

〔三〕師古曰：「呂侯為周穆王司寇，作贖刑之法，謂之呂刑。後改為甫侯，故又稱甫刑也。」

〔四〕應劭曰：「選音刷，金銖兩名也。」師古曰：「音刷是也。字本作鋝，鋝即鍰也，其重十一銖二十五分銖之十三，一曰重六兩。呂刑曰：『墨辟疑赦，其罰百鍰；劓辟疑赦，其罰惟倍；剕辟疑赦，其罰倍差；宮辟疑赦，其罰六百鍰；大辟疑赦，其罰千鍰。』是其品也。」

〔五〕如淳曰：「雖有五時服，至朝皆著皁衣。」

望之、彊復對曰：「先帝聖德，賢良在位，作憲垂法，爲無窮之規，永惟邊竟之不贍，〔一〕故金布令甲曰〔二〕『邊郡數被兵，離飢寒，〔三〕夭絕天年，父子相失，令天下共給其費』，〔四〕固爲軍旅卒暴之事也。〔五〕聞天漢四年，常使死罪人入五十萬錢減死罪一等，豪彊吏民請奪假貣，〔六〕至爲盜賊以贖罪。其後姦邪横暴，羣盜並起，〔七〕至攻城邑，殺郡守，充滿山谷，吏不能禁，明詔遣繡衣使者以興兵擊之，〔八〕誅者過半，然後衰止。愚以爲此使死罪贖之敗也，故曰不便。」時丞相魏相、御史大夫丙吉亦以爲羌虜且破，轉輸略足相給，遂不施敞議。望之爲左馮翊三年，京師稱之，遷大鴻臚。

〔一〕師古曰：「惟，思也。竟讀曰境。其下亦同。」
〔二〕師古曰：「金布者，令篇名也。其上有府庫金錢布帛之事，因以名篇。令甲者，其篇甲乙之次。」
〔三〕師古曰：「離，遭也。」
〔四〕師古曰：「同共給之也。自此以上，令甲之文。」
〔五〕師古曰：「卒讀曰猝。言此令文專爲軍旅猝暴而施設。」
〔六〕師古曰：「貣音土得反。」
〔七〕師古曰：「横音胡孟反。」
〔八〕師古曰：「軍興之法也。」

先是烏孫昆彌翁歸靡因長羅侯常惠上書，〔一〕願以漢外孫元貴靡爲嗣，得復尚少主，〔二〕結婚內附，畔去匈奴。詔下公卿議，望之以爲烏孫絕域，信其美言，萬里結婚，非長策也。天子不聽。神爵二年，遣長羅侯惠使送公主配元貴靡。未出塞，翁歸靡死，其兄子狂王背約自立。惠從塞下上書，願留少主敦煌郡。惠至烏孫，責以負約，因立元貴靡，還迎少主。詔下公卿議，望之復以爲「不可。烏孫持兩端，亡堅約，其效可見。前少主在烏孫四十餘年，恩愛不親密，邊境未以安，此已事之驗也。今少主以元貴靡不得立而還，信無負於四夷，此中國之大福也。少主不止，繇役將興，其原起此。」天子從其議，徵少主還。後烏孫雖分國兩立，以元貴靡爲大昆彌，漢遂不復與結婚。

〔一〕師古曰：「昆彌，烏孫之王號也。翁歸靡，其人名也。」

〔二〕蘇林曰：「宗室女也。」

三年，代丙吉爲御史大夫。五鳳中匈奴大亂，議者多曰匈奴爲害日久，可因其壞亂舉兵滅之。詔遣中朝大司馬車騎將軍韓增、諸吏富平侯張延壽、光祿勳楊惲、太僕戴長樂問望之計策，望之對曰：「春秋晉士匄帥師侵齊，聞齊侯卒，引師而還，君子大其不伐喪，〔一〕以爲恩足以服孝子，誼足以動諸侯。前單于慕化鄉善稱弟，〔二〕遣使請求和親，海內欣然，夷狄莫不聞。未終奉約，不幸爲賊臣所殺，今而伐之，是乘亂而幸災也，彼必奔走遠遁。不以義動兵，恐勞而無功。宜遣使者弔問，輔其微弱，救其災患，四夷聞之，咸貴中國之仁義。如遂蒙恩得復其位，必稱臣服從，此德之盛也。」上從其議，後竟遣兵護輔呼韓邪單于定其國。

〔一〕師古曰：「士匄，晉大夫范宣子也。春秋公羊傳襄十九年，齊侯環卒，『晉士匄帥師侵齊，至穀，聞齊侯卒，乃還。還者何？善辭也，大其不伐喪也。』」

〔二〕蘇林曰：「弟，順也。」師古曰：「鄉讀曰嚮。弟音悌。」

是時大司農中丞耿壽昌奏設常平倉，上善之，望之非壽昌。〔一〕丞相丙吉年老，上重焉，望之又奏言：「百姓或乏困，盜賊未止，二千石多材下不任職。三公非其人，則三光爲之不明，今首歲日月少光，〔二〕咎在臣等。」上以望之意輕丞相，〔三〕乃下侍中建章衞尉金安上、光祿勳楊惲、御史中丞王忠，并詰問望之。〔四〕望之免冠置對，天子繇是不說。〔五〕

〔一〕師古曰：「此望之不知權道。」

〔二〕師古曰：「首歲，歲之初。首謂正月也。」

〔三〕師古曰：「言三公非其人，又云咎在臣等，是其意毀丞相。」

〔四〕師古曰：「三人同共問之。」

〔五〕師古曰：「繇讀與由同。說讀曰悅。」

後丞相司直緐延壽〔一〕奏：「侍中謁者良使（丞）〔承〕制詔望之，望之再拜已。良與望之言，望之不起，因故下手，〔二〕而謂御史曰『良禮不備』。故事丞相病，明日御史大夫輒問病；

朝奏事會庭中，差居丞相後，丞相謝，大夫少進，揖。今丞相數病，望之不問病；會庭中，與丞相鈞禮。〔三〕時議事不合意，望之曰：『侯年寧能父我邪！』〔四〕知御史有令不得擅使，望之多使守史自給車馬，之杜陵護視家事。〔五〕少史冠法冠，爲妻先引，〔六〕又使賣買，私所附益凡十萬三千。〔七〕案望之大臣，通經術，居九卿之右，〔八〕本朝所仰，至不奉法自修，踞慢不遜攘，〔九〕受所監臧二百五十以上，〔一〇〕請逮捕繫治。」上於是策望之曰：「有司奏君責使者禮，遇丞相亡禮，廉聲不聞，敖慢不遜，〔一一〕亡以扶政，帥先百僚。君不深思，陷于茲穢，朕不忍致君于理，使光祿勳惲策詔，左遷君爲太子太傅，授印。其上故印使者，〔一二〕便道之官。君其秉道明孝，正直是與，帥意亡諐，靡有後言。」〔一三〕

〔一〕師古曰：「鏺音婆。」
〔二〕蘇林曰：「伏地而言也。」
〔三〕師古曰：「不爲前後之差也。」
〔四〕服虔曰：「寧能與吾父同年邪？」
〔五〕如淳曰：「漢儀注御史大夫史（旨）〔員〕四十五人，皆六百石，其十五人給事殿中，其餘三十人留守治百事，皆冠法冠。」
師古曰：「自給車馬者，令其自乘私車馬也。」
〔六〕蘇林曰：「少史，曹史之下者也。」文穎曰：「先引謂導車前。」

〔七〕師古曰：「使其史爲望之家有所賣買，而史以其私錢增益之，用潤望之也。」
〔八〕師古曰：「右，上也。」
〔九〕師古曰：「攘，古讓字。」
〔10〕師古曰：「二百五十以上者，當時律令坐罪之次，若今律條言一尺以上、一疋以上矣。」
〔11〕師古曰：「敖讀曰傲。」
〔12〕師古曰：「使者卽謂楊惲也。命惲授太傅印，而望之以大夫印上於惲。」
〔13〕師古曰：「讋，古愆字。後言謂自申理。」

望之旣左遷，而黃霸代爲御史大夫。數月間，丙吉薨，霸爲丞相。霸薨，于定國復代焉。望之遂見廢，不得相。爲太傅，以論語、禮服授皇太子。

初，匈奴呼韓邪單于來朝，詔公卿議其儀，丞相霸、御史大夫定國議曰：「聖王之制，施德行禮，先京師而後諸夏，先諸夏而後夷狄。詩云：『率禮不越，遂視旣發；相土烈烈，海外有截。』〔一〕陛下聖德充塞天地，〔二〕光被四表，〔三〕匈奴單于鄉風慕化，奉珍朝賀，〔四〕自古未之有也。其禮儀宜如諸侯王，位次在下。」望之以爲「單于非正朔所加，故稱敵國，宜待以不臣之禮，位在諸侯王上。外夷稽首稱藩，中國讓而不臣，此則羈縻之誼，謙亨之福也。〔五〕書曰『戎狄荒服』，〔六〕言其來〔服〕，荒忽亡常。如使匈奴後嗣卒有鳥竄鼠伏，闕於朝享，不爲畔臣。〔七〕信讓行乎蠻貉，福祚流于亡窮，萬世之長策也。」天子采之，下詔曰：「蓋聞五帝三王教化所不施，不及以政。今匈奴單于稱北藩，朝正朔，朕之不逮，德不能弘覆。其以客禮待之，令單于位在諸侯王上，贊謁稱臣而不名。」

〔一〕師古曰：「商頌長發之詩也。率，循也。遂，徧也。既，盡也。發，行也。相土，契之孫也。烈烈，威也。截，齊也。言殷宗受命爲諸侯，能修禮度，無有所踰越也。徧省視之，致令盡行，而相土之威烈烈然盛，四海之外皆整齊。」

〔二〕師古曰：「充，實也。塞，滿也。」

〔三〕師古曰：「四表，四海之外。」

〔四〕師古曰：「鄉讀曰嚮。」

〔五〕師古曰：「易謙卦之辭曰『謙，亨，天道下濟而光明，地道卑而上行』，言謙之爲德，無所不通也。亨音火庚反。」

〔六〕師古曰：「逸書也。」

〔七〕師古曰：「卒，終也。本以客禮待之，若後不來，非叛臣。」

及宣帝寢疾，選大臣可屬者，〔一〕引外屬侍中樂陵侯史高、太子太傅望之、少傅周堪至禁中，拜高爲大司馬車騎將軍，望之爲前將軍光祿勳，堪爲光祿大夫，皆受遺詔輔政，領尙書事。宣帝崩，太子襲尊號，是爲孝元帝。望之、堪本以師傅見尊重，上卽位，數宴見，言治亂，陳王事。望之選白宗室明經達學散騎諫大夫劉更生給事中，與侍中金敞並拾遺左右。四人同心謀議，勸道上以古制，〔二〕多所欲匡正，上甚鄉納之。〔三〕

〔一〕師古曰：「屬音之欲反。」

〔二〕師古曰：「道讀曰導。」

〔三〕師古曰：「鄉讀曰嚮，意信嚮之而納用其言。」

初，宣帝不甚從儒術，任用法律，而中書宦官用事。中書令弘恭、石顯久典樞機，明習文法，亦與車騎將軍高爲表裏，論議常獨持故事，不從望之等。恭、顯又時傾仄見詘。〔一〕望之以爲中書政本，宜以賢明之選，自武帝游宴後庭，故用宦者，非國舊制，又違古不近刑人之義，〔二〕白欲更置士人，繇是大與高、恭、顯忤。〔三〕上初即位，謙讓重改作，〔四〕議久不定，出劉更生爲宗正。

〔一〕文穎曰：「恭、顯心不自安也。」師古曰：「文說非也。言其不能持正，故議論大事見詘於天子也。仄，古側字。」

〔二〕師古曰：「禮曰『刑人不在君側』也。」

〔三〕師古曰：「繇讀與由同。忤謂相違逆也。」

〔四〕師古曰：「重，難也。未欲更置士人於中書也。」

望之、堪數薦名儒茂材以備諫官。會稽鄭朋陰欲附望之，上疏言車騎將軍高遣客爲姦利郡國，及言許、史子弟罪過。章視周堪，〔一〕堪白令朋待詔金馬門。朋奏記望之曰：「將軍體周召之德，秉公綽之質，有卞莊之威。〔二〕至乎耳順之年，〔三〕履折衝之位，號至將軍，誠士之高致也。窟穴黎庶莫不懽喜，咸曰將軍其人也。〔四〕今將軍規橅云若管晏而休，遂行日仄至周召乃留乎？〔五〕若管晏而休，則下走將歸延陵之皋，〔六〕修農圃之疇，〔七〕畜雞種黍，竢見二子，沒齒而已矣。〔八〕如將軍昭然度行積思，塞邪枉之險蹊，宣中庸之常政，〔九〕興周召之遺業，親日仄之兼聽，則下走其庶幾願竭區區，底厲鋒鍔，〔一〇〕奉萬分之一。」望之見納朋，接待以意。〔一一〕朋數稱述望之，短車騎將軍，〔一二〕言許、史過失。

〔一〕師古曰：「視讀曰示。以朋所奏之章示堪也。」

〔二〕師古曰：「周謂周公旦。召謂召公奭。公綽，孟公綽也，廉正寡欲。卞莊子，魯卞邑大夫，蓋勇士也。召讀曰邵。」

〔三〕師古曰：「論語孔子曰『六十而耳順』。」

〔四〕師古曰：「國家委任，誠得其人也。」

〔五〕師古曰：「問望之立意當趣如管晏而止，爲欲恢廓其道，日昃不食，追周召之蹟然後已乎？橅讀曰模。其字從木。」

〔六〕應劭曰：「下走，僕也。」張晏曰：「吳公子札食邑延陵，薄吳王之行，棄國而耕於皋澤。朋云望之所爲若但如管晏，則不處漢朝，將歸會稽，尋延陵之軌，隱耕皋澤之中也。」師古曰：「下走者，自謙言趨走之役也。」

〔七〕師古曰：「美田曰疇。」

〔八〕師古曰：「論語云：『子路從而後，遇丈人以杖荷蓧，止子路宿，殺雞爲黍而食之，見其二子焉。明日子路行，以告。子曰：「隱者也。」使子路反見之，至則行矣。』朋之所云蓋謂此也。竢，古俟字也。俟，待（世）〔也〕。沒齒，終身也。蓧，草器也，音徒釣反。」

〔九〕師古曰：「度行，度越常檢而爲高行也。蹊，徑，謂道也，音奚。」

〔一〇〕師古曰：「鋒，刃端也。鍔，刃旁也，音五各反。」

〔一一〕師古曰：「與之相見，納用其說也。」

〔一二〕師古曰：「短謂毀其短惡也。」

後朋行傾邪，望之絕不與通。朋與大司農史李宮俱待詔，堪獨白宮爲黃門郎。朋，楚士，怨恨，〔一〕更求入許、史，推所言許、史事曰：「皆周堪、劉更生教我，我關東人，何以知此？」於是侍中許章白見朋。朋出揚言曰：「我見，言前將軍小過五，大罪一。中書令在旁，知我言狀。」望之聞之，以問弘恭、石顯。顯、恭恐望之自訟，下於它吏，即挾朋及待詔華龍。〔二〕龍者，宣帝時與張子蟜等待詔，〔三〕以行汙濊不進，〔四〕欲入堪等，堪等不納，故與朋相結。恭、顯令二人告望之等謀欲罷車騎將軍疏退許、史狀，候望之出休日，令朋、龍上之。事下弘恭問狀，望之對曰：「外戚在位多奢淫，欲以匡正國家，非爲邪也。」恭、顯奏「望之、堪、更生朋黨相稱舉，數譖訴大臣，毀離親戚，欲以專擅權勢，爲臣不忠，誣上不道，請謁者召致廷尉。」時上初即位，不省「謁者召致廷尉」爲下獄也，可其奏。後上召堪、更生，曰繫獄。上大驚曰：「非但廷尉問邪？」以責恭、顯，皆叩頭謝。上曰：「令出視事。」恭、顯因使高言：「上新即位，未以德化聞於天下，而先驗師傅，既下九卿大夫獄，宜因決免。」於是制詔丞相御史：「前將軍望之傅朕八年，亡它罪過，今事久遠，識忘難明。〔五〕其赦望之罪，收前將軍光祿勳印綬，及堪、更生皆免爲庶人。」而朋爲黃門郎。

〔一〕張晏曰：「朋，會稽人，會稽并屬楚。」蘇林曰：「楚人脃急也。」
〔二〕師古曰：「華音胡化反。」
〔三〕師古曰：「蟜音亘遙反，字或作僑。」
〔四〕師古曰：「濊與穢同。」
〔五〕師古曰：「言不能盡記，有遺忘者，故難明。」

後數月，制詔御史：「國之將興，尊師而重傅。故前將軍望之傅朕八年，道以經術，厥功茂焉。〔一〕其賜望之爵關內侯，食邑六百戶，給事中，朝朔望，坐次將軍。」天子方倚欲以爲丞相，〔二〕會望之子散騎中郎伋上書訟望之前事，〔三〕事下有司，復奏「望之前所坐明白，無譖訴者，〔四〕而教子上書，稱引亡辜之詩，失大臣體，不敬，請逮捕。」弘恭、石顯等知望之素高節，不詘辱，建白「望之〔五〕前爲將軍輔政，欲排退許、史，專權擅朝。幸得不坐，復賜爵邑，與聞政事，〔六〕不悔過服罪，深懷怨望，教子上書，歸非於上，〔七〕自以託師傅，懷終不坐。〔八〕非頗詘望之於牢獄，塞其怏怏心，則聖朝亡以施恩厚。」〔九〕上曰：「蕭太傅素剛，安肯就吏？」顯等曰：「人命至重，望之所坐，語言薄罪，必亡所憂。」上乃可其奏。

〔一〕師古曰：「道讀曰導。茂，美也。」
〔二〕師古曰：「倚音於綺反。」
〔三〕師古曰：「伋音級。」
〔四〕師古曰：「言望之自有罪，非人讒譖而訴之也。」
〔五〕師古曰：「建立此議而白之於天子。」
〔六〕師古曰：「與讀曰豫。」
〔七〕師古曰：「言歸惡於天子也。」
〔八〕師古曰：「言恃舊恩，自謂終無罪，坐懷此心。」
〔九〕服虔曰：「非，不也。」

顯等封以付謁者，敕令召望之手付，因令太常急發執金吾車騎馳圍其第。使者至，召望之。望之欲自殺，其夫人止之，以爲非天子意。望之以問門下生朱雲。雲者好節士，勸望之自裁。於是望之卬天歎曰：〔一〕「吾嘗備位將相，年踰六十矣，老入牢獄，苟求生活，不亦鄙乎！」字謂雲曰：「游，〔二〕趣和藥來，無久留我死！」〔三〕竟飲鴆自殺。天子聞之驚，拊手曰：「曩固疑其不就牢獄，果然殺吾賢傅！」是時太官方上晝食，上乃卻食，爲之涕泣，哀慟左右。〔四〕於是召顯等責問以議不詳。〔五〕皆免冠謝，良久然後已。

〔一〕師古曰：「卬讀曰仰。」

〔二〕師古曰：「朱雲字游，呼其字。」

〔三〕師古曰：「趣讀曰促。」

〔四〕師古曰：「慟，動也。」

〔五〕師古曰：「詳，審也。」

望之有罪死，有司請絕其爵邑。有詔加恩，長子伋嗣爲關內侯。天子追念望之不忘，每歲時遣使者祠祭望之冢，終元帝世。望之八子，至大官者育、咸、由。

育字次君，少以父任爲太子庶子。元帝卽位，爲郎，病免，後爲御史。大將軍王鳳以育名父子，著材能，除爲功曹，遷謁者，使匈奴副校尉。〔一〕後爲茂陵令，會課，育第六。〔二〕而漆令郭舜殿，見責問，〔三〕育爲之請，扶風怒曰：「君課第六，裁自脫，〔四〕何暇欲爲左右言？」〔五〕及罷出，傳召茂陵令詣後曹，〔六〕當以職事對。〔七〕育徑出曹，書佐隨牽育，育案佩刀曰：「蕭育杜陵男子，何詣曹也！」〔八〕遂趨出，欲去官。明旦，詔召入，拜爲司隸校尉。育過扶風府門，官屬掾史數百人拜謁車下。後坐失大將軍指免官。復爲中郎將使匈奴。歷冀州、青州兩郡刺史，長水校尉，泰山太守，入守大鴻臚。以鄠名賊梁子政阻山爲害，久不伏辜，〔九〕育爲右扶風數月，盡誅子政等。坐與定陵侯淳于長厚善免官。

〔一〕師古曰：「時令校尉爲使於匈奴而育爲之副使，故授副校尉也。」
〔二〕師古曰：「如今之考第高下。」
〔三〕師古曰：「殿，後也。言有所負，最居下也。殿音丁見反。」
〔四〕師古曰：「脫，免也，音吐活反。」
〔五〕師古曰：「左右者，言與同列在其左右，若今言旁人也。」
〔六〕如淳曰：「賊曹、決曹皆後曹。」
〔七〕師古曰：「忿其爲漆令言，故欲以職事責之。」
〔八〕師古曰：「自言欲免官而去，但是杜陵一白衣男子耳，何須召我詣曹乎？」
〔九〕師古曰：「名賊者，自顯其名，無所避匿，言其彊也。」

哀帝時，南郡江中多盜賊，拜育爲南郡太守。上以育耆舊名臣，乃以三公使車載育入殿中受策，〔一〕曰：「南郡盜賊羣輩爲害，朕甚憂之。以太守威信素著，故委南郡太守，之官，其於爲民除害，安元元而已，亡拘於小文。」加賜黃金二十斤。育至南郡，盜賊靜。病去官，起家復爲光祿大夫執金吾，以壽終於官。

〔一〕孟康曰：「使車，三公奉使之車，若安車也。」

育爲人嚴猛尚威，居官數免，稀遷。少與陳咸、朱博爲友，著聞當世。往者有王陽、貢公，故長安語曰「蕭、朱結綬，王、貢彈冠」，言其相薦達也。始育與陳咸俱以公卿子顯名，咸最先進，年十八爲左曹，二十餘御史中丞。時朱博尚爲杜陵亭長，爲咸、育所攀援，入王氏。〔一〕後遂並歷刺史郡守相，及爲九卿，而博先至將軍上卿，歷位多於咸、育，遂至丞相。育與博後有隙，不能終，故世以交爲難。

〔一〕師古曰：「援，引也，音爰。」

咸字仲，爲丞相史，舉茂材，好時令，遷淮陽、泗水內史，張掖、弘農、河東太守。所居有迹，數增秩賜金。後免官，復爲越騎校尉、護軍都尉、中郎將，使匈奴，至大司農，終官。

由字子驕，爲丞相西曹衞將軍掾，遷謁者，使匈奴副校尉。後舉賢良，爲定陶令，遷太原都尉，安定太守。治郡有聲，多稱薦者。初，哀帝爲定陶王時，由爲定陶令，失王指，頃之，制書免由爲庶人。哀帝崩，爲復土校尉、京輔左輔都尉，遷江夏太守。平江賊成重等有功，增秩爲陳留太守。元始中，作明堂辟雍，大朝諸侯，徵由爲大鴻臚，會病，不及賓贊，〔一〕還歸故官，病免。復爲中散大夫，終官。家至吏二千石者六七人。

〔一〕師古曰：「贊導九賓之事。」

贊曰：蕭望之歷位將相，籍師傅之恩，可謂親昵亡間。〔一〕及至謀泄隙開，讒邪構之，卒爲便嬖宦豎所圖，〔二〕哀哉！〔不然〕，望之堂堂，折而不橈，〔三〕身爲儒宗，有輔佐之能，近古社稷臣也。

〔一〕師古曰：「間，隙也。」
〔二〕師古曰：「圖，謀也。」
〔三〕師古曰：「橈，曲也，音女教反。」

校勘記

三二七二頁三行　爭願自(劾)〔効〕，景祐、殿本都作「効」，此誤。
三二七二頁一三行　而觀其(人)〔文〕辭定高下也。景祐、殿本都作「文」，此誤。
三二七三頁一行　言望之不能隨例搜索，以(爲)〔違〕悟執政，景祐、殿、局本都作「違」，此誤。
三二七五頁一一行　民函陰陽之氣，有(仁)〔好〕義欲利之心，殿本作「好」。王先謙說作「好」是。
三二八〇頁一五行　侍中謁者良使(丞)〔承〕制詔望之，景祐、殿本都作「承」。
三二八一頁一四行　(貟)〔員〕四十五人，景祐、殿本都作「員」，此誤。
三二八二頁一五行　言其來〔服〕，荒忽亡常。景祐、殿本都有「服」字。
三二八五頁一五行　俟，待(世)〔也〕。景祐、殿、局本都作「也」，此誤。
三二九二頁二行　〔不然〕，望之堂堂，景祐、殿本都有「不然」二字。

漢書卷七十九

馮奉世傳第四十九

馮奉世字子明，上黨潞人也，〔一〕徙杜陵。其先馮亭，爲韓上黨守。秦攻上黨，絕太行道，〔二〕韓不能守，馮亭乃入上黨城守於趙。〔三〕趙封馮亭爲華陽君，與趙將括距秦，〔四〕戰死於長平。宗族繇是分散，〔五〕或留潞，或在趙。在趙者爲官帥將，〔六〕官帥將子爲代相。及秦滅六國，而馮亭之後馮毋擇、馮去疾、馮劫皆爲秦將相焉。

〔一〕師古曰：「潞音路。」

〔二〕師古曰：「太行，山名，險道所經行也。行音胡郎反。」

〔三〕師古曰：「據守上黨城而以降趙。」

〔四〕師古曰：「括，趙括，趙奢之子也。」

〔五〕師古曰：「繇讀與由同。」

〔六〕師古曰：「帥音所類反，字或作師，其義兩通。」

漢興，文帝時馮唐顯名，即代相子也。至武帝末，奉世以良家子選爲郎。昭帝時，以功次補武安長。失官，年三十餘矣，乃學春秋涉大義，讀兵法明習，前將軍韓增奏以爲軍司空令。本始中，從軍擊匈奴。軍罷，復爲郎。

先是時，漢數出使西域，多辱命不稱，或貪汙，爲外國所苦。〔一〕是時烏孫大，有擊匈奴之功，而西域諸國新輯，〔二〕漢方善遇，欲以安之，選可使外國者。前將軍增舉奉世以衞候使持節送大宛諸國客。至伊脩城，〔三〕都尉宋將言莎車與旁國共攻殺漢所置莎車王萬年，〔四〕并殺漢使者奚充國。時匈奴又發兵攻車師城，不能下而去。莎車遣使揚言北道諸國已屬匈奴矣，於是攻劫南道，與歃盟畔漢，從鄯善以西皆絕不通。〔五〕都護鄭吉、校尉司馬意皆在北道諸國間。奉世與其副嚴昌計，以爲不亟擊之則莎車日彊，〔六〕其勢難制，必危西域。遂以節諭告諸國王，因發其兵，南北道合萬五千人進擊莎車，攻拔其城。莎車王自殺，傳其首詣長安。諸國悉平，威振西域。奉世乃罷兵以聞。宣帝召見韓增，曰：「賀將軍所舉得其人。」奉世遂西至大宛。大宛聞其斬莎車王，敬之異於它使。得其名馬象龍而還。〔七〕上甚說，〔八〕下議封奉世。〔九〕丞相、將軍皆曰：「春秋之義，大夫出疆，有可以安國家，則顓之可也。〔一〇〕奉世功效尤著，宜加爵土之賞。」少府蕭望之獨以奉世奉使有指，〔一一〕而擅矯制違命，發諸國兵，雖有功效，不可以爲後法。即封奉世，開後奉使者利，以奉世爲比，〔一二〕爭逐發兵，要功萬里之外，〔一三〕爲國家生事於夷狄。漸不可長，奉世不宜受封。上善望之議，以奉世爲光祿大夫、水衡都尉。

〔一〕師古曰：「苦謂困辱之。」
〔二〕師古曰：「輯與集同。集，和也。」
〔三〕師古曰：「伊脩城在鄯善國，漢於其中置屯田吏士也。」
〔四〕師古曰：「莎車，國名；萬年，其(名王)〔王名〕也。莎音素和反。」
〔五〕師古曰：「鄯音善。」
〔六〕師古曰：「亟，急也，音居力反。」
〔七〕師古曰：「言馬形似龍者。」
〔八〕師古曰：「說讀曰悅。」
〔九〕師古曰：「下其事令議之。」
〔一〇〕師古曰：「顓與專同。」
〔一一〕師古曰：「本爲送諸國客。」
〔一二〕師古曰：「比音必寐反。」
〔一三〕師古曰：「逐，競也。」

元帝即位，爲執金吾。上郡屬國歸義降胡萬餘人反去。初，昭帝末，西河屬國胡伊酋若王亦將衆數千人畔，〔一〕奉世輒持節將兵追擊。〔二〕右將軍典屬國常惠薨，奉世代爲右將軍與屬國，加諸吏之號。數歲，爲光祿勳。

〔一〕師古曰：「酋音才由反。」

〔二〕師古曰：「言西河、上郡羌胡反畔，子明再追擊之。」

永光二年秋，隴西羌彡姐旁種反，〔一〕詔召丞相韋玄成、御史大夫鄭弘、大司馬車騎將軍王接、左將軍許嘉、右將軍奉世入議。是（歲時）〔時，歲〕比不登，〔二〕京師穀石二百餘，〔三〕邊郡四百，關東五百。四方饑饉，朝廷方以爲憂，而遭羌變。玄成等漠然莫有對者。〔四〕奉世曰：「羌虜近在竟內背畔，〔五〕不以時誅，亡以威制遠蠻。臣願帥師討之。」上問用兵之數，對曰：「臣聞善用兵者，役不再興，糧不三載，故師不久暴而天誅亟決。〔六〕往者數不料敵，〔七〕而師至於折傷；再三發軵，〔八〕則曠日煩費，威武虧矣。今反虜無慮三萬人，〔九〕法當倍用六萬人。然羌戎弓矛之兵耳，器不犀利，〔一〇〕可用四萬人，一月足以決。」丞相、御史、兩將軍皆以爲民方收斂時，未可多發；萬人屯守之，且足。奉世曰：「不可。天下被饑饉，士馬羸秏，〔一一〕守戰之備久廢不簡，〔一二〕夷狄皆有輕邊吏之心，而羌首難。〔一三〕今以萬人分屯數處，虜見兵少，必不畏懼，戰則挫兵病師，守則百姓不救。如此，怯弱之形見，羌人乘利，諸種並和，〔一四〕相扇而起，臣恐中國之役不得止於四萬，非財幣所能解也。故少發師而曠日，〔一五〕與一舉而疾決，利害相萬也。」〔一六〕固爭之，不能得。有詔益二千人。

〔一〕師古曰：「彡音所廉反，又音先廉反。姐音紫。今西羌尙有此姓，而彡音先冉反。」
〔二〕師古曰：「比，(類)〔頻〕也。登，成也。」
〔三〕師古曰：「一石直二百餘錢也。下皆類此。」
〔四〕師古曰：「漠，無聲也，音莫。」
〔五〕師古曰：「竟讀曰境。」
〔六〕師古曰：「暴，露也。亟，急也，音居力反。」
〔七〕師古曰：「料，量也，音聊。」
〔八〕如淳曰：「軵，推也。淮南子曰『內郡軵車而餉』。音而隴反。」
〔九〕師古曰：「無慮，舉凡之言也，無小思慮而大計也。」
〔一〇〕如淳曰：「今俗刀兵利爲犀。」晉灼曰：「犀，堅也。」師古曰：「晉說是。」
〔一一〕師古曰：「秏，減也，音呼到反。」
〔一二〕師古曰：「簡謂選揀。」
〔一三〕師古曰：「言創首爲寇難也。」
〔一四〕師古曰：「和，應也，音胡臥反。」
〔一五〕師古曰：「曠，空也，空費其日而無功也。」
〔一六〕師古曰：「相比則爲萬倍也。」

於是遣奉世將萬二千人騎，以將屯爲名。〔一〕典屬國任立、護軍都尉韓昌爲偏裨，到隴西，分屯三處。典屬國爲右軍，屯白石；護軍都尉爲前軍，屯臨洮；奉世爲中軍，屯首陽西極上。〔二〕前軍到降同阪，〔三〕先遣校尉在前與羌爭地利，又別遣校尉救民於廣陽谷。羌虜盛多，皆爲所破，殺兩校尉。奉世具上地形部衆多少之計，願益三萬六千人乃足以決事。書奏，天子大爲發兵六萬餘人，拜太常弋陽侯任千秋爲奮武將軍以助焉。奉世上言：「願得其衆，不須(復)煩大將。」因陳轉輸之費。

〔一〕師古曰：「且云領兵屯田，不言討賊。」
〔二〕如淳曰：「西極，山名也。」
〔三〕師古曰：「阪，平陂也。降同者，阪名也。阪音府板反。降音下江反。陂音普何反。」

上於是以璽書勞奉世，且讓之，〔一〕曰：「皇帝問將兵右將軍，〔二〕甚苦暴露。羌虜侵邊境，殺吏民，甚逆天道，故遣將軍帥士大夫行天誅。以將軍材質之美，奮精兵，誅不軌，百下百全之道也。今乃有畔敵之名，〔三〕大爲中國羞。以昔不閑習之故邪？〔四〕以恩厚未洽，信約不明也？〔五〕朕甚怪之。上書言羌虜依深山，多徑道，不得不多分部遮要害，須得後發營士，足以決事，部署已定，勢不可復置大將，聞之。前爲將軍兵少，不足自守，故發近所騎，日夜詣，〔六〕非爲擊也。〔七〕今發三輔、河東、弘農越騎、迹射、佽飛、彀者、羽林孤兒及呼速絫、嗕種，〔八〕方急遣。〔九〕且兵，凶器也，必有成敗者，患策不豫定，料敵不審也，故復遣奮武將軍。兵法曰大將軍出必有偏裨，所以揚威武，參計策，將軍又何疑焉？夫愛吏士，得衆心，舉而無悔，禽敵必全，將軍之職也。若乃轉輸之費，則有司存，將軍勿憂。須奮武將軍兵到，合擊羌虜。」〔一〇〕

〔一〕師古曰：「讓，責也，責其不須大將。」

〔二〕師古曰：「官爲右將軍而將兵在外，故謂之將兵右將軍也。」

〔三〕如淳曰：「不敢當敵攻戰，爲畔敵也。」

〔四〕師古曰：「言未嘗當羌虜，不測其形便。」

〔五〕師古曰：「言將軍恩惠未洽於士卒，又不能明其約誓，使在下信也。」

〔六〕師古曰：「近所，隨近之處也。日夜，言兼行不休息也。詣，詣軍所。」

〔七〕師古曰：「助其守。」

〔八〕劉德曰：「㖠音辱，羌別種也。彀者，謂能張弩者也。彀音工豆反。絫音力追反。㖠音乃彀反。」

〔九〕師古曰：「言令速至軍所也。」

〔一〇〕師古曰：「須，待也。」

十月，兵畢至隴西。十一月，並進。羌虜大破，斬首數千級，餘皆走出塞。兵未決閒，漢復發募士萬人，拜定襄太守韓安國爲建威將軍。〔一〕未進，聞羌破，還。上曰：「羌虜破散創艾，亡（逃）出塞，〔二〕其罷吏士，頗留屯田，備要害處。」

〔一〕師古曰：「自別有此安國，非武帝時人也。」

〔二〕師古曰：「創艾謂懲懼也。創音初向反。艾讀曰乂。」

明年二月，奉世還京師，更爲左將軍，光祿勳如故。其後錄功拜爵，下詔曰：「羌虜桀黠，賊害吏民，攻隴西府寺，燔燒置亭，〔一〕絕道橋，甚逆天道。左將軍光祿勳奉世前將兵征討，斬捕首虜八千餘級，鹵馬牛羊以萬數。賜奉世爵關內侯，食邑五百戶，黃金六十斤。」裨將、校尉三十餘人，皆拜。

〔一〕師古曰：「置謂置驛之所也。」

後歲餘，奉世病卒。居爪牙官前後十年，爲折衝宿將，功名次趙充國。

奮武將軍任千秋者，其父宮，昭帝時以丞相徵事捕斬反者左將軍上官桀，封侯，宣帝時爲太常，薨。千秋嗣後，復爲太常。成帝時，樂昌侯王商代奉世爲左將軍，而千秋爲右將軍，後亦爲左將軍。子孫傳國，至王莽乃絕云。

奉世死後二年，西域都護甘延壽以誅郅支單于封爲列侯。時丞相匡衡亦用延壽矯制生事，據蕭望之前議，以爲不當封，而議者咸美其功，上從衆而侯之。於是杜欽上疏，追訟奉世前功曰：「前莎車王殺漢使者，約諸國背畔。〔一〕左將軍奉世以衞候便宜發兵誅莎車王，策定城郭，功施邊境。〔二〕議者以奉世奉使有指，春秋之義亡遂事，漢家之法有矯制，〔三〕故不得侯。今匈奴郅支單于殺漢使者，亡保康居，都護延壽發城郭兵屯田吏士四萬餘人以誅斬之，封爲列侯。臣愚以爲比罪則郅支薄，量敵則莎車衆，用師則奉世寡，計勝則奉世爲功於邊境安，慮敗則延壽爲禍於國家深。其違命而擅生事同，延壽割地封，而奉世獨不錄。臣聞功同賞異則勞臣疑，罪鈞刑殊則百姓惑；疑生無常，惑生不知所從；亡常則節趨不立，〔四〕不知所從則百姓無所（措）〔錯〕手足。〔五〕奉世圖難忘死，信命殊俗，〔六〕威功白著，爲世使表，〔七〕獨抑厭而不揚，〔八〕非聖主所以塞疑厲節之意也。願下有司議。」上以先帝時事，不復錄。

〔一〕師古曰：「約謂共爲契約。」

〔二〕師古曰：「城郭者，謂西域諸國爲城郭而居者。」

〔三〕師古曰：「無遂事者，謂臨時制宜，前事不可必遂也。漢家之法，擅矯詔命，雖有功勞不加賞也。」

〔四〕師古曰：「趨讀曰趣。趣謂意所嚮。」

〔五〕師古曰：「錯，置也，音千故反。」

〔六〕師古曰：「圖難，謀除國難也。信讀曰伸。」

〔七〕師古曰：「白著謂顯明也。表猶首。」

〔八〕師古曰：「厭音一涉反。」

奉世有子男九人，女四人。長女媛以選充後宮，爲元帝昭儀，產中山孝王。元帝崩，媛爲中山太后，隨王就國。奉世長子譚，太常舉孝廉爲郎，功次補天水司馬。〔一〕奉世擊西羌，譚爲校尉，隨父從軍有功，未拜病死。譚弟野王、逡、立、參至大官。〔二〕

〔一〕如淳曰：「漢注邊郡置都尉及千人、司馬，皆不治民也。」

〔二〕師古曰：「逡音千旬反。」

野王字君卿，受業博士，通詩。少以父任爲太子中庶子。年十八，上書願試守長安令。宣帝奇其志，問丞相魏相，相以爲不可許。後以功次補當陽長，遷爲櫟陽令，徙夏陽令。元帝時，遷隴西太守，以治行高，入爲左馮翊。歲餘，而池陽令並素行貪汙，輕野王外戚年少，治行不改。野王部督郵掾祋祤趙都〔一〕案驗，得其主守盜十金罪，收捕。並不首吏，〔二〕都格殺。並家上書陳冤，事下廷尉。都詣吏自殺以明野王，京師稱其威信，遷爲大鴻臚。

〔一〕師古曰：「都，祋祤人而爲掾也。祋音丁活反，又音丁外反。祤音許羽反。」

〔二〕師古曰：「不首吏，謂不伏從收捕也。」

數年，御史大夫李延壽病卒，在位多舉野王。上使尚書選第中二千石，〔一〕而野王行能第一。上曰：「吾用野王爲三公，後世必謂我私後宮親屬，以野王爲比。」〔二〕乃下詔曰：「剛彊堅固，確然亡欲，大鴻臚野王是也。心辨善辭，可使四方，少府五鹿充宗是也。廉絜節儉，太子少傅張譚是也。其以少傅爲御史大夫。」上繇下第而用譚，〔三〕越次避嫌不用野王，以昭儀兄故也。野王乃歎曰：「人皆以女寵貴，我兄弟獨以賤！」野王雖不爲三公，甚見器重，有名當世。

〔一〕師古曰：「定其高下之差也。」

〔二〕師古曰：「比，例也，音必寐反。」

〔三〕師古曰：「繇讀與由同。」

成帝立，有司奏野王王舅，不宜備九卿。以秩出爲上郡太守，〔一〕加賜黃金百斤。朔方刺史蕭育奏封事，薦言「野王行能高妙，內足與圖身，外足以慮化。〔二〕竊惜野王懷國之寶，而不得陪朝廷與朝者並。野王前以王舅出，以賢復入，明國家樂進賢也。」上自爲太子時聞知野王。會其病免，復以故二千石使行河隄，因拜爲琅邪太守。是時，成帝長舅陽平侯王鳳爲大司馬大將軍，輔政八九年矣，時數有災異，京兆尹王章譏鳳顓權不可任用，薦野王代鳳。上初納其言，而後誅章，語在元后傳。於是野王懼不自安，遂病，滿三月賜告，與妻子歸杜陵就醫藥。大將軍鳳風御史中丞劾奏野王〔三〕賜告養病而私自便，〔四〕持虎符出界歸家，奉詔不敬。杜欽時在大將軍莫府，欽素高野王父子行能，奏記於鳳，爲野王言曰：「竊見令曰，吏二千石告，過長安謁，〔五〕不分別予賜。〔六〕今有司以爲予告得歸，賜告不得，是一律兩科，失省刑之意。〔七〕夫三最予告，令也；〔八〕病滿三月賜告，詔恩也。令告則得，詔恩則不得，失輕重之差。又二千石病賜告得歸有故事，不得去郡亡著令。〔九〕傳曰：『賞疑從予，所以廣恩勸功也；〔一〇〕罰疑從去，所以慎刑，闕難知也。』〔一一〕今釋令與故事而假不敬之法，〔一二〕甚違闕疑從去之意。即以二千石守千里之地，任兵馬之重，不宜去郡，將以制刑爲後法者，則野王之罪，在未制令前也。刑賞大信，不可不慎。」鳳不聽，竟免野王。郡國二千石病賜告不得歸家，自此始。

〔一〕如淳曰：「以鴻臚秩爲太守。」
〔二〕師古曰：「圖，謀；慮，思也。」
〔三〕師古曰：「風讀曰諷。」
〔四〕師古曰：「便，安也，音頻面反。」
〔五〕如淳曰：「謁者，自白得告也。律，吏二千石以上告歸歸寧，道不過行在所者，便道之官無辟。」
〔六〕如淳曰：「予，予告也。賜，賜告也。」
〔七〕師古曰：「省，減也，音所領反。」
〔八〕師古曰：「在官連有三最，則得予告也。」
〔九〕如淳曰：「律施行無不得去郡之文也。」
〔一〇〕師古曰：「疑當賞不當賞則與之，疑厚薄則從厚。」

〔一〕師古曰：「疑當罰不當罰則赦之，疑輕重則從輕。」

〔三〕師古曰：「釋，廢棄也。假謂假託法律而致其罪。」

初，野王嗣父爵爲關內侯，免歸。數年，年老，終于家。子座嗣爵，〔一〕至孫坐中山太后事絕。

〔一〕師古曰：「座音才戈反。」

逡字子產，通易。太常察孝廉爲郎，補謁者。建昭中，選爲復土校尉。光祿勳于永舉茂材，爲美陽令。功次遷長樂屯衞司馬，清河都尉，隴西太守。治行廉平，年四十餘卒。爲都尉時，言河隄方略，在溝洫志。

立字聖卿，通春秋。以父任爲郎，稍遷諸曹。竟寧中，以王舅出爲五原屬國都尉。數年，遷五原太守，徙西河、上郡。立居職公廉，治行略與野王相似，而多知有恩貸，〔一〕好爲條教。吏民嘉美野王、立相代爲太守，歌之曰：「大馮君，小馮君，兄弟繼踵相因循，聰明賢知惠吏民，政如魯、衞德化鈞，周公、康叔猶二君。」〔二〕後遷爲東海太守，下溼病痺。〔三〕天子聞之，徙立爲太原太守。更歷五郡，〔四〕所居有迹。年老卒官。

〔一〕師古曰：「貸音吐戴反。」
〔二〕師古曰：「論語稱孔子曰：『魯衞之政，兄弟也。』言周公、康叔親則兄弟，治國之政又相似。」
〔三〕師古曰：「東海土地下溼，故立病痺也。痺音必寐反。」
〔四〕師古曰：「更音工衡反。」

參字叔平，學通尚書。少爲黃門郎給事中，宿衞十餘年。參爲人矜嚴，好修容儀，進退恂恂，甚可觀也。〔一〕參，昭儀少弟，行又敕備，以嚴見憚，終不得親近侍帷幄。竟寧中，以王舅出補渭陵食官令。〔二〕以數病徙爲寢中郎，〔三〕有詔勿事。〔四〕陽朔中，中山王來朝，參擢爲上河農都尉。〔五〕病免官，復爲渭陵寢中郎。永始中，超遷代郡太守。以邊郡道遠，徙爲安定太守。數歲，病免，復爲諫大夫，使領護左馮翊都水。綏和中，立定陶王爲皇太子，以中山王見廢，〔六〕故封王舅參爲宜鄉侯，以慰王意。參之國，上書願至中山見王、太后。行未到而王薨。王病時，上奏願貶參爵以關內侯食邑留長安。上憐之，下詔曰：「中山孝王短命早薨，願以舅宜鄉侯參爲關內侯，歸家，朕甚愍之。其還參京師，以列侯奉朝請。」五侯皆敬憚之。〔七〕丞相翟方進亦甚重焉，數謂參：「物禁太甚。〔八〕君侯以王舅見廢，不得在公卿位，今五侯至尊貴也，與之並列，宜少詘節卑體，視有所宗。〔九〕而君侯盛修容貌以威嚴加之，此非所以下五侯而自益者也。」〔10〕參性好禮儀，終不改其恆操。頃之，哀帝即位，帝祖母傅太后用事，追怨參姊中山太后，陷以祝詛大逆之罪，語在外戚傳。參以同產當相坐，謁者承制召參詣廷尉，參自殺。且死，仰天歎曰：「參父子兄弟皆備大位，身至封侯，今被惡名而死，姊弟不敢自惜，傷無以見先人於地下！」死者十七人，衆莫不憐之。宗族徙歸故郡。

〔一〕師古曰：「恂恂，謹信之貌，音荀。」

〔二〕如淳曰：「給陵上祭祀之事。」

〔三〕師古曰：「亦渭陵之寢郎也。」

〔四〕張晏曰：「不與勞役，職事擾之。」師古曰：「雖居其官，不親職也。」

〔五〕師古曰：「上河在西河富平，於此爲農都尉。」

〔六〕師古曰：「見廢，謂不得爲漢嗣也。」

〔七〕師古曰：「王氏五侯也。」

〔八〕師古曰：「言萬物之禁，在於太甚，人道亦當隨時，不宜獨異。」

〔九〕師古曰：「視讀曰示。宗，尊也。」

〔10〕師古曰：「下音胡亞反。」

贊曰：詩稱「抑抑威儀，惟德之隅」。〔一〕宜鄉侯參鞠躬履方，擇地而行，〔二〕可謂淑人君子，然卒死於非罪，不能自免，〔三〕哀哉！讒邪交亂，貞良被害，自古而然。故伯奇放流，〔四〕孟子宮刑，〔五〕申生雉經，〔六〕屈原赴湘，〔七〕小弁之詩作，離騷之辭興。〔八〕經曰：「心之憂矣，涕既隕之。」〔九〕馮參姊弟，亦云悲矣！

〔一〕師古曰：「大雅抑之詩也。抑抑，密也。隅，廉也。言有密靜之德，審於威儀，則其持心有廉隅。」

〔二〕師古曰：「鞠躬，謹敬貌。履方，踐方直之道也。鞠音居六反。」

〔三〕師古曰：「卒，終也。」

〔四〕師古曰：「說苑云王國子前母子伯奇，後母子伯封，兄弟相重。後母欲令其子立爲太子，乃譖伯奇，而王信之，乃放伯奇也。」

〔五〕張晏曰：「寺人孟子，賢者，被讒見宮刑，作巷伯之詩也。」

〔六〕師古曰：「國語云晉獻公黜太子申生，乃雉經于新城之廟。蓋爲俛頸閉氣而死，若雉之爲。」

〔七〕師古曰：「楚辭漁父之篇云屈原曰『寧赴湘流，葬於江魚腹中』也。」

〔八〕師古曰：「小弁，小雅篇名也，太子之傅作焉，刺幽王信讒，黜申后而放太子宜咎也。離騷經，屈原所作也。離，遭也。騷，憂也。遭憂而作辭。弁音盤。」

〔九〕師古曰：「卽小弁之詩也。隕，墜也。」

校勘記

三二九五頁五行　萬年，其（名王）〔王名〕也。景祐、殿本都作「王名」。王先謙說作「王名」是。

三二九六頁五行　是（歲時）〔時，歲〕比不登，景祐、殿本都作「時歲」，此誤倒。

三二九七頁二行　比，（類）〔頻〕也。景祐、殿本都作「頻」，此誤。

三二九八頁五行　不須（復）煩大將。景祐、殿本都無「復」字。

三二九九頁一五行　羌虜破散創艾，亡〔逃〕出塞。景祐、殿本都有「逃」字。

三三〇一頁五行　不知所從則百姓無所（措）〔錯〕手足。殿本作「錯」。王先謙說，據注，正文「措」當作「錯」。

漢書卷八十

宣元六王傳第五十

孝宣皇帝五男。許皇后生孝元帝，張倢伃生淮陽憲王欽，衞倢伃生楚孝王囂，〔一〕公孫倢伃生東平思王宇，戎倢伃生中山哀王竟。

〔一〕師古曰：「囂音敖。」

淮陽憲王欽，元康三年立，母張倢伃有寵於宣帝。霍皇后廢後，上欲立張倢伃爲后。久之，懲艾霍氏欲害皇太子，〔一〕乃更選後宮無子而謹愼者，乃立長陵王倢伃爲后，令母養太子。后無寵，希御見，唯張倢伃最幸。而憲王壯大，好經書法律，聰達有材，帝甚愛之。太子寬仁，喜儒術，〔二〕上數嗟歎憲王，曰：「眞我子也！」常有意欲立張倢伃與憲王，然用太子起於微細，上少依倚許氏，〔三〕及卽位而許后以殺死，太子蚤失母，故弗忍也。〔四〕久之，上以故丞相韋賢子玄成陽狂讓侯兄，經明行高，稱於朝廷，乃召拜玄成爲淮陽中尉，欲感諭憲王，輔以推讓之臣，由是太子遂安。宣帝崩，元帝卽位，乃遣憲王之國。

〔一〕師古曰：「艾讀曰乂。乂，創也。」

〔二〕師古曰：「喜，好也，音許吏反。」

〔三〕師古曰：「倚音於起反。」

〔四〕師古曰：「蚤，古早字也。」

時張倢伃已卒，憲王有外祖母，舅張博兄弟三人歲至淮陽見親，〔一〕輒受王賜。後王上書，請徙外家張氏於國，博上書，願留守墳墓，獨不徙。王恨之。後博至淮陽，王賜之少。博言：「負責數百萬，〔二〕願王爲償。」王不許。博辭去，令弟光恐〔王〕云王遇大人益解，〔三〕博欲上書爲大人乞骸骨去。王乃遣人持黃金五十斤送博。博喜，還書謝，〔四〕爲諂語盛稱譽王，因言：「當今朝廷無賢臣，災變數見，足爲寒心。萬姓咸歸望於大王，大王奈何恬然〔五〕不求入朝見，輔助主上乎？」使弟光數說王宜聽博計，令於京師說用事貴人爲王求朝。王不納其言。

〔一〕師古曰：「憲王外祖母隨王在淮陽，博等每來謁見其母。」

〔二〕師古曰：「責謂假貸人財物未償者也。責音側懈反。」

〔三〕師古曰：「恐謂怖動也。大人，博自稱其母也。解讀曰懈。」

〔四〕師古曰：「還書，報書。」

〔三〕師古曰：「恬然，安靜貌也。恬音大兼反。」

後光欲至長安，辭王，復言「願盡力與博共爲王求朝。王即日至長安，可因平陽侯。」光得王欲求朝語，馳使人語博。博知王意動，復遺王書曰：「博幸得肺腑，〔一〕數進愚策，未見省察。北游燕趙，欲循行郡國求幽隱之士，聞齊有騶先生者，善爲司馬兵法，大將之材也，博得謁見，承間進問五帝三王究竟要道，卓爾非世俗之所知。〔二〕今邊境不安，天下騷動，微此人其莫能安也。〔三〕又聞北海之瀕有賢人焉，〔四〕累世不可逮，然難致也。〔五〕得此二人而薦之，功亦不細矣。博願馳西以此赴助漢急，無財幣以通顯之。趙王使謁者持牛酒，黄金三十斤勞博，博不受；〔六〕復使人願尚女，聘金二百斤，博未許。〔七〕會得光書云大王已遣光西，與博并力求朝。博自以棄捐，不意大王還意反義，結以朱顔，〔八〕願殺身報德。朝事何足言！大王誠賜咳唾，使得盡死，湯禹所以成大功也。騶先生蓄積道術，書無不有，〔九〕願知大王所好，請得輒上。」王得書喜說，〔一〇〕報博書曰：「子高乃幸左顧存恤，發心惻隱，〔一一〕顯至誠，納以嘉謀，語以至事，〔一二〕雖亦不敏，敢不諭意！〔一三〕今遣有司爲子高償責二百萬。」

〔一〕師古曰：「自云於王有親也。」

〔二〕師古曰：「卓爾，高遠貌也。自言見騶先生問以要道，知其高遠也。」

〔三〕師古曰：「微，無也。」

〔四〕師古曰：「瀕，涯也，音頻，又音賓。」

〔五〕師古曰：「逮，及也，言其材智不可及也。致，至也。難得召而至也。」

〔六〕師古曰：「勞謂問遺之，音來到反。」

〔七〕師古曰：「尙女者，王欲取博女以自配也。」

〔八〕師古曰：「還猶回也。」

〔九〕師古曰：「言凡是書籍皆有之。」

〔10〕如淳曰：「上與王也。」

〔11〕師古曰：「左顧猶言枉顧也。」

〔12〕師古曰：「以至極之事告語我。」

〔13〕師古曰：「諭，曉也。」

是時，博女壻京房以明易陰陽得幸於上，數召見言事。自謂爲石顯、五鹿充宗所排，謀不得用，數爲博道之。博常欲誑耀淮陽王，即具記房諸所說災異及召見密語，持予淮陽王以爲信驗，詐言「已見中書令石君求朝，許以金五百斤。賢聖制事，蓋慮功而不計費。〔一〕昔禹治鴻水，百姓罷勞，〔二〕成功既立，萬世賴之。今聞陛下春秋未滿四十，髮齒墮落，太子幼弱，佞人用事，陰陽不調，百姓疾疫飢饉死者且半，鴻水之害殆不過此。〔三〕大王緒欲救世，〔四〕將比功德，何可以忽？〔五〕博已與大儒知道者爲大王爲便宜奏，〔六〕陳安危，指災異，大王朝見，先口陳其意而後奏之，上必大說。〔七〕事成功立，大王即有周、邵之名，邪臣散亡，公卿變節，功德亡比，而梁、趙之寵必歸大王，〔八〕外家亦將富貴，何復望大王之金錢？」王喜說，〔九〕報博書曰：「乃者詔下，止諸侯朝者，寡人憯然不知所出。〔一〇〕子高素有顏冉之資，臧武之智，〔一一〕子貢之辯，〔一二〕卞莊子之勇，〔一三〕兼此四者，世之所鮮。〔一四〕既開端緒，願卒成之。〔一五〕求朝，義事也，奈何行金錢乎！」博報曰：「已許石君，須以成事。」〔一六〕王以金五百斤予博。

〔一〕師古曰：「志在成功，不惜財費也。」
〔二〕師古曰：「罷讀曰疲。」
〔三〕師古曰：「謂堯時水災不大於今。」
〔四〕師古曰：「緒，業也，一曰始爲端緒。」
〔五〕師古曰：「言比功德於古帝王也。忽，怠忘也。」
〔六〕師古曰：「大儒知道，謂京房也。道，道術也。」
〔七〕師古曰：「說讀曰悅。」
〔八〕如淳曰：「梁王，景帝弟，欲爲嗣。趙王如意幾代惠帝也。」
〔九〕師古曰：「說讀曰悅。」
〔一〇〕師古曰：「憯，痛也。不知計策何所出也。憯音才感反。」

〔一〕師古曰：「顏，顏回也。冉，冉耕也，字伯牛。皆孔子弟子。論語稱孔子曰：『德行顏淵、閔子騫、冉伯牛、仲弓。』臧武者，魯大夫臧武仲也，名紇。論語稱孔子曰『若臧武仲之智』，故王引之爲言也。」
〔二〕師古曰：「論語稱孔子云『言語，宰我、子貢』。」
〔三〕師古曰：「卞莊子，古之勇士。」
〔四〕師古曰：「鮮，少也，音先踐反。」
〔五〕師古曰：「卒，終也。」
〔六〕師古曰：「須，待也。」

會房出爲郡守，離左右，顯具得此事告之。房漏泄省中語，博兄弟詿誤諸侯王，誹謗政治，狡猾不道，皆下獄。有司奏請逮捕欽，上不忍致法，遣諫大夫王駿賜欽璽書曰：「皇帝問淮陽王。有司奏王，王舅張博數遺王書，非毀政治，謗訕天子，褒舉諸侯，稱引周、湯，以讇惑王，〔一〕所言尤惡，悖逆無道。王不舉奏而多與金錢，報以好言，辠至不赦，朕惻焉不忍聞，〔二〕爲王傷之。推原厥本，不祥自博，〔三〕惟王之心，匪同于凶。已詔有司勿治王事，遣諫大夫駿申諭朕意。〔四〕詩不云乎？『靖恭爾位，正直是與。』〔五〕王其勉之！」

〔一〕師古曰：「讇，古諂字也。」
〔二〕師古曰：「惻，痛也。」
〔三〕師古曰：「祥，善也。自，從也。不善之事，從博起也。」

〔四〕師古曰：「申謂約束之。」

〔五〕師古曰：「大雅小明之詩也。與，偕也。言人能安靜而恭以守其位，偕於正直，則明神聽之，用錫福善。」

駿諭指曰：〔一〕「禮爲諸侯制相朝聘之義，蓋以考禮壹德，尊尊天子也。〔二〕且王不學詩乎？詩云：『俾侯於魯，爲周室輔。』〔三〕今王舅博數遺王書，所言悖逆。王幸受詔策，通經術，〔四〕知諸侯名譽不當出竟。〔五〕天子普覆，德布於朝，而恬有博言，〔六〕多予金錢，與相報應，不忠莫大焉。故事，諸侯王獲罪京師，罪惡輕重，縱不伏誅，必蒙遷削貶黜之罪，〔七〕未有但已者也。〔八〕今聖主赦王之罪，又憐王失計忘本，爲博所惑，加賜璽書，使諫大夫申諭至意，殷勤之恩，豈有量哉！博等所犯(罪)惡大，羣下之所共攻，王法之所不赦也。自今以來，王毋復以博等累心，〔九〕務與衆棄之。春秋之義，大能變改。〔一〇〕易曰『藉用白茅，无咎』，〔一一〕言臣子之道，改過自新，絜己以承上，然後免於咎也。王其留意慎戒，惟思所以悔過易行，塞重責，稱厚恩者。〔一二〕如此，則長有富貴，社稷安矣。」

〔一〕師古曰：「璽書之外，天子又有指意，幷令駿曉告於王也。」

〔二〕師古曰：「考，成也。壹德謂不二其心也。」

〔三〕師古曰：「魯頌閟宮之詩也。言立周公子伯禽，使爲諸侯於魯國而作周家之藩輔。」

〔四〕如淳曰：「詔策，若廣陵王策曰『無邇宵人，毋作匪德』也。經術之義，不得內交。」

〔五〕師古曰：「竟讀曰境。」

〔六〕師古曰：「恬，安也。聞博邪言，安而受之。」

〔七〕師古曰：「故事者，言舊制如此也。」

〔八〕師古曰：「但，徒也，空也。已，止也。未有空然而止者也。」

〔九〕師古曰：「累音力瑞反。」

〔一〇〕師古曰：「以有過而能變改者爲大。」

〔一一〕師古曰：「此大過初六爻辭也。茅者，絜白之物，取其自然，故用藉致享於神，愼之至也。」

〔一二〕師古曰：「塞猶補也。稱，副也。」

於是淮陽王欽免冠稽首謝曰：「奉藩無狀，〔一〕過惡暴列，〔二〕陛下不忍致法，加大恩，遣使者申諭道術守藩之義。伏念博罪惡尤深，當伏重誅。臣欽願悉心自新，奉承詔策。〔三〕頓首死罪。」

〔一〕師古曰：「無善狀。」

〔二〕師古曰：「暴謂章顯也。」

〔三〕師古曰：「悉，盡也。」

京房及博兄弟三人皆棄市，妻子徙邊。

至成帝卽位，以淮陽王屬爲叔父，敬寵之，異於它國。王上書自陳舅張博時事，頗爲石顯等所侵，因爲博家屬徙者求還。丞相御史復劾欽：「前與博相遺私書，指意非諸侯王所宜，蒙恩勿治，事在赦前。不悔過而復稱引，自以爲直，失藩臣體，不敬。」上加恩，許王還徙者。

三十六年薨。子文王玄嗣，二十六年薨。子縯嗣，〔一〕王莽時絕。

〔一〕孟康曰：「縯音引。」師古曰：「音弋善反。」

楚孝王囂，甘露二年立爲定陶王，三年徙楚。成帝河平中入朝，時被疾，天子閔之，下詔曰：「蓋聞『天地之性人爲貴，人之行莫大於孝』。〔一〕楚王囂素行孝順仁慈，之國以來二十餘年，孅介之過未嘗聞，朕甚嘉之。今乃遭命，離于惡疾，〔二〕夫子所痛，曰：『蔑之，命矣夫，斯人也而有斯疾也！』〔三〕朕甚閔焉。夫行純茂而不顯異，則有國者將何朂哉？〔四〕書不云乎？『用德章厥善。』〔五〕今王朝正月，詔與子男一人俱，〔六〕其以廣戚縣戶四千三百封其子勳爲廣戚侯。」明年，囂薨。子懷王文嗣，一年薨，無子，絕。明年，成帝復立文弟平陸侯衍，是爲思王。二十一年薨，子紆嗣，王莽時絕。

〔一〕師古曰：「孝經載孔子之言。」

〔二〕師古曰：「離亦遭也。」

〔三〕師古曰：「夫子，孔子也。論語云伯牛有疾，子問之，自牖執其手，曰：『蔑之，命矣夫，斯人也而有斯疾也！』蔑，無也。言命之所遵，無有善惡，如斯善人而有如此惡疾，深痛之也。」

〔四〕師古曰：「純，大也。一曰善也。茂，美也。勗，勉厲也。」

〔五〕師古曰：「商書盤庚之辭也。言褒賞有德以明其善行。」

〔六〕師古曰：「從王入朝也。」

初，成帝時又立紆弟景爲定陶王。廣戚侯勳薨，諡曰煬侯，子顯嗣。平帝崩，無子，王莽立顯子嬰爲孺子，奉平帝後。莽篡位，以嬰爲定安公。漢既誅莽，更始時嬰在長安，平陵方望等頗知天文，以爲更始必敗，嬰本統當立者也，〔一〕共起兵將嬰至臨涇，立爲天子。更始遣丞相李松擊破殺嬰云。

〔一〕師古曰：「言其舊已繼平帝後當正統。」

東平思王宇，甘露二年立。元帝即位，就國。壯大，通姦犯法，〔一〕上以至親貰弗罪，傅相連坐。〔二〕

〔一〕師古曰：「與姦猾交通，好犯法。」

〔二〕師古曰：「頻坐王獲罪。」

久之，事太后，內不相得，太后上書言之，求守杜陵園。〔一〕上於是遣太中大夫張子蟜〔二〕奉璽書敕諭之，〔三〕曰：「皇帝問東平王。蓋聞親親之恩莫重於孝，尊尊之義莫大於忠，故諸侯在位不驕以致孝道，制節謹度以翼天子，〔四〕然後富貴不離於身，而社稷可保。今聞王自修有闕，本朝不和，〔五〕流言紛紛，謗自內興，朕甚憯焉，為王懼之。〔六〕詩不云乎？『毋念爾祖，述修厥德，永言配命，自求多福。』〔七〕朕惟王之春秋方剛，〔八〕忽於道德，〔九〕意有所移，忠言未納，〔一〇〕故臨遣太中大夫子蟜諭王朕意。〔一一〕孔子曰：『過而不改，是謂過矣。』〔一二〕王其深惟孰思之，無違朕意。」

〔一〕張晏曰：「宣帝陵也。宮人無子，乃守園陵也。」
〔二〕師古曰：「蟜字或作僑，並音鉅昭反。」
〔三〕師古曰：「約敕而曉告之也。」
〔四〕師古曰：「翼，佐也。」
〔五〕師古曰：「謂東平國之朝也。」
〔六〕師古曰：「憯，痛也，音千感反。」
〔七〕師古曰：「大雅文王之詩也。無念，念也。言當念爾先祖之道，修其德，則長配天命，此乃所以自求多福。」
〔八〕師古曰：「言其年少血氣盛。」
〔九〕師古曰：「忽，遺忘也。」
〔一〇〕師古曰：「謂漸染其惡人而移其性，未受忠言也。」
〔一一〕師古曰：「親臨遣之，令以朕意曉告王。」

〔三〕師古曰：「論語載孔子之言也。謂人有失行，許以自新。」

又特以璽書賜王太后，曰：「皇帝使諸吏宦者令承問東平王太后。朕有聞，〔一〕王太后少加意焉。夫福善之門莫美於和睦，患咎之首莫大於內離。今東平王出繈褓之中而託于南面之位，加以年齒方剛，涉學日寡，驁忽臣下，〔二〕不自它於太后，〔三〕以是之間，能無失禮義者，其唯聖人乎！傳曰：『父爲子隱，直在其中矣。』〔四〕王太后明察此意，不可不詳。閨門之內，母子之間，同氣異息，骨肉之恩，豈可忽哉！豈可忽哉！昔周公戒伯禽曰：『故舊無大故，則不可棄也，毋求備於一人。』〔五〕夫以故舊之恩，猶忍小惡，而況此乎！已遣使者諭王，王既悔過服罪，太后寬忍以貰之，〔六〕後宜不敢。〔七〕王太后強餐，止思念，慎疾自愛。」

〔一〕師古曰：「言母子不和也。不欲指斥言之，故云有聞也。」

〔二〕師古曰：「驁讀（曰）〔與〕傲同。」

〔三〕李奇曰：「不自它者，親之辭也。」師古曰：「言不自同它人。」

〔四〕師古曰：「論語云葉公謂孔子曰：『吾黨有直躬者，其父攘羊而子證之。』孔子曰：『吾黨之直者異於是，父爲子隱，子爲父隱，直在其中矣。』故引之也。」

〔五〕師古曰：「事見論語。言人有小惡，當思其善，不可責以備行而即棄之耳。」

〔六〕師古曰：「貰猶緩。」

〔七〕師古曰：「言王於後當不敢更爲非也。」

宇慙懼，因使者頓首謝死罪，願洒心自改。〔一〕詔書又敕傅相曰：「夫人之性皆有五常，及其少長，耳目牽於耆欲，〔二〕故五常銷而邪心作，情亂其性，利勝其義，〔三〕而不失厥家者，未之有也。今王富於春秋，氣力勇武，獲師傅之教淺，加以少所聞見，自今以來，非五經之正術，敢以游獵非禮道王者，輒以名聞。」〔四〕

〔一〕師古曰：「洒音先弟反。」

〔二〕師古曰：「耆讀曰嗜。」

〔三〕張晏曰：「性者，所受而生也。情者，見物而動者也。」

〔四〕師古曰：「道讀曰導。」

宇立二十年，元帝崩。宇謂中謁者信等曰：「漢大臣議天子少弱，未能治天下，以爲我知文法，建欲使我輔佐天子。〔一〕我見尙書晨夜極苦，使我爲之，不能也。今暑熱，縣官年少，〔二〕持服恐無處所，〔三〕我危得之！」〔四〕比至下，宇凡三哭，〔五〕飮酒食肉，妻妾不離側。又姬朐臑故親幸，後疏遠，〔六〕數歎息呼天。宇聞，斥朐臑爲家人子，〔七〕掃除永巷，數笞擊之。朐臑私疏宇過失，數令家告之。宇覺知，絞殺朐臑。有（詔）〔司〕奏請逮捕，有詔削樊、亢父二縣。〔八〕後三歲，天子詔有司曰：「蓋聞仁以親親，古之道也。前東平王有闕，〔九〕有司請廢，朕不忍。又請削，朕不敢專。惟王之至親，未嘗忘於心。今聞王改行自新，尊修經

術，親近仁人，非法之求，不以奸吏，〔一〇〕朕甚嘉焉。傳不云乎？朝過夕改，君子與之。其復前所削縣如故。」〔一一〕

〔一〕師古曰：「建謂立其議。」

〔二〕張晏曰：「不敢指斥成帝，謂之縣官也。」

〔三〕如淳曰：「言不從道，冀如昌邑王也。」

〔四〕孟康曰：「危，殆也。我殆得爲天子也。」師古曰：「危者，猶今之言險不得之也。」

〔五〕張晏曰：「下，下棺也。」師古曰：「比音必寐反。下音胡稼反。」

〔六〕服虔曰：「眴音㫬。臑音奴溝反，又音奴臯反。」

〔七〕師古曰：「黜其秩位。」

〔八〕師古曰：「音抗甫。」

〔九〕師古曰：「闕謂過失也。」

〔一〇〕師古曰：「奸音干。」

〔一一〕師古曰：「復音扶目反。」

後年來朝，上疏求諸子及太史公書，上以問大將軍王鳳，對曰：「臣聞諸侯朝聘，考文章，正法度，非禮不言。今東平王幸得來朝，不思制節謹度，以防危失，〔一〕而求諸書，非朝聘之義也。諸子書或反經術，非聖人，或明鬼神，信物怪；〔二〕太史公書有戰國從橫權譎之謀，漢興之初謀臣奇策，天官災異，地形阸塞：皆不宜在諸侯王。不可予。不許之辭宜曰：『五經聖人所制，萬事靡不畢載。王審樂道，傅相皆儒者，旦夕講誦，足以正身虞意。〔三〕夫小辯破義，小道不通，致遠恐泥，皆不足以留意。〔四〕諸益於經術者，不愛於王。』」〔五〕對奏，天子如鳳言，遂不與。

〔一〕師古曰：「危失謂失道而傾危也。」

〔二〕師古曰：「物亦鬼。」

〔三〕師古曰：「虞與娛同也。」

〔四〕師古曰：「論語稱孔子曰：『雖小道必有可觀者焉，致遠恐泥，是以君子不爲也。』泥謂陷滯不通也，音乃細反。」

〔五〕師古曰：「愛，惜也。於王無所惜。」

立三十三年薨，〔一〕子煬王雲嗣。哀帝時，無鹽危山土自起覆草，如馳道狀，又瓠山石轉立。〔二〕雲及后謁自之石所祭，治石象瓠山〔三〕立石，束倍草，并祠之。〔四〕建平三年，息夫躬、孫寵等共因幸臣董賢告之。是時，哀帝被疾，多所惡，事下有司，逮王、后謁下獄驗治，言使巫傅恭、婢合歡等祠祭詛祝上，〔五〕爲雲求爲天子。雲又與知災異者高尚等指星宿，言上疾必不愈，雲當得天下。石立，宣帝起之表也。有司請誅王，有詔廢徙房陵。雲自殺，謁棄市。立十七年，國除。

〔一〕師古曰：「皇覽云東平思王冢在無鹽，人傳言王在國思歸京師，後葬，其冢上松柏皆西靡也。」

〔二〕晉灼曰：「漢注作報山。山脅石一枚，轉側起立，高九尺六寸，旁行一丈，廣四尺也。」師古曰：「報山，山名也。古作瓠字，爲其形似瓠耳。晉說是也。」

〔三〕蘇林曰：「於宮中作山象。」

〔四〕師古曰：「倍草，黃倍草也，音步賄反。」

〔五〕如淳曰：「傅恭，巫姓字。」

元始元年，王莽欲反哀帝政，〔一〕白太皇太后，立雲太子開明爲東平王，又立思王孫成都爲中山王。開明立三年，薨，無子。復立開明兄嚴鄉侯信子匡爲東平王，奉開明後。王莽居攝，東郡太守翟義與嚴鄉侯信謀舉兵誅莽，立信爲天子。兵敗，皆爲莽所滅。

〔一〕師古曰：「改其所爲也。」

中山哀王竟，初元二年立爲淸河王。三年，徙中山，以幼少未之國。建昭四年，薨邸，葬杜陵，無子，絕。太后歸居外家戎氏。

孝元皇帝三男。王皇后生孝成帝，傅昭儀生定陶共王康，〔一〕馮昭儀生中山孝王興。

〔一〕師古曰：「共讀曰恭。」

定陶共王康，永光三年立爲濟陽王。八年，徙爲山陽王。八年，徙定陶。王少而愛，〔一〕長多材藝，習知音聲，上奇器之。母昭儀又幸，幾代皇后太子。〔二〕語在元后及史丹傳。

〔一〕師古曰：「言少小即爲帝所愛。」

〔二〕師古曰：「幾音鉅衣反。」

成帝即位，緣先帝意，厚遇異於它王。十九年薨，子欣嗣。十五年，成帝無子，徵入爲皇太子。上以太子奉大宗後，不得顧私親，乃立楚思王子景爲定陶王，奉共王後。成帝崩，太子即位，是爲孝哀帝。即位二年，追尊共王爲共皇，置寢廟京師，序昭穆，儀如孝元帝。〔一〕徙定陶王景爲信都王云。〔二〕

〔一〕如淳曰：「恭王，元帝子也。爲廟京師，列昭穆之次。如元帝，言如天子之儀。」

〔二〕如淳曰：「不復爲定陶王立後者，哀帝自以已爲後故。」

中山孝王興，建昭二年（王）〔立〕爲信都王。十四年，徙中山。成帝之議立太子也，御史大夫孔光以爲尚書有殷及王，兄終弟及，〔一〕中山王元帝之子，宜爲後。成帝以中山王不材，又兄弟，不得相入廟。外家王氏與趙昭儀皆欲用哀帝爲太子，故遂立焉。上乃封孝王舅馮參爲宜鄉侯，而益封孝王萬戶，以尉其意。三十年，薨，子衎嗣。〔二〕七年，哀帝崩，無子，徵中山王衎入即位，是爲平帝。太皇太后以帝爲成帝後，故立東平思王孫桃鄉頃侯子成都爲中山王，奉孝王後。王莽時絕。

〔一〕師古曰：「謂兄死以弟代立，非父子相繼，故言及。」

〔二〕師古曰：「諸侯王表云『中山孝王薨，綏和二年王箕子嗣』。而〔平紀〕元始二年詔云：『皇帝二名，通於器物，今更名合於古制。』是則嗣位之時名爲箕子，未諱衎也。今此傳云子衎嗣，蓋史家追書之也。」

贊曰：孝元之後，徧有天下，〔一〕然而世絕於孫，豈非天哉！淮陽憲王於時諸侯爲聰察矣，張博誘之，幾陷無道。〔二〕詩云「貪人敗類」，〔三〕古今一也。

〔一〕師古曰：「孝元之子孫徧得爲天子也。徧即古遍字。」

〔二〕師古曰：「幾音鉅依反。」

〔三〕師古曰：「大雅蕩之詩也。類，善也。言貪惡之人不可習近，則敗善也。」

校勘記

三三二三頁八行　令弟光恐（王）云王遇大人益解，　宋祁說「恐」字下疑有「王」字。按景祐、殿本都無「王」字。

三三一七頁八行　博等所犯〔罪〕惡大，　宋祁說，「犯」字下當有「罪」字。按景祐、殿本都無「罪」字。

三三二二頁一〇行　驚讀（曰）〔與〕傲同。　景祐、殿本都作「與」。

三三二三頁一三行　有〔詔〕〔司〕奏請逮捕。　錢大昭說，「詔」當作「司」。按景祐、殿本都作「司」。

三三二七頁一三行　建昭二年（王）〔立〕爲信都王。　劉敞說上「王」字當作「立」字。

三三二八頁五行　而〔平紀〕元始二年詔云：　宋祁說浙本有「平紀」二字。按景祐本有「平紀」二字。

漢書卷八十一

匡張孔馬傳第五十一

匡衡字稚圭，東海承人也。〔一〕父世農夫，至衡好學，家貧，庸作以供資用，〔二〕尤精力過絕人。諸儒爲之語曰：「無說詩，匡鼎來；〔三〕匡說詩，解人頤。」〔四〕

〔一〕師古曰：「承音證。」

〔二〕師古曰：「庸作，言賣功庸爲人作役而受顧也。」

〔三〕服虔曰：「鼎猶言當也，若言匡且來也。」應劭曰：「鼎，方也。」張晏曰：「匡衡少時字鼎，長乃易字稚圭。世所傳衡與貢禹書，上言『衡敬報』，下言『匡鼎白』，知是字也。」師古曰：「服、應二說是也。賈誼曰『天子春秋鼎盛』，其義亦同，而張氏之說蓋穿鑿矣。假有其書，乃是後人見此傳云『匡鼎來』，不曉其意，妄作衡書云『鼎白』耳。字以表德，豈人之所自稱乎？今有西京雜記者，其書淺俗，出於里巷，多有妄說，乃云匡衡小名鼎，蓋絕知者之聽。」

〔四〕如淳曰：「使人笑不能止也。」

衡射策甲科，以不應令除爲太常掌故，〔一〕調補平原文學。〔二〕學者多上書薦衡經明，當世少雙，令爲文學就官京師；後進皆欲從衡平原，衡不宜在遠方。事下太子太傅蕭望之、少府梁丘賀問，衡對詩諸大義，其對深美。望之奏衡經學精習，說有師道，可觀覽。宣帝不甚用儒，遣衡歸官。而皇太子見衡對，私善之。

〔一〕師古曰：「投射得甲科之策，而所對文指不應令條也。儒林傳說歲課甲科爲郎中，乙科爲太子舍人，景科補文學掌故。今不應令，是不中甲科之令，所以止爲掌故。」

〔二〕師古曰：「調，選也，音徒鈞反。」

會宣帝崩，元帝初即位，樂陵侯史高以外屬爲大司馬車騎將軍，領尚書事，前將軍蕭望之爲副。望之名儒，有師傅舊恩，天子任之，多所貢薦。高充位而已，〔一〕與望之有隙。長安令楊興說高曰：「將軍以親戚輔政，貴重於天下無二，然衆庶論議令問休譽不專在將軍者何也？〔二〕彼誠有所聞也。〔三〕以將軍之莫府，海內莫不卬望，〔四〕而所舉不過私門賓客，乳母子弟，人情(以)〔忽〕不自知，〔五〕然一夫竊議，語流天下。夫富貴在身而列士不譽，是有狐白之裘而反衣之也。〔六〕古人病其若此，故卑體勞心，以求賢爲務。傳曰：以賢難得之故因曰事不待賢，以食難得之故而曰飽不待食，或之甚者也。平原文學匡衡材智有餘，經學絕倫，但以無階朝廷，故隨牒在遠方。〔七〕將軍誠召置莫府，學士歙然歸仁，〔八〕與參事議，觀其所有，貢之朝廷，必爲國器，〔九〕以此顯示衆庶，名流於世。」高然其言，辟衡爲議曹史，薦衡於上，上以爲郎中，遷博士，給事中。

〔一〕師古曰：「言凡事不在也。」

〔二〕師古曰：「令，善；問，名；休，美也。」

〔三〕師古曰：「以其不能進賢也。」

〔四〕師古曰：「卬讀曰仰。」

〔五〕師古曰：「言高輕忽此事，不自知其非。」

〔六〕師古曰：「狐白，謂狐掖下之皮，其色純白，集以爲裘，輕柔難得，故貴也。反衣之者，以其毛在內也，今人則以背毛爲裘而棄其白，蓋取厚而溫也。衣音於既反。」

〔七〕師古曰：「階謂升次也。隨牒，謂隨選補之恆牒，不被超擢者。」

〔八〕師古曰：「誠謂實行之也。歙音翕。」

〔九〕師古曰：「所有，謂材藝所長。」

是時，有日蝕地震之變，上問以政治得失，衡上疏曰：

臣聞五帝不同（樂）〔禮〕，三王各異教，民俗殊務，所遇之時異也。陛下躬聖德，開太平之路，閔愚吏民觸法抵禁，〔一〕比年大赦，〔二〕使百姓得改行自新，天下幸甚。臣竊見大赦之後，姦邪不爲衰止，今日大赦，明日犯法，相隨入獄，此殆導之未得其務也。蓋保民者，「陳之以德義」，「示之以好惡」，〔三〕觀其失而制其宜，故動之而和，綏之而安。今天下俗貪財賤義，好聲色，上侈靡，廉恥之節薄，淫辟之意縱，〔四〕綱紀失序，疏

者踰內，〔五〕親戚之恩薄，婚姻之黨隆，苟合徼幸，以身設利。不改其原，〔六〕雖歲赦之，刑猶難使錯而不用也。〔七〕

〔一〕師古曰：「抵，觸也。」

〔二〕師古曰：「比，頻也。」

〔三〕師古曰：「保，養也。陳，施也。孝經曰『陳之以德義而民莫遺其親』，『示之以好惡而民知禁』，故衡引以爲言。」

〔四〕師古曰：「辟讀曰僻。」

〔五〕師古曰：「疏者，妻妾之家。內者，同姓骨肉也。踰謂過越也。」

〔六〕師古曰：「設，施也。原，本也。」

〔七〕師古曰：「歲赦，謂每歲一赦也。錯，置也，音千故反。」

臣愚以爲宜壹曠然大變其俗。孔子曰：「能以禮讓爲國乎，何有？」〔一〕朝廷者，天下之楨幹也。公卿大夫相與循禮恭讓，則民不爭；〔二〕好仁樂施，則下不暴；上義高節，則民興行；寬柔和惠，則衆相愛。四者，明王之所以不嚴而成化也。何者？朝有變色之言，則下有爭鬭之患；上有自專之士，則下有不讓之人；上有克勝之佐，則下有傷害之心；上有好利之臣，則下有盜竊之民：此其本也。〔三〕今俗吏之治，皆不本禮讓，而上克暴，或忮害好陷人於罪，〔四〕貪財而慕勢，故犯法者衆，姦邪不止，雖嚴刑峻法，猶不爲變。此非其天性，有由然也。〔五〕

〔一〕師古曰：「論語載孔子之言。謂能以禮讓治國，則其事甚易。」

〔二〕師古曰：「循，順也。」

〔三〕師古曰：「言下之所行，皆取化於上也。」

〔四〕師古曰：「忮，堅也。謂酷害之心堅也。忮音之豉反。」

〔五〕師古曰：「非其天性自惡，由上失於敎化耳。」

臣竊考國風之詩，周南、召南被賢聖之化深，故篤於行而廉於色。〔一〕鄭伯好勇，而國人暴虎；〔二〕秦穆貴信，而士多從死；〔三〕陳夫人好巫，而民淫祀；〔四〕晉侯好儉，而民畜聚；〔五〕太王躬仁，邠國貴恕。〔六〕由此觀之，治天下者審所上而已。〔七〕今之僞薄忮害，不讓極矣。臣聞敎化之流，非家至而人說之也。〔八〕賢者在位，能者布職，朝廷崇禮，百僚敬讓。道德之行，由內及外，自近者始，然後民知所法，遷善日進而不自知。是以百姓安，陰陽和，神靈應，而嘉祥見。詩曰：「商邑翼翼，四方之極；壽考且寧，以保我後生。」〔九〕此成湯所以建至治，保子孫，化異俗而懷鬼方也。〔一〇〕今長安天子之都，親承聖化，然其習俗無以異於遠方，郡國來者無所法則，或見侈靡而放效之。〔一一〕此敎化之原本，風俗之樞機，宜先正者也。

〔一〕師古曰：「篤，厚也。謂樂得淑女以配君子，憂在進賢，不淫其色之類也。」

〔二〕師古曰：「詩鄭風太叔于田之篇曰：『襢裼暴虎，獻于公所。將叔無狃，戒其傷汝。』襢裼，肉袒也。暴虎，空手以搏之也。公，鄭莊公也。將，請也。叔，莊公之弟太叔也。狃，忕也。汝亦太叔也。言以莊公好勇之故，太叔肉袒空手搏虎，取而獻之。國人愛叔，故請之曰勿忕爲之，恐傷汝也。襢音袒，裼音錫，字並從衣。將音千羊反。狃音女九反。」

〔三〕應劭曰：「秦穆公與羣臣飲酒，酒酣，公曰：『生共此樂，死共此哀。』於是奄息、仲行、鍼虎許諾。及公薨，皆從死。黃鳥詩所爲作也。」

〔四〕張晏曰：「胡公夫人，武王之女大姬，無子，好祭鬼神，鼓舞而祀，故其詩云：『坎其擊鼓，宛丘之下，無冬無夏，值其鷺羽。』」

〔五〕師古曰：「唐風山有樞之詩序云：『刺晉昭公也，不能修道以正其國，有財不能用，有鍾鼓不能以自樂。』其詩曰：『子有衣裳，弗曳弗婁。子有車馬，弗馳弗驅。宛其死矣，它人是愉。』故其俗皆吝嗇而積財也。畜讀曰蓄。」

〔六〕師古曰：「太王，周文王之祖，即古公亶父也。國於邠，修德行義。戎狄攻之，欲得地，與之。人人皆怒欲戰。古公曰：『以我故戰，殺人父子而居之，予不忍也。』乃與其私屬度漆沮，踰梁山，止於岐下。邠人舉國扶老攜弱，盡復歸古公於岐下。及它旁國聞古公仁，亦多歸之。邠即今豳州，是其地也。言化太王之仁，故其俗皆貴誠恕。」

〔七〕師古曰：「上謂崇尚也。」

〔八〕師古曰：「言非家家皆到，人人勸說也。」

〔九〕師古曰：「商頌殷武之詩也。商邑，京師也。極，中也。言商邑之禮俗翼翼然可則傚，乃四方之中正也。王則壽考且安，以此全守我子孫也。」

〔一〇〕應劭曰：「鬼方，遠方也。」

〔一一〕師古曰：「放，依也，音甫往反。」

臣聞天人之際，精祲有以相盪，〔一〕善惡有以相推，事作乎下者象動乎上，陰陽之理各應其感，陰變則靜者動，陽蔽則明者晻，〔二〕水旱之災隨類而至。今關東連年饑饉，百姓乏困，或至相食，此皆生於賦斂多，民所共者大，〔三〕而吏安集之不稱之效也。陛下祗畏天戒，哀閔元元，大自減損，省甘泉、建章宮衞，罷珠厓，偃武行文，將欲度唐虞之隆，絕殷周之衰也。〔四〕諸見罷珠厓詔書者，莫不欣欣，人自以將見太平也。宜遂減宮室之度，省靡麗之飾，考制度，修外內，近忠正，遠巧佞，放鄭衞，進雅頌，舉異材，開直言，任溫良之人，退刻薄之吏，顯絜白之士，昭無欲之路，〔五〕覽六藝之意，察上世之務，明自然之道，博和睦之化，以崇至仁，匡失俗，易民視，〔六〕令海內昭然咸見本朝之所貴，道德弘於京師，淑問揚乎疆外，〔七〕然後大化可成，禮讓可興也。

〔一〕李奇曰：「祲，氣也。言天人精氣相動也。」師古曰：「祲謂陰陽氣相浸漸以成災祥者也，音子鴆反。」

〔二〕鄧展曰：「靜者動，謂地震也。明者晻，謂日蝕也。」師古曰：「晻與暗同。」

〔三〕師古曰：「共讀曰供。」

〔四〕師古曰：「度，過也。絕謂除其惡政也。」

〔五〕師古曰：「昭亦明也。」

〔六〕師古曰：「匡，正也。易，變也。」

〔七〕師古曰：「淑，善也。問，名也。」

上說其言，〔一〕遷衡爲光祿大夫、太子少傅。

〔一〕師古曰：「說讀曰悅。」

時，上好儒術文辭，頗改宣帝之政，言事者多進見，人人自以爲得上意。又傅昭儀及子定陶王愛幸，寵於皇后、太子。〔一〕衡復上疏曰：

〔一〕師古曰：「寵，踰也。」

臣聞治亂安危之機，在乎審所用心。蓋受命之王務在創業垂統傳之無窮，繼體之君心存於承宣先王之德而褒大其功。昔者成王之嗣位，思述文武之道以養其心，休烈盛美皆歸之二后而不敢專其名，〔一〕是以上天歆享，鬼神祐焉。其詩曰：「念我皇祖，陟降廷止。」〔二〕言成王常思祖考之業，而鬼神祐助其治也。

〔一〕師古曰：「休亦美也。烈，業也。后，君也。二君，文王、武王也。」

〔二〕師古曰：「周頌閔予小子之詩。言成王常念文王、武王之德，奉而行之，故鬼神上下臨其朝廷。」

陛下聖德天覆，子愛海內，然陰陽未和，姦邪未禁者，殆論議者未丕揚先帝之盛功，〔一〕爭言制度不可用也，務變更之，〔二〕所更或不可行，而復復之，〔三〕是以羣下更相是非，〔四〕吏民無所信。臣竊恨國家釋樂成之業，而虚爲此紛紛也。〔五〕願陛下詳覽統業之事，留神於遵制揚功，以定羣下之心。大雅曰：「無念爾祖，聿修厥德。」〔六〕孔子著之孝經首章，蓋至德之本也。傳曰：「審好惡，理情性，而王道畢矣。」能盡其性，然後能盡人物之性；能盡人物之性，可以贊天地之化。〔七〕治性之道，必審己之所有餘，而强其所不足。〔八〕蓋聰明疏通者戒於大察，寡聞少見者戒於雍蔽，〔九〕勇猛剛强者戒於大暴，仁愛溫良者戒於無斷，湛靜安舒者戒於後時，〔一〇〕廣心浩大者戒於遺忘。必審己之所當戒，而齊之以義，然後中和之化應，而巧僞之徒不敢比周而望進。〔一一〕唯陛下戒所以崇聖德。

〔一〕師古曰：「丕，大也。丕字或作本，言修其本業而顯揚也。」
〔二〕師古曰：「更，改也。」
〔三〕師古曰：「下復音扶目反。」
〔四〕師古曰：「更音工衡反。」
〔五〕師古曰：「釋，廢也。樂成，謂已成之業，人情所樂也。」
〔六〕師古曰：「大雅文王之詩也。無念，念也。聿，述也。」
〔七〕師古曰：「贊，明也。」
〔八〕師古曰：「强，勉也，音其兩反。」

〔九〕師古曰：「雍讀曰壅。」

〔一〇〕師古曰：「湛讀曰沈。」

〔一一〕師古曰：「比音頻寐反。」

臣又聞室家之道修，則天下之理得，故詩始國風，〔一〕禮本冠婚。〔二〕始乎國風，原情性而明人倫也；本乎冠婚，正基兆而防未然也。福之興莫不本乎室家，（之道）〔道之〕衰莫不始乎梱內。〔三〕故聖王必慎妃后之際，別適長之位。〔四〕禮之於內也，卑不隃尊，新不先故，〔五〕所以統人情而理陰氣也。其尊適而卑庶也，適子冠乎阼，禮之用醴，〔六〕衆子不得與列，所以貴正體而明嫌疑也。非虛加其禮文而已，乃中心與之殊異，故禮探其情而見之外也。聖人動靜游燕，所親物得其序；〔七〕得其序，則海內自修，百姓從化。如當親者疏，當尊者卑，〔八〕則佞巧之姦因時而動，以亂國家。故聖人慎防其端，禁於未然，不以私恩害公義。陛下聖德純備，莫不修正，則天下無爲而治。詩云：「于以四方，克定厥家。」〔九〕傳曰：「正家而天下定矣。」〔一〇〕

〔一〕師古曰：「關雎美后妃之德，而爲國風之首。」

〔二〕師古曰：「禮記冠義曰：『冠者，禮之始也。』婚義曰：『婚者，禮之本也。』」

〔三〕師古曰：「梱與閫同，謂門橛也，音苦本反。」

〔四〕師古曰：「適讀曰嫡。其下並同。」

〔五〕師古曰：「隃與踰同。」

〔六〕師古曰：「阼，主階也。醴，甘酒也，賓於衆酒。」

〔七〕師古曰：「言凡物大小高卑，皆有次序。」

〔八〕師古曰：「如，若也。」

〔九〕師古曰：「周頌桓之詩也。言欲治四方者，先當能定其家，從內以及外。」

〔一〇〕師古曰：「易家人卦之〔象也〕〔彖辭〕。」

衡爲少傅數年，數上疏陳便宜，及朝廷有政議，傅經以對，〔一〕言多法義。上以爲任公卿，〔二〕由是爲光祿勳、御史大夫。建昭三年，代韋玄成爲丞相，封樂安侯，食邑六百戶。

〔一〕師古曰：「傅讀曰附。附，依也。」

〔二〕師古曰：「任，堪也。」

元帝崩，成帝即位，衡上疏戒妃匹，勸經學威儀之則，曰：

陛下秉至孝，哀傷思慕不絕於心，未有游虞弋射之宴，〔一〕誠隆於慎終追遠，無窮已也。〔二〕竊願陛下雖聖性得之，猶復加聖心焉。〔三〕詩云「煢煢在疚」，〔四〕言成王喪畢思慕，意氣未能平也，蓋所以就文武之業，崇大化之本也。〔五〕

〔一〕師古曰：「虞與娛同。」

〔二〕師古曰：「慎終，慎孝道之終也。追遠，不忘本也。論語稱孔子：『慎終追遠，則民德歸厚矣。』故衡引之。」

〔三〕師古曰：「言天性已自然矣，又當加意也。」

〔四〕師古曰：「周頌閔予小子之詩。煢煢，憂貌也。疚，病也。」

〔五〕師古曰：「就，成也。」

臣又聞之師曰：「妃匹之際，生民之始，萬福之原。」婚姻之禮正，然後品物遂而天命全。〔一〕孔子論詩以關雎爲始，言太上者民之父母，〔二〕后夫人之行不侔乎天地，則無以奉神靈之統而理萬物之宜。〔三〕故詩曰：「窈窕淑女，君子好仇。」〔四〕言能致其貞淑，不貳其操，情欲之感無介乎容儀，〔五〕宴私之意不形乎動靜，〔六〕夫然後可以配至尊而爲宗廟主。此綱紀之首，王教之端也，自上世已來，三代興廢，未有不由此者也。願陛下詳覽得失盛衰之效以定大基，采有德，戒聲色，近嚴敬，遠技能。〔七〕

〔一〕師古曰：「遂，成也。」

〔二〕師古曰：「太上，居尊上之位也。」

〔三〕師古曰：「侔，等也。」

〔四〕師古曰：「周南關雎之詩也。窈窕，幽閒也。仇，匹也。」

〔五〕服虔曰：「不見色於容儀也。」師古曰：「介，繫也。言不以情欲繫心，而著於容儀者。」

〔六〕師古曰：「形，見也。」

〔七〕師古曰：「無德之人，雖有技能則斥遠之。」

竊見聖德純茂，專精詩書，好樂無厭。〔一〕臣衡材駑，無以輔相善義，宣揚德音。〔二〕臣聞六經者，聖人所以統天地之心，著善惡之歸，明吉凶之分，通人道之正，〔三〕使不悖於其本性者也。〔四〕故審六藝之指，則人天之理可得而和，草木昆蟲可得而育，此永永不易之道也。〔五〕及論語、孝經，聖人言行之要，宜究其意。〔六〕

〔一〕師古曰：「樂音五教反。」
〔二〕師古曰：「相，助也。」
〔三〕師古曰：「分音扶問反。」
〔四〕師古曰：「悖，乖也，音布內反。」
〔五〕師古曰：「易，變也。」
〔六〕師古曰：「究，盡也。」

臣又聞聖王之自爲動靜周旋，奉天承親，臨朝享臣，物有節文，以章人倫。〔一〕蓋欽翼祇栗，事天之容也；溫恭敬遜，承親之禮也；正躬嚴恪，臨衆之儀也；〔二〕嘉惠和說，饗下之顏也。〔三〕舉錯動作，物遵其儀，故形爲仁義，動爲法則。孔子曰：「德義可尊，容止可觀，進退可度，以臨其民，是以其民畏而愛之，則而象之。」〔四〕大雅云：「敬慎威儀，惟民之則。」〔五〕諸侯正月朝覲天子，天子惟道德，昭穆穆以視之，〔六〕又觀以禮樂，饗醴乃歸。〔七〕故萬國莫不獲賜祉福，蒙化而成俗。今正月初幸路寢，臨朝賀，置酒以饗萬方，傳曰「君子愼始」，願陛下留神動靜之節，使羣下得望盛德休光，〔八〕以立基楨，天下幸甚！

〔一〕師古曰：「物，事也，事事皆有節文。」
〔二〕師古曰：「嚴讀曰儼。」
〔三〕師古曰：「說讀曰悅。饗，燕饗也。」
〔四〕師古曰：「孝經載孔子之言也。則，法也。象，似也。」
〔五〕師古曰：「抑之詩。」
〔六〕師古曰：「昭，明也。穆穆，天子之容也。視讀曰示。」
〔七〕師古曰：「觀亦視也。饗醴，以醴酒饗也。」
〔八〕師古曰：「休，美也。」

上敬納其言。頃之，衡復奏正南北郊，罷諸淫祀，語在郊祀志。

初，元帝時，中書令石顯用事，自前相韋玄成及衡皆畏顯，不敢失其意。至成帝初即位，衡乃與御史大夫甄譚共奏顯，追條其舊惡，并及黨與。於是司隸校尉王尊劾奏：「衡、譚居大臣位，知顯等專權勢，作威福，爲海內患害，不以時白奏行罰，而阿諛曲從，附下罔上，無大臣輔政之義。既奏顯等，不自陳不忠之罪，而反揚著先帝任用傾覆之徒，〔一〕罪至不道。」有詔勿劾。衡慙懼，上疏謝罪，因稱病乞骸骨，上丞相樂安侯印綬。上報曰：「君以道德修明，位在三公，先帝委政，遂及朕躬。君遵修法度，勤勞公家，朕嘉與君同心合意，庶幾有成。今司隸校尉尊妄詆欺，加非於君，〔二〕朕甚閔焉。方下有司問狀，〔三〕君何疑而上書歸侯乞骸骨，是章朕之未燭也。〔四〕傳不云乎？『禮義不愆，何恤人之言！』〔五〕君其察焉。專精神，近醫藥，强食自愛。」因賜上尊酒、養牛。〔六〕衡起視事。上以新即位，褒優大臣，然羣下多是王尊者。衡嘿嘿不自安，每有水旱，風雨不時，連乞骸骨讓位。上輒以詔書慰撫，不許。

〔一〕師古曰：「著，明也。」

〔二〕師古曰：「詆，毁也，音丁禮反。」

〔三〕師古曰：「問司隸。」

〔四〕師古曰：「燭，照也。」

〔五〕師古曰：「愆，過也。恤，憂也。」

〔六〕師古曰：「上尊，解在薛廣德傳。」

久之，衡子昌爲越騎校尉，醉殺人，繫詔獄。越騎官屬與昌弟且謀篡昌。〔一〕事發覺，衡免冠徒跣待罪，天子使謁者詔衡冠履。而有司奏衡專地盜土，衡竟坐免。

〔一〕師古曰：「逆取曰簒。」

初，衡封僮之樂安鄉，〔一〕鄉本田隄封三千一百頃，〔二〕南以閩佰爲界。〔三〕初元元年，郡圖誤以閩佰爲平陵佰。積十餘歲，衡封臨淮郡，〔四〕遂封眞平陵佰以爲界，多四百頃。至建始元年，郡乃定國界，上計簿，更定圖，言丞相府。衡謂所親吏趙殷曰：〔五〕「主簿陸賜故居奏曹，習事，曉知國界，署集曹掾。」明年治計時，衡問殷國界事：「曹欲奈何？」殷曰：「賜以爲舉計，令郡實之。〔六〕恐郡不肯從實，可令家丞上書。」衡曰：「顧當得不耳，何至上書？」〔七〕亦不告曹使舉也，聽曹爲之。後賜與屬明舉計曰：「案故圖，樂安鄉南以平陵佰爲界，不〔足〕〔從〕故而以閩佰爲界，解何？」〔八〕郡卽復以四百頃付樂安國。衡遣從史之僮，收取所還田租穀千餘石入衡家。司隸校尉駿、少府忠行廷尉事劾奏「衡監臨盜所主守直十金以上。〔九〕春秋之義，諸侯不得專地，所以壹統尊法制也。衡位三公，輔國政，領計簿，知郡實，正國界，計簿已定而背法制，專地盜土以自益，及賜、明阿承衡意，猥舉郡計，亂減縣界，〔一〇〕附下罔上，擅以地附益大臣，皆不道。」於是上可其奏，勿治，丞相免爲庶人，終於家。

〔一〕文穎曰：「屬臨淮郡。」

〔二〕師古曰：「提封，舉其封界內之總數。」

〔三〕師古曰：「佰者，田之東西界也。閩者，佰之名也。佰音莫客反。」

〔四〕蘇林曰：「平陵佰在閩佰南，誤十餘歲，衡乃始封此鄉。」〔晉灼曰：「舉郡而言耳，自封縣也。」〕

〔五〕師古曰：「所親，素所親任者。」

〔六〕師古曰：「舉發上計之簿，令郡（故）〔改〕從平陵佰以爲定實。」

〔七〕師古曰：「顧，念也。」

〔八〕師古曰：「不足故者，不依故圖而滿足也。解何者，以分解此時意，猶今言分疏也。」

〔九〕師古曰：「十金以上，當時律定罪之次，若今律條言一尺以上，一匹以上。」

〔一〇〕師古曰：「猥，曲也。」

子咸亦明經，歷位九卿。家世多爲博士者。

張禹字子文，河內軹人也，至禹父徙家蓮（自）〔勺〕。〔一〕禹爲兒，數隨家至市，喜觀於卜相者前。〔二〕久之，頗曉其別蓍布卦意，〔三〕時從旁言。卜者愛之，又奇其面貌，謂禹父：「是兒多知，可令學經。」及禹壯，至長安學，從沛郡施讎受易，琅邪王陽、膠東庸生問論語，既皆明習，有徒衆，舉爲郡文學。甘露中，諸儒薦禹，有詔太子太傅蕭望之問。禹對易及論語大義，望之善焉，奏禹經學精習，有師法，可試事。〔四〕奏寢，罷歸故官。〔五〕久之，試爲博士。初元中，立皇太子，而博士鄭寬中以尚書授太子，薦言禹善論語。詔令禹授太子論語，由是遷光祿大夫。數歲，出爲東平內史。

〔一〕師古曰：「左馮翊縣名也，音聳酌。」
〔二〕師古曰：「至其人之前而觀之。喜音許吏反。」
〔三〕師古曰：「別，分也，音彼列反。」
〔四〕師古曰：「試以職事也。」
〔五〕師古曰：「寖謂不下也。」

元帝崩，成帝卽位，徵禹、寬中，皆以師賜爵關內侯，寬中食邑八百戶，禹六百戶。拜爲諸吏光祿大夫，秩中二千石，給事中，領尚書事。是時，帝舅陽平侯王鳳爲大將軍輔政專權，而上富於春秋，謙讓，方鄉經學，敬重師傅。〔一〕而禹與鳳並領尚書，內不自安，數病上書乞骸骨，欲退避鳳。上報曰：「朕以幼年執政，萬機懼失其中，君以道德爲師，故委國政。君何疑而數乞骸骨，忽忘雅素，欲避流言？〔二〕朕無聞焉。〔三〕君其固心致思，總秉諸事，推以孳孳，無違朕意。」加賜黃金百斤、養牛、上尊酒，太官致餐，侍醫視疾，使者臨問。〔四〕禹惶恐，復起視事，河平四年代王商爲丞相，封安昌侯。

〔一〕師古曰：「鄉讀曰嚮。」
〔二〕師古曰：「雅素，故也。謂師傅故舊之恩。」
〔三〕師古曰：「不聞有毀短之言。」

〔四〕師古曰：「侍醫，侍天子之醫。」

爲相六歲，鴻嘉元年以老病乞骸骨，上加優再三，乃聽許。賜安車駟馬，黃金百斤，罷就第，以列侯朝朔望，位特進，見禮如丞相，置從事史五人，益封四百戶。天子數加賞賜，前後數千萬。

禹爲人謹厚，內殖貨財，〔一〕家以田爲業。及富貴，多買田至四百頃，皆涇、渭溉灌，極膏腴上賈。〔二〕它財物稱是。禹性習知音聲，內奢淫，身居大第，後堂理絲竹筦弦。〔三〕

〔一〕師古曰：「殖，生也。」

〔二〕師古曰：「賈讀曰價。」

〔三〕如淳曰：「今樂家五日一習樂爲理樂。」師古曰：「筦亦管字。」

禹成就弟子尤著者，淮陽彭宣至大司空，沛郡戴崇至少府九卿。宣爲人恭儉有法度，而崇愷弟多智，〔一〕二人異行。禹心親愛崇，敬宣而疏之。崇每候禹，常責師宜置酒設樂與弟子相娛。禹將崇入後堂飲食，婦女相對，優人筦弦鏗鏘極樂，昏夜乃罷。〔二〕而宣之來也，禹見之於便坐，〔三〕講論經義，日晏賜食，不過一肉卮酒相對。〔四〕宣未嘗得至後堂。及兩人皆聞知，各自得也。〔五〕

〔一〕師古曰：「愷，樂也。弟，易也。言性和樂而簡易。」

〔二〕師古曰：「極樂，盡其歡樂之情。」
〔三〕師古曰：「便坐，謂非正寢，在於旁側可以延賓者也。坐音才臥反。」
〔四〕師古曰：「一豆之肉，一巵行酒。」
〔五〕服虔曰：「各自爲得宜。」

禹年老，自治冢塋，起祠室，好平陵肥牛亭部處地，〔一〕又近延陵，奏請求之，上以賜禹，詔令平陵徙亭它所。曲陽侯根聞而爭之：「此地當平陵寢廟衣冠所出游道，禹爲師傅，不遵謙讓，至求衣冠所游之道，又徙壞舊亭，重非所宜。〔二〕孔子稱『賜愛其羊，我愛其禮』，〔三〕宜更賜禹它地。」根雖爲舅，上敬重之不如禹，根言雖切，猶不見從，卒以肥牛亭地賜禹。根由是害禹寵，數毀惡之。〔四〕天子愈益敬厚禹。禹每病，輒以起居聞，〔五〕車駕自臨問之。上親拜禹牀下，禹頓首謝恩，〔因〕歸誠，言「老臣有四男一女，愛女甚於男，遠嫁爲張掖太守蕭咸妻，不勝父子私情，思與相近。」上卽時徙咸爲弘農太守。又禹小子未有官，上臨候禹，禹數視其小子，上卽禹牀下拜爲黃門郎，給事中。

〔一〕師古曰：「肥牛，亭名。欲得置亭處之地爲冢塋。」
〔二〕師古曰：「重音直用反。」
〔三〕師古曰：「論語云子貢欲去告朔之餼羊，孔子曰：『賜也，爾愛其羊，我愛其禮。』故引之。」
〔四〕師古曰：「惡謂言其過惡。」

〔十三〕師古曰：「謂其食飲寢臥之增損。」

禹雖家居，以特進爲天子師，國家每有大政，必與定議。〔一〕永始、元延之間，日蝕地震尤數，吏民多上書言災異之應，譏切王氏專政所致。上懼變異數見，意頗然之，未有以明見，乃車駕至禹弟，辟左右，〔二〕親問禹以天變，因用吏民所言王氏事示禹。禹自見年老，子孫弱，又與曲陽侯不平，恐爲所怨。禹則謂上曰：「春秋二百四十二年間，日蝕三十餘，地震五（十六），或爲諸侯相殺，或夷狄侵中國。災變之異深遠難見，故聖人罕言命，不語怪神。〔三〕性與天道，自子贛之屬不得聞，〔四〕何況淺見鄙儒之所言！陛下宜修政事以善應之，與下同其福喜，此經義意也。新學小生，亂道誤人，宜無信用，以經術斷之。」上雅信愛禹，由此不疑王氏。後曲陽侯根及諸王子弟聞知禹言，皆喜說，〔五〕遂親就禹。禹見時有變異，若上體不安，擇日絜齋露蓍，〔六〕正衣冠立筮，得吉卦則獻其占，如有不吉，禹爲感動憂色。

〔一〕師古曰：「與讀曰豫。」

〔二〕師古曰：「辟讀曰闢。」

〔三〕師古曰：「罕，稀也。論語云『子罕言利與命與仁』，又曰『子不語怪力亂神』。」

〔四〕師古曰：「論語云『夫子之言性與天道，不可得而聞也』，謂孔子未嘗言性命之事及天道。」

〔五〕師古曰：「說讀曰悅。」

〔六〕服虔曰：「露（筮）易蓍於星宿下，明日乃用。言得天氣也。」師古曰：「蓍，草名，筮者所用也，音式夷反。」

成帝崩，禹及事哀帝，建平二年薨，謚曰節侯。禹四子，長子宏嗣侯，官至太常，列於九卿。三弟皆為校尉散騎諸曹。

初，禹為師，以上難數對己問經，為論語章句獻之。始魯扶卿及夏侯勝、王陽、蕭望之、韋玄成皆說論語，篇第或異。禹先事王陽，後從庸生，采獲所安，最後出而尊貴。諸儒為之語曰：「欲為論，念張文。」由是學者多從張氏，餘家寖微。〔一〕

〔一〕師古曰：「寖，漸也。」

孔光字子夏，孔子十四世之孫也。孔子生伯魚鯉，〔一〕鯉生子思伋，〔二〕伋生子上帛，帛生子家求，求生子眞箕，箕生子高穿。穿生順，順為魏相。順生鮒，鮒為陳涉博士，死陳下。鮒弟子襄為孝惠博士，長沙太傅。襄生忠，忠生武及安國，武生延年。延年生霸，字次儒。霸生光焉。安國、延年皆以治尚書為武帝博士。安國至臨淮太守。霸亦治尚書，事太傅夏侯勝，昭帝末年為博士，宣帝時為太中大夫，以選授皇太子經，遷詹事，高密相。是時，諸侯王相在郡守上。

〔一〕師古曰：「名鯉，字伯魚。先言其字者，孔氏自為譜諜，示尊其先也。下皆類此。」

〔二〕師古曰：「伋音級。」

元帝即位，徵霸，以師賜爵關內侯，食邑八百戶，號褒成君，〔一〕給事中，加賜黃金二百斤，第一區，徙名數于長安。〔二〕霸爲人謙退，不好權勢，常稱爵位泰過，何德以堪之！上欲致霸相位，自御史大夫貢禹卒，及薛廣德免，輒欲拜霸。霸讓位，自陳至三，上深知其至誠，乃弗用。以是敬之，賞賜甚厚。及霸薨，上素服臨弔者再，至賜東園祕器錢帛，策贈以列侯禮，謚曰烈君。

〔一〕如淳曰：「爲帝師，教令成就，故曰褒成君。」

〔二〕師古曰：「名數，戶籍也。」

霸四子，長子福嗣關內侯。次子捷、捷弟喜皆列校尉諸曹。光，最少子也，經學尤明，年未二十，舉爲議郎。光祿勳匡衡舉光方正，爲諫大夫。坐議有不合，左遷虹長，〔一〕自免歸教授。成帝初即位，舉爲博士，數使錄冤獄，行風俗，〔二〕振贍流民，奉使稱旨，由是知名。是時，博士選三科，高（第）爲尚書，次爲刺史，其不通政事，以久次補諸侯太傅。光以高第爲尚書，觀故事品式，數歲明習漢制及法令。上甚信任之，轉爲僕射，尚書令。〔三〕有詔光周密謹慎，未嘗有過，加諸吏官，以子男放爲侍郎，給事黃門。數年，遷諸吏光祿大夫，秩中二千石，給事中，賜黃金百斤，領尚書事。後爲光祿勳，復領尚書，諸吏給事中如故。凡典樞機十餘年，守法度，修故事。上有所問，據經法以心所安而對，不希指苟合；〔四〕如或不從，不敢强諫爭，以是久而安。時有所言，輒削草稾，〔五〕以爲章主之過，以奸忠直，人臣大罪也。〔六〕有所薦舉，唯恐其人之聞知。沐日歸休，兄弟妻子燕語，終不及朝省政事。或問光：「温室省中樹皆何木也？」〔七〕光嘿不應，更答以它語，其不泄如是。光帝師傅子，少以經行自著，進官蚤成。〔八〕不結黨友，養游説，有求於人。既性自守，亦其勢然也。〔九〕徙光祿勳爲御史大夫。

〔一〕師古曰：「不合，謂不合天子意也。虹，沛之縣也，音貢。」
〔二〕師古曰：「行音下更反。」
〔三〕師古曰：「先爲僕射，後爲尚書令。」
〔四〕師古曰：「希指，希望天子之旨意也。」
〔五〕（師古）〔服虔〕曰：「言已繕（寫）〔寫〕書，輒削壞其草。」
〔六〕師古曰：「奸，求也。奸忠直之名也。奸音干。」
〔七〕晉灼曰：「長樂宮中有温室殿。」
〔八〕師古曰：「蚤，古早字。」
〔九〕師古曰：「言以名父之子，學官早成，不須黨援也。」

綏和中，上卽位二十五年，無繼嗣，至親有同產弟中山孝王及同產弟子定陶王在。定陶王好學多材，於帝子行。〔一〕而王祖母傅太后陰爲王求漢嗣，私事趙皇后、昭儀及帝舅大司馬驃騎將軍王根，故皆勸上。上於是召丞相翟方進、御史大夫光、右將軍廉褒、後將軍朱博，皆引入禁中，議中山、定陶王誰宜爲嗣者。方進、根以爲定陶王帝弟之子，禮曰「昆弟之子猶子也」，「爲其後者爲之子也」，定陶王宜爲嗣。褒、博皆如方進、根議。光獨以爲禮立嗣以親，中山王先帝之子，帝親弟也，以尚書盤庚殷之及王爲比，〔二〕中山王宜爲嗣。上以禮兄弟不相入廟，又皇后、昭儀欲立定陶王，故遂立爲太子。光以議不中意，左遷廷尉。〔三〕

〔一〕師古曰：「行音胡浪反。」

〔二〕師古曰：「兄終弟及也。比音必寐反。」

〔三〕師古曰：「中，當也。」

光久典尚書，練法令，號稱詳平。時定陵侯淳于長坐大逆誅，長小妻迺始等六人皆以長事未發覺時棄去，或更嫁。及長事發，丞相方進、大司空武議，〔一〕以爲「令，犯法者各以法時律令論之，〔二〕明有所訖也。〔三〕長犯大逆時，迺始等見爲長妻，已有當坐之罪，與身犯法無異。後乃棄去，於法無以解。〔四〕請論。」光議以爲「大逆無道，父母妻子同產無少長皆棄市，欲懲後犯法者也。〔五〕夫婦之道，有義則合，無義則離。長未自知當坐大逆之法，而棄去迺始等，或更嫁，義已絕，而欲以爲長妻論殺之，名不正，不當坐。」有詔光議是。

〔一〕師古曰：「翟方進及何武。」

〔二〕師古曰：「此（其）〔具〕引令條之文也。法時謂始犯法之時也。」

〔三〕師古曰：「訖，止也。」

〔四〕師古曰：「解，免也。」

〔五〕師古曰：「懲，創止也。」

是歲，右將軍褒、後將軍博坐定陵、紅陽侯〔一〕皆免爲庶人。以光爲左將軍，居右將軍官職，執金吾王咸爲右將軍，居後將軍官職。罷後將軍官。數月，丞相方進薨，召左將軍光，當拜，已刻侯印書贊，〔二〕上暴崩，卽其夜於大行前拜受丞相博山侯印綬。

〔一〕師古曰：「廉褒、朱博坐與淳于長、王立交厚也。」

〔二〕師古曰：「贊，進也，延進而拜之。書贊者，書贊辭於策也。」

哀帝初卽位，躬行儉約，省減諸用，政事由己出，朝廷翕然，望至治焉。褒賞大臣，益封光千戶。時成帝母太皇太后自居長樂宮，而帝祖母定陶傅太后在國邸，有詔問丞相、大司空：「定陶共王太后宜當何居？」光素聞傅太后爲人剛暴，長於權謀，自帝在襁褓而養長教道至於成人，帝之立又有力。光心恐傅太后與政事，〔一〕不欲令與帝旦夕相近，卽議以爲定陶太后宜改築宮。大司空何武曰：「可居北宮。」上從武言。北宮有紫房復道通未央宮，〔二〕傅太后果從復道朝夕至帝所，求欲稱尊號，貴寵其親屬，使上不得直道（而）行。〔三〕頃之，太后從弟子傅遷在左右尤傾邪，上免官遣歸故郡。傅太后怒，上不得已復留遷。光與大司空師丹奏言：「詔書『侍中駙馬都尉遷巧佞無義，漏泄不忠，國之賊也，免歸故郡。』復有詔止。天下疑惑，無所取信，虧損聖德，誠不小愆。陛下以變異連見，避正殿，見羣臣，思求其故，至今未有所改。〔四〕臣請歸遷故郡，以銷姦黨，應天戒。」卒不得遣，復爲侍中。脅於傅太后，皆此類也。

〔一〕師古曰：「與讀曰豫。」
〔二〕師古曰：「復讀曰複。」
〔三〕師古曰：「不得依正直之道。」
〔四〕師古曰：「舊有不善之事，皆未改除。」

又傅太后欲與成帝母俱稱尊號，羣下多順指，言母以子貴，宜立尊號以厚孝道。唯師丹與光持不可。〔一〕上重違大臣正議，〔二〕又內迫傅太后，猗違者連歲。〔三〕丹以罪免，而朱博代爲大司空。光自先帝時議繼嗣有持異之隙矣，又重忤傅太后指，〔四〕由是傅氏在位者與朱博爲表裏，共毀譖光。後數月遂策免光曰：「丞相者，朕之股肱，所與共承宗廟，統理海內，〔五〕輔朕之不逮以治天下也。朕既不明，災異重仍，〔六〕日月無光，山崩河決，五星失行，是章朕之不德而股肱之不良也。〔七〕君前爲御史大夫，輔翼先帝，出入八年，卒無忠言嘉謀，今相睽，出入三年，憂國之風復無聞焉。陰陽錯謬，歲比不登，〔八〕天下空虛，百姓饑饉，父子分散，流離道路，以十萬數。而百官羣職曠廢，〔九〕姦軌放縱，盜賊並起，或攻官寺，殺長吏。數以問君，君無怵惕憂懼之意，對毋能爲。〔一〇〕是以羣卿大夫咸惰哉莫以爲意，咎由君焉。君秉社稷之重，總百僚之任，上無以匡睽之闕，下不能綏安百姓。書不云乎？『毋曠庶官，天工人其代之。』〔一一〕於虖！〔一二〕君其上丞相博山侯印綬，罷歸。」〔一三〕

〔一〕蘇林曰：「執持不可。」

〔二〕師古曰：「重，難也。」

〔三〕如淳曰：「不決事之言也。」師古曰：「猗違猶依違耳。猗音於奇反。」

〔四〕師古曰：「重音直用反。」

〔五〕師古曰：「共讀曰恭。」

〔六〕師古曰：「仍，頻也。重音直用反。」

〔七〕師古曰：「章，明也。」

〔八〕師古曰：「比，頻也。」

〔九〕師古曰：「曠，空也。」

〔一〇〕師古曰：「言盜賊不能爲害。」

〔一一〕師古曰：「虞書咎繇謨之辭也。位非其人，是爲空官。言人代天理官，不可以天官私非其材。」

〔三〕師古曰：「於讀曰烏。虖讀曰呼。」

〔四〕師古曰：「漢舊儀云丞相有它過，使者奉策書，即時步出府，乘棧車歸田里。」

光退閭里，杜門自守。〔一〕而朱博代爲丞相，數月，坐承傅太后指妄奏事自殺。平當代爲丞相，數月薨。王嘉復爲丞相，數諫爭忤指。旬歲間閱三相，〔二〕議者皆以爲不及光。上由是思之。

〔一〕師古曰：「杜，塞也。」

〔二〕師古曰：「閱猶歷也。」

會元壽元年正月朔日有蝕之，後十餘日傅太后崩。是月徵光詣公車，問日蝕事。光對曰：「臣聞日者，衆陽之宗，人君之表，至尊之象。君德衰微，陰道盛彊，侵蔽陽明，則日蝕應之。書曰『羞用五事』，『建用皇極』。〔一〕如貌、言、視、聽、思失，〔二〕大中之道不立，則咎徵薦臻，六極屢降。皇之不極，是爲大中不立，其傳曰『時則有日月亂行』，謂朓、側匿，〔三〕甚則薄蝕是也。又曰『六沴之作』，〔四〕歲之朝曰三朝，〔五〕其應至重。乃正月辛丑朔日有蝕之，變見三朝之會。上天聰明，苟無其事，變不虛生。書曰『惟先假王正厥事』，〔六〕言異變之來，起事有不正也。臣聞師曰，天(右)〔左〕與王者，〔七〕故災異數見，以譴告之，欲其改更。若不畏懼，有以塞除，而輕忽簡誣，則凶罰加焉，其至可必。〔八〕詩曰：『敬之敬之，天惟顯思，命不易哉！』〔九〕又曰：『畏天之威，于時保之。』〔一〇〕皆謂不懼者凶，懼之則吉也。陛下聖德聰明，兢兢業業，〔一一〕承順天戒，敬畏變異，勤心虛己，延見羣臣，思求其故，然後敕躬自約，總正萬事，放遠讒說之黨，援納斷斷之介，〔一二〕退去貪殘之徒，進用賢良之吏，平刑罰，薄賦斂，恩澤加於百姓，誠爲政之大本，應變之至務也。天下幸甚。書曰『天既付命正厥德』，〔一三〕言正德以順天也。又曰『天棐諶辭』，〔一四〕言有誠道，天輔之也。明承順天道在於崇德博施，加精致誠，孳孳而已。〔一五〕俗之祈禳小數，終無益於應天塞異，銷禍興福，〔一六〕較然甚明，無可疑惑。」〔一七〕

〔一〕師古曰：「周書洪範之言。羞，進也。皇，大也。極，中也。」

〔二〕師古曰：「如，若也。」

〔三〕孟康曰：「朓，行疾也。側匿，行遲也。」師古曰：「朓音吐了反。」

〔四〕師古曰：「沴，惡氣也，音戾。」

〔五〕師古曰：「歲之朝，月之朝，日之朝，故曰三朝。」

〔六〕師古曰：「商書高宗肜日之辭也。假，至也。言先代至道之王必正其事。」

〔七〕師古曰：「(右)〔左〕讀曰(佑)〔佐〕。(佑)〔佐〕，助也。」

〔八〕師古曰：「習輕忽天戒，簡傲欺誣者，其罰必至。」

〔九〕師古曰：「周頌敬之篇。顯，明也。思，辭也。言天甚明察，宜敬之，以承受天命甚難。」

〔10〕師古曰：「周頌我將之詩。言必敬天之威，於是乃得安。」
〔一一〕師古曰：「兢兢，戒也。業業，危也。」
〔一二〕師古曰：「援，引也。斷斷，專壹之貌。介謂一介之人。援音爰。」
〔一三〕師古曰：「商書高宗肜日之辭。言既受天命，宜正其德。」
〔一四〕師古曰：「周書大誥之辭。棐，輔也。諶，誠也。諶辭，至誠之辭也。棐音匪。諶音上林反。」
〔一五〕師古曰：「孳孳，不怠也。孳音茲。」
〔一六〕師古曰：「祈，求福也。禳，除禍也。」
〔一七〕師古曰：「較，明貌也，音角。」

書奏，上說，〔一〕賜光束帛，拜爲光祿大夫，秩中二千石，給事中，位次丞相。詔光舉可尚書令者封上，光謝曰：「臣以朽材，前比歷位典大職，卒無尺寸之效，〔二〕幸免罪誅，全保首領，今復拔擢，備內朝臣，與聞政事。〔三〕臣光智謀淺短，犬馬齒載，〔四〕誠恐一旦顚仆，無以報稱。〔五〕竊見國家故事，尚書以久次轉遷，非有踔絕之能，不相踰越。〔六〕尚書僕射敞，公正勤職，通敏於事，可尚書令。謹封上。」敞以舉故，爲東平太守。敞姓成公，東海人也。

〔一〕師古曰：「說讀曰悅。」
〔二〕師古曰：「卒，終也。」
〔三〕師古曰：「與讀曰豫。」

〔四〕師古曰：「蟄，老也，讀與耋同。今書本有作截字者，俗寫誤也。」
〔五〕師古曰：「稱，副也。」
〔六〕師古曰：「踔，高遠也，音竹角反。」

光爲大夫月餘，丞相嘉下獄死，〔一〕御史大夫賈延免。光復爲御史大夫，二月（復）〔爲〕丞相，復故國博山侯。上乃知光前免非其罪，以過近臣毀短光者，復免傅嘉，曰：「前爲侍中，毀譖仁賢，誣愬大臣，令俊艾者久失其位。〔二〕嘉傾覆巧僞，挾姦以罔上，崇黨以蔽朝，傷善以肆意。〔三〕詩不云乎？『讒人罔極，交亂四國。』〔四〕其免嘉爲庶人，歸故郡。」

〔一〕師古曰：「王嘉也。」
〔二〕師古曰：「艾讀曰乂。」
〔三〕師古曰：「肆，極也。」
〔四〕師古曰：「小雅青蠅之詩，解在車千秋傳。」

明年，定三公官，光更爲大司徒。會哀帝崩，太皇太后以新都侯王莽爲大司馬，徵立中山王，是爲平帝。帝年幼，太后稱制，委政於莽。初，哀帝罷黜王氏，故太后與莽怨丁、傅、董賢之黨。莽以光爲舊相名儒，天下所信，太后敬之，備禮事光。所欲搏擊，輒爲草，以太后指風光令上之，〔一〕睚眥莫不誅傷。〔二〕莽權日盛，光憂懼不知所出，上書乞骸骨。莽白太后：「帝幼少，宜置師傅。」徙光爲帝太傅，位四輔，給事中，領宿衞供養，行內〔三〕署門戶，省服御食物。〔四〕明年，徙爲太師，而莽爲太傅。光常稱疾，不敢與莽並。有詔朝朔望，領城門兵。莽又風羣臣奏莽功德，稱宰衡，位在諸侯王上，百官統焉。光愈恐，固稱疾辭位。太后詔曰：「太師光，聖人之後，先師之子，德行純淑，道術通明，居四輔職，輔道于帝。〔五〕今年耆有疾，俊艾大臣，惟國之重，其猶不可以闕焉。〔六〕書曰『無遺耈老』，〔七〕國之將興，尊師而重傅。其令太師毋朝，十日一賜餐。賜太師靈壽杖，〔八〕黃門令爲太師省中坐置几，太師入省中用杖，賜餐十七物，〔九〕然後歸老于第，官屬按職如故。」〔一〇〕

〔一〕師古曰：「謂文書之槀草也。風讀曰諷。次下亦同。」

〔二〕師古曰：「厓音崖。眥音漬。厓又音五懈反。眥又音仕懈反。解具在杜欽傳。」

〔三〕師古曰：「行內，行在所之內中，猶言禁中也。」

〔四〕師古曰：「省，視也。」

〔五〕師古曰：「道讀曰導。」

〔六〕師古曰：「艾讀曰乂。」

〔七〕師古曰：「周書召誥之辭也。言不遺老成之人也。」

〔八〕孟康曰：「扶老杖也。」服虔曰：「靈壽，木名。」師古曰：「木似竹，有枝節，長不過八九尺，圍三四寸，自然有合杖制，不須削治也。」

〔九〕師古曰：「食具有十七種物。」

〔10〕師古曰：「言十日一入朝，受此寵禮。它日則常在家自養，而其屬官依常各行職務。」

光凡爲御史大夫、丞相各再，壹爲大司徒、太傅、太師，歷三世，居公輔位前後十七年。自爲尚書，止不教授，後爲卿，時會門下大生講問疑難，舉大義云。其弟子多成就爲博士大夫者，見師居大位，幾得其助力，〔一〕光終無所薦舉，至或怨之。其公如此。

〔一〕師古曰：「幾讀曰冀。」

光年七十，元始五年薨。莽白太后，使九卿策贈以太師博山侯印綬，賜乘輿祕器，金錢雜帛。少府供張，諫大夫持節與謁者二人使護喪事，博士護行禮。太后亦遣中謁者持節視喪。公卿百官會弔送葬。載以乘輿轀輬及副各一乘，〔一〕羽林孤兒諸生合四百人輓送，車萬餘兩，道路皆舉音以過喪。〔二〕將作穿復土，可甲卒五百人，起墳如大將軍王鳳制度。謚曰簡烈侯。

〔一〕師古曰：「轀輬車及副各一乘也。轀輬，解具在霍光傳。」

〔二〕師古曰：「喪到之處，行道之人皆舉音哭，須過乃止。」

初，光以丞相封，後益封，凡食邑萬一千戶。病甚，上書讓還七千戶，及還所賜一弟。子放嗣。莽篡位後，以光兄子永爲大司馬，封侯。昆弟子至卿大夫四五人。始光父霸以初元元年爲關內侯食邑。霸上書求奉孔子祭祀，元帝下詔曰：「其令師褒成君關內侯霸以所食邑八百戶祀孔子焉。」故霸還長子福名數於魯，奉夫子祀。霸薨，子福嗣。福薨，子房嗣。房薨，子莽嗣。元始元年，封周公、孔子後爲列侯，食邑各二千戶。莽更封爲褒成侯，後避王莽，更名均。

馬宮字游卿，東海戚人也。治春秋嚴氏，以射策甲科爲郎，遷楚長史，免官。後爲丞相史司直。師丹薦宮行能高絜，遷廷尉平，青州刺史，汝南、九江太守，所在見稱。徵爲詹事，光祿勳，右將軍，代孔光爲大司徒，封扶德侯。光爲太師薨，宮復代光爲太師，兼司徒官。

初，宮哀帝時與丞相御史雜議帝祖母傅太后諡，及元始中，王莽發傅太后陵徙歸定陶，以民葬之，追誅前議者。宮爲莽所厚，獨不及，內慙懼，上書謝罪乞骸骨。莽以太皇太后詔賜宮策曰：「太師大司徒扶德侯上書言『前以光祿勳議故定陶共王母諡，曰「婦人以夫爵尊爲號，諡宜曰孝元傅皇后，稱渭陵東園。」臣知妾不得體君，卑不得敵尊，而希指雷同，詭經辟說，〔一〕以惑誤上。爲臣不忠，當伏斧鉞之誅，幸蒙洒心自新，〔二〕又令得保首領。伏自惟念，入稱四輔，出備三公，爵爲列侯，誠無顏復望闕廷，無心復居官府，無宜復食國邑。願上太師大司徒扶德侯印綬，避賢者路。』下君章有司，皆以爲四輔之職爲國維綱，三公之任鼎足承君，不有鮮明固守，無以居位。如君言至誠可聽，惟君之惡在洒心前，不敢文過，朕甚多之，〔三〕不奪君之爵邑，以著『自古皆有死』之義。〔四〕其上太師大司徒印綬使者，以侯就弟。」王莽篡位，以宮爲太子師，卒官。

〔一〕師古曰：「詭，違。辟讀曰僻。」

〔二〕師古曰：「洒音先禮反。」

〔三〕師古曰：「多猶重也。」

〔四〕孟康曰：「以宮上書不文過爲信，不奪其爵邑。」師古曰：「論語載孔子言曰：『自古皆有死，民無信不立』，故引之。」

本姓馬矢，宮仕學，稱馬氏云。

贊曰：自孝武興學，公孫弘以儒相，其後蔡義、韋賢、玄成、匡衡、張禹、翟方進、孔光、平當、馬宮及當子晏咸以儒宗居宰相位，服儒衣冠，〔一〕傳先王語，其醞藉可也，〔二〕然皆持祿保位，被阿諛之譏。彼以古人之迹見繩，烏能勝其任乎！〔三〕

〔一〕孟康曰：「方領逢掖之衣。」

〔二〕師古曰：「醞藉，謂如醞釀及薦藉，道其寬博重厚也。醞音於問反。藉音才夜反。」

〔三〕如淳曰：「迹謂既明且哲也。繩謂抨彈之也。」師古曰：「古人之迹，謂直道以事人也。烏，何也。抨音普耕反。」

校勘記

三三三三頁一〇行　人情(以)〔忽〕不自知，　景祐、殿、局本都作「忽」。　王先謙說作「忽」是。

三三三三頁一三行　臣聞五帝不同(樂)〔禮〕，　景祐、殿本都作「禮」。

三三四〇頁五行　(之道)〔道之〕衰莫不始乎梱內。　錢大昭說「之道」二字當乙。　按殿、局本作「道之」，景祐本亦作「之道」。

三三四一頁六行　易家人卦之(象也)〔象辭〕。　景祐、殿本都作「象辭」。

三三四六頁三行　積十餘歲，衡封臨淮郡，〔四〕　注〔四〕原在「衡封」下。　楊樹達說敦煌殘卷子本漢書此注在「臨淮郡」下，「衡封臨淮郡」五字屬讀。

三三四六頁八行　不(足)〔從〕故而以閩佰爲界，解何？　殘卷本作「從」。

三三四七頁二行　〔晉灼曰：「舉郡而言耳，自封縣也。」〕　殘卷本多此十二字。

三三四七頁四行　令郡(故)〔改〕從平陵佰以爲定實。　景祐、殿本都作「改」。

三三四七頁一〇行　至禹父徙家蓮(白)〔勺〕。　景祐、殿、局本都作「勺」，此誤。

三三五〇頁一〇行　禹頓首謝恩，〔因〕歸誠，　宋祁說「恩」字下當有「因」字。王念孫說宋說是。　殘卷本有「因」字。

三三五一頁五行　地震五(十六)，　宋祁、劉敞都說「十六」兩字疑衍。　按景祐本無「十六」兩字。

三三五一頁一六行　露（竑）易著於星宿下，殿本無「著」字。

三三五三頁二行　高（第）爲尙書，景祐、殿本都無「第」字。

三三五四頁一〇行　（師古）〔服虔〕曰：「言已縛（事）書，景祐、殿本都作「服虔」，無「事」字。

三三五六頁一行　此（其）〔具〕引令條之文也。景祐、殿本都作「具」。

三三五六頁一五行　使上不得直道（而）行。景祐、殿本都無「而」字。

三三五九頁一四行　天（右）〔左〕與王者，景祐本作「左」，注同。王念孫說作「左」是。

三三六二頁四行　二月（復）〔爲〕丞相，景祐、殿、局本都作「爲」。王先謙說作「爲」是。

漢書卷八十二

王商史丹傅喜傳第五十二

王商字子威，涿郡蠡吾人也，〔一〕徙杜陵。商父武，武兄無故，皆以宣帝舅封。無故爲平昌侯，武爲樂昌侯。語在外戚傳。

〔一〕師古曰：「蠡音禮。」

商少爲太子中庶子，以肅敬敦厚稱。父薨，商嗣爲侯，推財以分異母諸弟，身無所受，居喪哀慼。於是大臣薦商行可以厲羣臣，義足以厚風俗，宜備近臣。繇是擢爲諸曹侍中中郎將。〔一〕元帝時，至右將軍、光祿大夫。是時，定陶共王愛幸，幾代太子。〔二〕商爲外戚重臣輔政，擁佑太子，頗有力焉。〔三〕

〔一〕師古曰：「繇讀與由同。」

〔二〕師古曰：「共讀曰恭。幾音鉅依反。」

〔三〕師古曰：「佑，助也。」

元帝崩，成帝卽位，甚敬重商，徙爲左將軍。而帝元舅大司馬大將軍王鳳顓權，行多驕僭。商論議不能平鳳，鳳知之，亦疏商。建始三年秋，京師民無故相驚，言大水至，百姓奔走相蹂躪，〔一〕（老弱號呼），〔二〕長安中大亂。天子親御前殿，召公卿議。大將軍鳳以爲太后與上及後宮可御船，令吏民上長安城以避水。羣臣皆從鳳議。左將軍商獨曰：「自古無道之國，水猶不冒城郭。〔三〕今政治和平，世無兵革，上下相安，何因當有大水一日暴至？此必訛言也，〔四〕不宜令上城，重驚百姓。」〔五〕上乃止。有頃，長安中稍定，問之，果訛言。上於是美壯商之固守，數稱其議。而鳳大慙，自恨失言。

〔一〕師古曰：「蹂，踐也。躪，轢也。蹂音人九反。躪音藺。」
〔二〕〔師古曰：「呼音火故反。」〕
〔三〕師古曰：「冒，蒙覆也。」
〔四〕師古曰：「訛，僞也。」
〔五〕師古曰：「重音直用反。」

明年，商代匡衡爲丞相，益封千戶，天子甚尊任之。爲人多質有威重，〔一〕長八尺餘，身體鴻大，容貌甚過絕人。河平四年，單于來朝，引見白虎殿。〔二〕丞相商坐未央廷中，單于前，拜謁商。〔三〕商起，離席與言，單于仰視商貌，大畏之，遷延卻退。天子聞而歎曰：「此眞漢相矣！」

〔一〕師古曰：「多質，言不爲文飾。」

〔二〕師古曰：「在未央宮中。」

〔三〕師古曰：「單于將見天子，而經未央廷中過也。」

初，大將軍鳳連昏楊肜爲琅邪太守，〔一〕其郡有災害十四，已上。商部屬按問，〔二〕鳳以曉商〔三〕曰：「災異天事，非人力所爲。肜素善吏，宜以爲後。」〔四〕商不聽，竟奏免肜，奏果寢不下，鳳重以是怨商，〔五〕陰求其短，使人上書言商閨門內事。天子以爲暗昧之過，不足以傷大臣，鳳固爭，下其事司隸。

〔一〕如淳曰：「連昏者，婚家之婚親也。」

〔二〕如淳曰：「部屬猶差次。差次其屬令治之。」

〔三〕師古曰：「告語也。」

〔四〕師古曰：「且勿按問也。」

〔五〕師古曰：「重音直用反。」

先是皇太后嘗詔問商女，欲以備後宮。時女病，商意亦難之，以病對，不入。及商以閨門事見考，自知爲鳳所中，〔一〕惶怖，更欲內女爲援，乃因新幸李婕妤家白見其女。

〔一〕師古曰：「中，傷也，音竹仲反。」

會日有蝕之，太中大夫蜀郡張匡，其人佞巧，上書願對近臣陳日蝕咎。下朝者〔一〕左將軍丹等問匡，〔二〕對曰：「竊見丞相商作威作福，從外制中，取必於上，〔三〕性殘賊不仁，遣票輕吏微求人罪，〔四〕欲以立威，天下患苦之。前頻陽耿定上書言商與父傅通，及女弟淫亂，〔五〕奴殺其私夫，疑商教使。〔六〕章下有司，商私怨懟。〔七〕商子俊欲上書告商，俊妻左將軍丹女，持其書以示丹，丹惡其父子乖迕，〔八〕爲女求去。商不盡忠納善以輔至德，知聖主崇孝，遠別不親，〔九〕後庭之事皆受命皇太后，太后前聞商有女，欲以備後宮，商言有固疾，後有耿定事，更詭道因李貴人家內女。〔一〇〕執左道以亂政，〔一一〕誣罔誖大臣節，〔一二〕故應是而日蝕。周書曰：『以左道事君者誅。』〔一三〕易曰：『日中見昧，則折其右肱。』〔一四〕往者丞相周勃再建大功，及孝文時纖介怨恨，而日爲之蝕，於是退勃使就國，卒無怵惕憂。〔一五〕今商無尺寸之功，而有三世之寵，〔一六〕身位三公，宗族爲列侯、吏二千石、侍中諸曹，給事禁門內，連昏諸侯王，權寵至盛。審有內亂殺人怨懟之端，宜窮（意）〔竟〕考問。臣聞秦丞相呂不韋見王無子，意欲有秦國，卽求好女以爲妻，陰知其有身而獻之王，產始皇帝。及楚相春申君亦見王無子，心利楚國，卽獻有身妻而產懷王。自漢興幾遭呂、霍之患，〔一七〕今商有不仁之性，乃因怨以內女，其姦謀未可測度。前孝景世七國反，將軍周亞夫以爲卽得雒陽劇孟，關東非漢之有。今商宗族權勢，合貲鉅萬計，私奴以千數，非特劇孟匹夫之徒也。且失道之至，親戚畔之，閨門內亂，父子相訐，〔八〕而欲使之宣明聖化，調和海內，豈不謬哉！商視事五年，官職陵夷而大惡著於百姓，甚虧損盛德，有鼎折足之凶。〔九〕臣愚以爲聖主富於春秋，即位以來，未有懲姦之威，加以繼嗣未立，大異並見，尤宜誅討不忠，以遏未然。〔一〇〕行之一人，則海內震動，百姦之路塞矣。」

〔一〕文穎曰：「令下朝者平之也。」孟康曰：「中朝臣也。」師古曰：「文說是也。下音胡稼反。」
〔二〕師古曰：「史丹也。」
〔三〕師古曰：「意欲所行，必果之。」
〔四〕師古曰：「票，疾也。微謂私求之也。票音頻妙反，又音匹妙反。」
〔五〕師古曰：「傅謂傅婢也。」
〔六〕師古曰：「私夫，女弟之私與姦通者。」
〔七〕師古曰：「懟音直類反。」
〔八〕師古曰：「迕，逆也。」
〔九〕師古曰：「遠離女色而分別之，故云不親也。」
〔一〇〕師古曰：「詭，違也。」
〔一一〕師古曰：「左道，僻左之道，謂不正。」
〔一二〕師古曰：「誖，乖也，音布內反。」

〔一三〕師古曰：「逸書也。」

〔一四〕蘇林曰：「日者君之象，中者明之盛，盛而昧，折去右肱之臣，用無咎也。」師古曰：「此豐卦九三爻辭。」

〔一五〕師古曰：「卒，終也。愵，古惕字。」

〔一六〕師古曰：「自宣帝至成帝凡三主。」

〔一七〕師古曰：「幾音鉅依反。」

〔一八〕師古曰：「訐，告斥其罪也，音居謁反。」

〔一九〕師古曰：「易鼎卦九四爻辭曰：『鼎折足，覆公餗，其形渥，凶。』餗，鼎實也，謂所亨之物也。渥，厚也。言鼎折其足，則覆喪其實，喻大臣非其任，則虧敗國典，故宜加以厚刑。」

〔二〇〕師古曰：「遏，止也。未然，謂未有其事，恐將然也。」

於是左將軍丹等奏：「商位三公，爵列侯，親受詔策爲天下師，不遵法度以翼國家，〔一〕而回辟下媚以進其私，〔二〕執左道以亂政，爲臣不忠，罔上不道，甫刑之辟，皆爲上戮，罪名明白。臣請詔謁者召商詣若盧詔獄。」〔三〕上素重商，知匡言多險，制曰「弗治」。鳳固爭之，於是制詔御史：「蓋丞相以德輔翼國家，典領百寮，協和萬國，爲職任莫重焉。今樂昌侯商爲丞相，出入五年，未聞忠言嘉謀，而有不忠執左道之辜，陷于大辟。前商女弟內行不修，奴賊殺人，疑商教使，爲商重臣，故抑而不窮。今或言商不以自悔而反怨懟，朕甚傷之。惟商與先帝有外親，未忍致于理。其赦商罪。使者收丞相印綬。」

〔一〕師古曰：「翼，助也。」

〔二〕師古曰：「回，衺也。辟讀曰僻。」

〔三〕孟康曰：「若盧，獄名，屬少府，黃門內寺是也。」

商免相三日，發病歐血薨，謚曰戾侯。而商子弟親屬爲駙馬都尉、侍中、中常侍、諸曹大夫郎吏者，皆出補吏，莫得留給事宿衞者。有司奏商罪過未決，請除國邑。有詔長子安嗣爵爲樂昌侯，至長樂衞尉、光祿勳。

商死後，連年日蝕地震，直臣京兆尹王章上封事召見，訟商忠直無罪，言鳳顓權蔽主。鳳竟以法誅章，語在元后傳。至元始中，王莽爲安漢公，誅不附己者，樂昌侯安見被以罪，自殺，國除。〔一〕

〔一〕師古曰：「被，加也，音皮義反。」

史丹字君仲，魯國人也，徙杜陵。祖父恭有女弟，武帝時爲衞太子良娣，產悼皇考。皇考者，孝宣帝父也。宣帝微時依倚史氏。〔一〕語在史良娣傳。及宣帝卽尊位，恭已死，三子，高、曾、玄。曾、玄皆以外屬舊恩封，曾爲將陵侯，玄平臺侯。高侍中貴幸，以發舉反者大司馬霍禹功封樂陵侯。宣帝疾病，拜高爲大司馬車騎將軍，領尚書事。帝崩，太子襲尊號，是爲孝元帝。高輔政五年，乞骸骨，賜安車駟馬黃金，罷就第。薨，謚曰安侯。

〔一〕師古曰：「倚音於綺反。」

自元帝爲太子時，丹以父高任爲中庶子，侍從十餘年。元帝卽位，爲駙馬都尉侍中，出常驂乘，甚有寵。上以丹舊臣，皇考外屬，親信之，詔丹護太子家。是時，傅昭儀子定陶共王有材藝，子母俱愛幸，而太子頗有酒色之失，母王皇后無寵。

建昭之間，元帝被疾，不親政事，留好音樂。〔一〕或置鼙鼓殿下，〔二〕天子自臨軒檻上，隤銅丸以擿鼓，〔三〕聲中嚴鼓之節。〔四〕後宮及左右習知音者莫能爲，而定陶王亦能之，上數稱其材。丹進曰：「凡所謂材者，敏而好學，溫故知新，〔五〕皇太子是也。若乃器人於絲竹鼓鼙之間，則是陳惠、李微高於匡衡，可相國也。」〔六〕於是上嘿然而咲。〔七〕其後，中山哀王薨，太子前弔。哀王者，帝之少弟，與太子遊學相長大。〔八〕上望見太子，感念哀王，悲不能自止。太子既至前，不哀。上大恨曰：「安有人不慈仁而可奉宗廟爲民父母者乎！」上以責謂丹。〔九〕丹免冠謝上曰：「臣誠見陛下哀痛中山王，至以感損。向者太子當進見，臣竊戒屬毋涕泣，感傷陛下。〔一〇〕罪乃在臣，當死。」上以爲然，意乃解。丹之輔相，皆此類也。

〔一〕孟康曰：「留意於音樂也。」

〔二〕師古曰：「鼙本騎上之鼓，音步迷反。」

〔三〕師古曰：「檻軒，闌版也。隤，下也。擿，投也。隤音頹。擿音持益反。一曰，擿，磓也，音丁歷反。磓音丁回反。」

〔四〕李奇曰：「莊嚴之鼓節也。」晉灼曰：「疾擊之鼓也。」師古曰：「李說是也。」

〔五〕師古曰：「斂，速疾也。温，厚也。温故，厚蓄故事也。」

〔六〕如淳曰：「器人，取人器能也。陳惠、李微是時好音者也。」服虔曰：「二人皆黄門鼓吹也。」

〔七〕師古曰：「咲，古笑字。」

〔八〕師古曰：「同處（同）〔長〕養以至於壯大。」

〔九〕師古曰：「謂者，告語也。」

〔一〇〕師古曰：「屬音之欲反。」

竟寧元年，上寢疾，傅昭儀及定陶王常在左右，而皇后、太子希得進見。上疾稍侵，意忽忽不平，〔一〕數問尚書以景帝時立膠東王故事。是時，太子長舅陽平侯王鳳爲衞尉、侍中，與皇后、太子皆憂，不知所出。〔二〕丹以親密臣得侍視疾，候上間獨寢時，丹直入臥內，頓首伏青蒲上，〔三〕涕泣言曰：「皇太子以適長立，積十餘年，〔四〕名號繫於百姓，天下莫不歸心臣子。〔五〕見定陶王雅素愛幸，今者道路流言，爲國生意，以爲太子有動搖之議。審若此，公卿以下必以死爭，不奉詔。臣願先賜死以示羣臣！」天子素仁，不忍見丹涕泣，言又切至，上意大感，喟然太息曰：「吾日困劣，而太子、兩王幼少，意中戀戀，亦何不念乎！然無有此議。且皇后謹慎，先帝又愛太子，吾豈可違指！駙馬都尉安所受此語？」〔六〕丹卽卻，頓首曰：

「愚臣妄聞，罪當死！」〔七〕上因納，謂丹曰：「吾病寖加，恐不能自還。〔八〕善輔道太子，毋違我意！」〔九〕丹噓唏而起。〔10〕太子由是遂爲嗣矣。

〔一〕師古曰：「稍侵，言漸篤也。平，和也。」

〔二〕師古曰：「不知計所出。」

〔三〕服虔曰：「青緣蒲席也。」應劭曰：「以青規地曰青蒲，自非皇后不得至此。」孟康曰：「以蒲青爲席，用蔽地也。」師古曰：「應說是也。」

〔四〕師古曰：「適讀曰嫡。」

〔五〕師古曰：「自託爲臣子。」

〔六〕師古曰：「安，焉也。」

〔七〕師古曰：「卻，退也，離青蒲上。」

〔八〕師古曰：「寖，漸也。不自還者，言當遂至崩亡也。還讀曰旋。」

〔九〕師古曰：「道讀曰導。」

〔10〕師古曰：「噓音虛。唏音許既反。」

元帝竟崩，成帝初即位，擢丹爲長樂衞尉，遷右將軍，賜爵關內侯，食邑三百戶，給事中，後徙左將軍、光祿大夫。鴻嘉元年，上遂下詔曰：「夫褒有德，賞元功，古今通義也。左將軍丹往時導朕以忠正，秉義醇壹，舊德茂焉。其封丹爲武陽侯，國東海郯之武彊聚，戶千

一百。」〔一〕

〔一〕如淳曰：「聚，字喻反。聚，邑居也。」

丹爲人足知，愷弟愛人，〔二〕貌若儻蕩不備，〔三〕然心甚謹密，故尤得信於上。丹兄嗣父爵爲侯，讓不受分。丹盡得父財，身又食大國邑，重以舊恩，數見褒賞，〔三〕賞賜累千金，僮奴以百數，後房妻妾數十人，內奢淫，好飲酒，極滋味聲色之樂。爲將軍前後十六年，永始中病乞骸骨，上賜策曰：「左將軍寢病不衰，〔四〕願歸治疾，朕愍以官職之事久留將軍，使躬不瘳。使光祿勳賜將軍黃金五十斤，安車駟馬，其上將軍印綬。宜專精神，務近醫藥，以輔不衰。」

〔一〕師古曰：「愷，樂也。弟，易也。言有和樂簡易之德。」

〔二〕師古曰：「儻蕩，疎誕無檢也。」

〔三〕師古曰：「重音直用反。」

〔四〕師古曰：「言病不損也。」

丹歸第數月薨，謚曰頃侯。有子男女二十人，九男皆以丹任並爲侍中諸曹，親近在左右。史氏凡四人侯，至卿大夫二千石者十餘人，皆訖王莽乃絕，唯將陵侯曾無子，絕於身云。

傅喜字稚游，河內溫人也，哀帝祖母定陶傅太后從父弟。少好學問，有志行。哀帝立爲太子，成帝選喜爲太子庶子。哀帝初卽位，以喜爲衞尉，遷右將軍。是時，王莽爲大司馬，乞骸骨，避帝外家。上旣聽莽退，衆庶歸望於喜。喜從弟孔鄉侯晏親與喜等，〔一〕而女爲皇后。又帝舅陽安侯丁明，皆親以外屬封。喜執謙稱疾。傅太后始與政事，喜數諫之，〔二〕由是傅太后不欲令喜輔政。上於是用左將軍師丹代王莽爲大司馬，賜喜黃金百斤，上將軍印綬，以光祿大夫養病。

〔一〕如淳曰：「俱傅太后從父弟也。」

〔二〕師古曰：「與讀曰豫。」

大司空何武、尙書令唐林皆上書言：「喜行義修絜，忠誠憂國，內輔之臣也，今以寑病，一旦遣歸，衆庶失望，皆曰傅氏賢子，以論議不合於定陶太后故退，百寮莫不爲國恨之。忠臣，社稷之衞，魯以季友治亂，〔一〕楚以子玉輕重，〔二〕魏以無忌折衝，〔三〕項以范增存亡。故楚跨有南土，帶甲百萬，鄰國不以爲難，子玉爲將，則文公側席而坐，及其死也，君臣相慶。〔四〕百萬之衆，不如一賢，故秦行千金以間廉頗，〔五〕漢散萬金以疏亞父。〔六〕喜立於朝，陛下之光輝，傅氏之廢興也。」〔七〕上亦自重之。明年正月，乃徙師丹爲大司空，而拜喜爲大司馬，封高武侯。

〔一〕師古曰：「謂季氏亡，則魯不昌。」

〔二〕師古曰：「謂楚殺子玉而晉侯喜可知。」

〔三〕師古曰：「信陵君。」

〔四〕師古曰：「已解在上也。」

〔五〕師古曰：「趙孝成王七年，秦與趙兵相距長平。趙將廉頗固壁不戰，秦乃使人反間於趙，曰：『秦之所惡，獨畏趙奢之子趙括爲將耳。』趙王信之，因以括爲將，代廉頗，而括軍遂敗，數十萬之衆降秦，秦皆阬之。」

〔六〕師古曰：「事在陳平傳。」

〔七〕如淳曰：「傅喜顯則傅氏興，其廢亦如之。」晉灼曰：「用喜於陛下有光明，而傅氏之廢復得興也。」師古曰：「如說是也。」

丁、傅驕奢，皆嫉喜之恭儉。又傅太后欲求稱尊號，與成帝母齊尊，喜與丞相孔光、大司空師丹共執正議。傅太后大怒，上不得已，先免師丹以感動喜，喜終不順。後數月，遂策免喜曰：「君輔政出入三年，未有昭然匡朕不逮，而本朝大臣遂其姦心，〔一〕咎由君焉。其上大司馬印綬，就第。」傅太后又自詔丞相御史曰：「高武侯喜無功而封，內懷不忠，附下罔上，與故大司空丹同心背畔，放命圮族，〔二〕虧損德化，罪惡雖在赦前，不宜奉朝請，其遣就國。」後又欲奪喜侯，上亦不聽。

〔一〕師古曰：「逐，成也，申也。」
〔二〕應劭曰：「放棄敎令，毀其族類。」

喜在國三歲餘，哀帝崩，平帝卽位，王莽用事，免傅氏官爵歸故郡，晏將妻子徙合浦。莽白太后下詔曰：「高武侯喜姿性端慤，論議忠直，〔一〕雖與故定陶太后有屬，終不順指從邪，介然守節，以故斥逐就國。傳不云乎？『歲寒然後知松柏之後凋也。』〔二〕其還喜長安，以故高安侯莫府賜喜，位特進，奉朝請。」喜雖外見褒賞，孤立憂懼，後復遣就國，以壽終。莽賜謚曰貞侯。子嗣，莽敗乃絕。〔三〕

〔一〕師古曰：「慤，謹也，音口角反。」
〔二〕師古曰：「論語載孔子之言，以喻有節操之人也。」
〔三〕師古曰：「史不得其子名也。」

贊曰：自宣、元、成、哀外戚興者，許、史、三王、丁、傅之家，〔一〕皆重侯累將，窮貴極富，見其位矣，未見其人也。〔二〕陽平之王多有材能，好事慕名，其勢尤盛，曠貴最久。〔三〕然至於莽，亦以覆國。王商有剛毅節，廢黜以憂死，非其罪也。史丹父子相繼，高以重厚，位至三公。丹之輔道副主，掩惡揚美，傅會善意，〔四〕雖宿儒達士無以加焉。及其歷房闥，入臥內，推至誠，犯顔色，動寤萬乘，轉移大謀，卒成太子，安母后之位。「無言不讎」，終獲忠貞之報。〔五〕傅喜守節不傾，亦蒙後凋之賞。哀、平際會，禍福速哉！

〔一〕師古曰：「三王，謂卬成侯及商、鳳三家也。」

〔二〕師古曰：「言無善人也。」

〔三〕師古曰：「陽平謂王鳳之家也。言居非其位，是爲曠官，故云曠貴。」

〔四〕師古曰：「道讀曰導。傅讀曰附。」

〔五〕師古曰：「大雅抑之詩曰：『無言不讎，無德不報。』故贊引之以喻丹也。」

校勘記

三三七〇頁三行 〔老弱號呼〕，景祐、殿本都有此四字，並有注文「師古曰呼音火故反」八字。

三三七二頁一行 宜窮（意）〔竟〕考問。錢大昭説「意」當作「竟」。按景祐、殿本都作「竟」。

三三七七頁六行 同處（同）〔長〕養以至於壯大。景祐、殿本都作「長」。王先謙説作「長」是。

漢書卷八十三

薛宣朱博傳第五十三

薛宣字贛君，東海郯人也。〔一〕少爲廷尉書佐、都船獄史。後以大司農斗食屬察廉，補不其丞。〔二〕琅邪太守趙貢行縣，〔三〕見宣，甚說其能。〔四〕從宣歷行屬縣，〔五〕還至府，令妻子與相見，戒曰：「贛君至丞相，我兩子亦中丞相史。」察宣廉，遷樂浪都尉丞。〔六〕幽州刺史舉茂材，爲宛句令。〔七〕大將軍王鳳聞其能，薦宣爲長安令，治果有名，以明習文法詔補御史中丞。

〔一〕師古曰：「贛音貢。郯音談。」

〔二〕師古曰：「斗食者，祿少，一歲不滿百石，計日以斗爲數也。不其，縣名也。其音基。」

〔三〕師古曰：「行音下更反。其下亦同。」

〔四〕師古曰：「說讀曰悅。」

〔五〕師古曰：「以宣自從也。」

〔六〕師古曰：「趙貢察舉宣，故得遷也。樂音洛。浪音郎。」

〔七〕師古曰：「樂浪屬幽州。故爲刺史所舉也。宛音於元反。句音劬。」

是時，成帝初即位，宣爲中丞，執法殿中，外總部刺史，上疏曰：「陛下至德仁厚，哀閔元元，躬有日仄之勞，而亡佚豫之樂，〔一〕允執聖道，刑罰惟中，〔二〕然而嘉氣尚凝，陰陽不和，〔三〕是臣下未稱，而聖化獨有不洽者也。臣竊伏思其一端，殆吏多苛政，政教煩碎，大率咎在部刺史，或不循守條職，〔四〕舉錯各以其意，多與郡縣事，〔五〕至開私門，聽讒佞，以求吏民過失，譴呵及細微，責義不量力。〔六〕郡縣相迫促，亦內相刻，流至衆庶。是故鄉黨闕於嘉賓之懽，九族忘其親親之恩，飲食周急之厚彌衰，送往勞來之禮不行。〔七〕夫人道不通，則陰陽否鬲，〔八〕和氣不興，未必不由此也。詩云：『民之失德，乾餱以愆。』〔九〕鄙語曰：『苛政不親，煩苦傷恩。』方刺史奏事時，宜明申敕，〔一〇〕使昭然知本朝之要務。臣愚不知治道，唯明主察焉。」上嘉納之。

〔一〕師古曰：「周書亡逸之篇稱文王之德曰『至于日中仄，弗皇暇食』，宣引此言也。仄，古側字也。佚與逸同。」

〔二〕師古曰：「允，信也。中音竹仲反。」

〔三〕師古曰：「凝謂不通也。」

〔四〕師古曰：「刺史所察，本有六條，今則踰越故事，信意舉劾，妄爲苛刻也。六條解在百官公卿表。」

〔五〕師古曰：「錯，置也，音千故反。與讀曰豫。豫，干也。」

〔六〕師古曰：「言求備於人。」

〔七〕師古曰：「勞音郎到反。來音郎代反。」

〔八〕師古曰：「否，閉也，音皮鄙反。鬲與隔同。」

〔九〕師古曰：「小雅伐木之詩也。餱，食也，解在元紀。餱音侯。」

〔一〇〕師古曰：「申，束也，謂約束也。」

宣數言政事便宜，舉奏部刺史郡國二千石，所貶退稱進，白黑分明，〔一〕繇是知名。〔二〕出為臨淮太守，政教大行。會陳留郡有大賊廢亂，〔三〕上徙宣為陳留太守，盜賊禁止，吏民敬其威信。入守左馮翊，滿歲稱職為真。

〔一〕師古曰：「稱，舉也。白黑猶言清濁也。」

〔二〕師古曰：「繇讀與由同。」

〔三〕師古曰：「廢亂者，政教不行也。」

始高陵令(陽)〔楊〕湛、櫟陽令謝游皆貪猾不遜，持郡短長，前二千石數案不能竟。〔一〕及宣視事，詣府謁，宣設酒飯與相對，接待甚備。已而陰求其罪臧，具得所受取。宣察湛有改節敬宣之效，乃手自牒書，條其姦臧，〔二〕封與湛曰：「吏民條言君如牒，或議以為疑於主守盜。〔三〕馮翊敬重令，又念十金法重，不忍相暴章。〔四〕故密以手書相曉，欲君自圖進退，可復伸眉於後。〔五〕即無其事，復封還記，得為君分明之。」〔六〕湛自知罪臧皆應記，〔七〕而宣辭語溫潤，無傷害意。湛即時解印綬付吏，為記謝宣，終無怨言。而櫟陽令游自以大儒有名，輕宣。宣獨移書顯責之曰：「告櫟陽令：吏民言令治行煩苛，適罰作使千人以上；〔八〕賊取錢財數十萬，給爲非法；〔九〕賣買聽任富吏，賈數不可知。〔一〇〕證驗以明白，欲遣吏考案，恐負舉者，恥辱儒士，〔一一〕故使掾平鐫令。〔一二〕孔子曰：『陳力就列，不能者止。』〔一三〕令詳思之，方調守。」〔一四〕游得檄，亦解印綬去。

〔一〕師古曰：「雖每案驗之，不能窮竟其事。」

〔二〕師古曰：「牒書謂書於簡牒也。」

〔三〕孟康曰：「法有主守盜，斷官錢自入己也。」

〔四〕師古曰：「依當時律條，臧直十金，則至重罪。」

〔五〕師古曰：「伸眉，言無憂也。且令自去職不廢，其後更爲官。」

〔六〕師古曰：「記謂所與湛書也。分明謂考問使知清白也。宣恐其距諱，即欲驗治之。」

〔七〕師古曰：「與宣書記相當。」

〔八〕師古曰：「適讀曰謫。」

〔九〕師古曰：「言斂取錢財，以供給興造非法之用。」

〔一〇〕師古曰：「賈讀曰價。」

〔一一〕師古曰：「游本因薦舉得官，而身又是儒者，故云然。」

〔一二〕如淳曰：「平鐫，激切使之自知過也。」晉灼曰：「王常爲光武鐫說其將帥。此爲徐以微言鐫鑿遣之也。」師古曰：

「平，掾之名。鐫謂琢鑿也。鐫音子全反。」

〔三〕師古曰：「論語載孔子之答冉有、季路之言也。列，次也。言自審己之力用而就官次，不能則退。」

〔四〕師古曰：「言欲選人且代游守令職。」

又頻陽縣北當上郡、西河，爲數郡湊，多盜賊。其令平陵薛恭本縣孝者，功次稍遷，未嘗治民，職不辦。而粟邑縣小，辟在山中，〔一〕民謹樸易治。令鉅鹿尹賞久郡用事吏，爲樓煩長，舉茂材，遷在粟。宣卽以令奏賞與恭換縣。〔二〕二人視事數月，而兩縣皆治。宣因移書勞勉之曰：「昔孟公綽優於趙魏而不宜滕薛，〔三〕故或以德顯，或以功舉，『君子之道，焉可憮也！』〔四〕屬縣各有賢君，馮翊垂拱蒙成。〔五〕願勉所職，卒功業。」〔六〕

〔一〕師古曰：「辟讀曰僻。」

〔二〕師古曰：「時令條有材不稱職得改之。」

〔三〕師古曰：「孟公綽，魯大夫也。論語云『孔子曰：孟公綽爲趙魏老則優，不可以爲滕薛大夫。』言器能各有所施也。趙魏，晉之卿族。老謂家之長相也。滕薛，小國諸侯也。」

〔四〕蘇林曰：「憮，同也，兼也。」晉灼曰：「憮音誣。」師古曰：「論語載子夏之言。謂行業不同，所守各異，唯聖人爲能體備之。」

〔五〕師古曰：「自言端拱無爲而受縣之成功。」

〔六〕師古曰：「卒，終也。」

宣得郡中吏民罪名，輒召告其縣長吏，使自行罰。曉曰：「府所以不自發舉者，不欲代縣治，奪賢令長名也。」長吏莫不喜懼，免冠謝宣歸恩受戒者。

宣爲吏賞罰明，用法平而必行，所居皆有條教可紀，多仁恕愛利。〔一〕池陽令舉廉吏獄掾王立，府未及召，聞立受囚家錢。宣責讓縣，縣案驗獄掾，乃其妻獨受繫者錢萬六千，受之再宿，獄掾實不知。掾慙恐自殺。宣聞之，移書池陽曰：「縣所舉廉吏獄掾王立，家私受賕，而立不知，殺身以自明。立誠廉士，甚可閔惜！其以府決曹掾書立之柩，以顯其魂。〔二〕府掾史素與立相知者，皆予送葬。」

〔一〕師古曰：「愛人而安利也。」

〔二〕師古曰：「以此職追贈。」

及日至休吏，〔一〕賊曹掾張扶獨不肯休，坐曹治事。宣出教曰：「蓋禮貴和，人道尙通。日至，吏以令休，所繇來久。〔二〕曹雖有公職事，家亦望私恩意。掾宜從衆，歸對妻子，設酒肴，請鄰里，壹笑相樂，〔三〕斯亦可矣！」扶慙愧。官屬善之。

〔一〕師古曰：「冬夏至之日不省官事，故休吏。」

〔二〕師古曰：「繇讀與由同。由，從也。」

〔三〕應劭曰：「以壺矢相樂也。」晉灼曰：「書篆形『壹笑』字象壺矢，因曰壺矢。此說非也。」師古曰：「晉說是也。壹笑，謂一爲歡笑耳。笑，古笑字也。」

宣爲人好威儀，進止雍容，甚可觀也。性密靜有思，〔一〕思省吏職，求其便安。〔二〕下至財用筆研，皆爲設方略，利用而省費。〔三〕吏民稱之，郡中清靜。遷爲少府，共張職辦。〔四〕

〔一〕師古曰：「有智思也，音先寺反。」

〔二〕師古曰：「省，視也。」

〔三〕師古曰：「利，便也。省，減也。便於用而減於費也。省音所領反。」

〔四〕師古曰：「共讀曰供，音居用反。張音竹亮反。」

月餘，御史大夫于永卒，谷永上疏曰：「帝王之德莫大於知人，知人則百僚任職，天工不曠。〔一〕故皋陶曰：『知人則哲，能官人。』〔二〕御史大夫內承本朝之風化，外佐丞相統理天下，任重職大，非庸材所能堪。今當選於羣卿，以充其缺。得其人則萬姓欣喜，百僚說服；〔三〕不得其人則大職墮斁，王功不興。〔四〕虞帝之明，在茲壹舉，可不致詳！竊見少府宣，材茂行絜，達於從政，前爲御史中丞，執憲轂下，〔五〕不吐剛茹柔，〔六〕舉錯時當；〔七〕出守臨淮、陳留，二郡稱治；爲左馮翊，崇教養善，威德並行，衆職修理，姦軌絕息，辭訟者歷年不至丞相府，赦後餘盜賊什分三輔之一。〔八〕功效卓爾，自左內史初置以來未嘗有也。〔九〕孔子曰：『如有所譽，其有所試。』〔一〇〕宣考績功課，簡在兩府，〔一一〕不敢過稱以奸欺誣之罪。〔一二〕臣聞賢材莫大於治人，宣已有效。其法律任廷尉有餘，經術文雅足以謀王體，斷國論；身兼數器，有『退食自公』之節。〔一三〕宣無私黨游說之助，臣恐陛下忽於羔羊之詩，舍公實之臣，任華虛之譽，是用越職，陳宣行能，唯陛下留神考察。」上然之，遂以宣爲御史大夫。

〔一〕師古曰：「工，官也。曠，空也。」
〔二〕師古曰：「虞書皋陶謨之辭也。哲，智也。無所不知，故能官人也。」
〔三〕師古曰：「說讀曰悅。」
〔四〕師古曰：「墮，毀也。斁，壞也。墮音火規反。斁音丁固反。」
〔五〕師古曰：「言在天子輦轂之下。」
〔六〕師古曰：「大雅（蒸人）〔烝民〕之詩云『惟仲山甫，剛亦不吐，柔亦不茹』，言其平正也。茹，食也，音人庶反。」
〔七〕師古曰：「言其合時而當理也。當音丁浪反。」
〔八〕文穎曰：「減三輔之賊什九也。」
〔九〕師古曰：「馮翊本左內史之地，故云然。」
〔一〇〕師古曰：「論語載孔子之言也。所以言舉人者，必嘗試之以事。」
〔一一〕師古曰：「簡，大也，一曰明也。兩府，丞相、御史府也。」
〔一二〕師古曰：「過稱，謂踰其實而妄稱譽之也。奸，犯也，音干。」
〔一三〕師古曰：「自，從也。召南羔羊之詩，美在位皆節儉正直。其詩曰：『退食自公，委蛇委蛇。』言卿大夫履行清絜，減退膳食，率從公道也。」

數月，代張禹爲丞相，封高陽侯，食邑千戶。宣除趙貢兩子爲史。貢者，趙廣漢之兄子也，爲吏亦有能名。宣爲相，府辭訟例不滿萬錢不爲移書，後皆遵用薛侯故事。然官屬譏其煩碎無大體，不稱賢也。時天子好儒雅，宣經術又淺，上亦輕焉。

久之，廣漢郡盜賊羣起，丞相御史遣掾史逐捕不能克。上乃拜河東都尉趙護爲廣漢太守，以軍法從事。數月，斬其渠帥鄭躬，〔一〕降者數千人，乃平。會邛成太后崩，喪事倉卒，吏賦斂以趨辦。〔二〕其後上聞之，以過丞相御史，遂冊免宣曰：「君爲丞相，出入六年，忠孝之行，率先百僚，朕無聞焉。〔三〕朕既不明，變異數見，歲比不登，倉廩空虛，〔四〕百姓飢饉，流離道路，疾疫死者以萬數，人至相食，盜賊並興，羣職曠廢，是朕之不德而股肱不良也。乃者廣漢羣盜橫恣，殘賊吏民，朕惻然傷之，數以問君，君對輒不如其實。西州鬲絕，幾不爲郡。〔五〕三輔賦斂無度，酷吏並緣爲姦，〔六〕侵擾百姓，詔君案驗，復無欲得事實之意。九卿以下，咸承風指，同時陷于謾欺之辜，咎繇君焉！〔七〕有司法君領職解嫚，〔八〕開謾欺之路，傷薄風化，無以帥示四方。不忍致君于理，其上丞相高陽侯印綬，罷歸。」

〔一〕師古曰：「渠，大也。」

〔二〕師古曰：「邛成太后，宣帝王皇后也。趨讀曰趣。言苟取辦。」

〔三〕師古曰：「不聞其有此行也。」

〔四〕師古曰：「比，頻也。登，成也。年穀不成。」

〔五〕師古曰：「鬲與隔同。幾音鉅依反。」

〔六〕師古曰：「並音步浪反。」

〔七〕師古曰：「謾，誑也，音慢，又音莫干反。繇讀與由同。」

〔八〕師古曰：「法謂據法以劾也。解讀曰懈。嫚與慢同。」

初，宣爲丞相，而翟方進爲司直。宣知方進名儒，有宰相器，深結厚焉。後方進竟代爲丞相，思宣舊恩，宣免後二歲，薦宣明習文法，練國制度，〔一〕前所坐過薄，可復進用。上徵宣，復爵高陽侯，加寵特進，位次師安昌侯，給事中，視尚書事。宣復尊重。任政數年，後坐善定陵侯淳于長罷就第。

〔一〕師古曰：「練猶熟也。言其詳熟。」

初，宣有兩弟，明、修。明至南陽太守。修歷郡守、京兆尹、少府，善交接，得州里之稱。後母常從修居官。宣爲丞相時，修爲臨菑令，宣迎後母，修不遣。後母病死，修去官持服。宣謂修三年服少能行之者，兄弟相駮不可，〔一〕修遂竟服，繇是兄弟不和。〔二〕

〔一〕師古曰：「駮者，執意不同，猶如色之間雜。」

〔二〕師古曰：「繇讀與由同。」

久之，哀帝初卽位，博士申咸給事中，亦東海人也，毀宣不供養行喪服，薄於骨肉，前以不忠孝免，不宜復列封侯在朝省。宣子況爲右曹侍郎，數聞其語，賕客楊明，欲令創咸面目，使不居位。〔一〕會司隸缺，況恐咸爲之，遂令明遮斫咸宮門外，斷鼻脣，身八創。

〔一〕師古曰：「創謂傷之也，音初良反。其下並同。」

事下有司，御史中丞衆等奏：「況朝臣，父故宰相，再封列侯，不相敕丞化，而骨肉相疑，疑咸受修言以謗毀宣。咸所言皆宣行迹，衆人所共見，公家所宜聞。況知咸給事中，恐爲司隸舉奏宣，而公令明等迫切宮闕，要遮創戮近臣於大道人衆中，欲以鬲塞聰明，杜絕論議之端。〔一〕桀黠無所畏忌，萬衆讙譁，流聞四方，不與凡民忿怒爭鬭者同。臣聞敬近臣，爲近主也。禮，下公門，式路馬，〔二〕君畜產且猶敬之。春秋之義，意惡功遂，不免於誅，〔三〕上浸之源不可長也。〔四〕況首爲惡，明手傷，功意俱惡，〔五〕皆大不敬。明當以重論，及況皆棄市。」廷尉直以爲「律曰『鬭以刃傷人，完爲城旦，其賊加罪一等，與謀者同罪。』詔書無以詆欺成罪。〔六〕傳曰：『遇人不以義而見疻者，與痏人之罪鈞，惡不直也。』〔七〕咸厚善修，而數稱宣惡，流聞不誼，不可謂直。〔八〕況以故傷咸，計謀已定，後聞置司隸，因前謀而趣明，〔九〕非以恐咸爲司隸故造謀也。本爭私變，雖於掖門外傷咸道中，與凡民爭鬭無異。殺人者死，傷人者刑，古今之通道，三代所不易也。孔子曰：『必也正名。』名不正，則至於刑罰不中；刑罰不中，而民無所錯手足。〔一〇〕今以況爲首惡，明手傷爲大不敬，公私無差。春秋之義，原心定罪。〔一一〕原況以父見謗發忿怒，無它大惡。加詆欺，輯小過成大辟，〔一二〕陷死刑，違明詔，恐非法意，不可施行。聖王不以怒增刑。明當以賊傷人不直，〔一三〕況與謀者皆爵減完爲城旦。」〔一四〕上以問公卿議臣。丞相孔光、大司空師丹以中丞議是，自將軍以下至博士議郎皆是廷尉。況竟減罪一等，徙敦煌。宣坐免爲庶人，歸故郡，卒於家。

〔一〕師古曰：「鬲與隔同。杜，塞也。」
〔二〕師古曰：「過公門則下車，見路馬則撫式，蓋崇敬也。式，車前橫木。」
〔三〕師古曰：「遂，成也。言舉意不善，雖有成功猶加誅。」
〔四〕師古曰：「浸，近也。言傷戮大臣，有所逼近也。浸字或作侵。侵，犯也，其義兩通。長音竹兩反。」
〔五〕孟康曰：「手傷人爲功，使人行傷人者爲意。」
〔六〕師古曰：「詆，毀也，音丁禮反。」
〔七〕應劭曰：「以杖手毆擊人，剝其皮膚，腫起青黑而無創瘢者，律謂疻痏。遇人不以義爲不直，雖見毆與毆人罪同也。」師古曰：「疻音侈。痏音鮪。」
〔八〕師古曰：「言咸爲修而毀宣，是不誼而不直。」
〔九〕師古曰：「趣讀曰促。」
〔一〇〕師古曰：「論語載孔子之言也。錯，置也，音千故反。」
〔一一〕師古曰：「原謂尋其本也。」

〔三〕師古曰：「輯與集同。集，合也。」

〔三〕師古曰：「以其受賕也。」

〔四〕師古曰：「以其身有爵級，故得減罪而爲完也。況身及同謀之人，皆從此科。」

宣子惠亦至二千石。始惠爲彭城令，宣從臨淮遷至陳留，過其縣，橋梁郵亭不修。〔一〕宣心知惠不能，留彭城數日，案行舍中，處置什器，〔二〕觀視園菜，終不問惠以吏事。惠自知治縣不稱宣意，遣門下掾送宣至陳留，令掾進見，自從其所問宣不教戒惠吏職之意。〔三〕宣笑曰：「吏道以法令爲師，可問而知。及能與不能，自有資材，何可學也？」衆人傳稱，以宣言爲然。

〔一〕師古曰：「郵，行書之舍，亦如今之驛及行道館舍也，音尤。」

〔二〕師古曰：「處，安也。什器，爲生之具也，解在平紀。」

〔三〕師古曰：「若自出其意，不云惠使之言。」

初，宣後封爲侯時，妻死，而敬武長公主寡居，上令宣尙焉。及宣免歸故郡，公主留京師。後宣卒，主上書願還宣葬延陵，奏可。況私從敦煌歸長安，會赦，因留與主私亂。哀帝外家丁、傅貴，主附事之，而疏王氏。元始中，莽自尊爲安漢公，主又出言非莽。而況與呂寬相善，及寬事覺時，莽并治況，發揚其罪，使使者以太皇太后詔賜主藥。主怒曰：「劉氏孤弱，王氏擅朝，排擠宗室，〔一〕且嫂何與取妹披抉其閨門而殺之？」〔二〕使者迫守主，〔三〕遂飲藥死。況梟首於市。白太后云主暴病薨。太后欲臨其喪，莽固爭，乃止。

〔一〕師古曰：「擠，墜也，音子詣反。」

〔二〕師古曰：「敬武公主，宣帝女也，故謂元后爲嫂。披，發也。抉，挑也。與讀曰豫。豫，干也。言此事不干於嫂也。抉音一穴反。挑音乇凋反。」

〔三〕師古曰：「守而逼之。」

朱博字子元，杜陵人也。家貧，少時給事縣爲亭長，好客少年，捕搏敢行。〔一〕稍遷爲功曹，伉俠好交，〔二〕隨從士大夫，不避風雨。是時，前將軍望之子蕭育、御史大夫萬年子陳咸以公卿子著材知名，博皆友之矣。時諸陵縣屬太常，博以太常掾察廉，補安陵丞。後去官入京兆，歷曹史列掾，出爲督郵書掾，所部職辦，郡中稱之。

〔一〕師古曰：「好賓客及少年而追捕擊搏無所避也。」

〔二〕師古曰：「伉，健也，音口浪反。」

而陳咸爲御史中丞，坐漏泄省中語下獄。博去吏，間步至廷尉中，〔一〕候伺咸事。咸掠治困篤，博詐得爲醫入獄，得見咸，具知其所坐罪。博出獄，又變姓名，爲咸驗治數百，〔二〕卒免咸死罪。咸得論出，而博以此顯名，爲郡功曹。

〔一〕師古曰：「去吏，自解職也。間步，謂步行而伺間隙以去。」
〔二〕師古曰：「謂被掠笞也。」

久之，成帝卽位，大將軍王鳳秉政，奏請陳咸爲長史。咸薦蕭育、朱博除莫府屬，鳳甚奇之，舉博櫟陽令，徙雲陽、平陵〔三〕〔一〕縣，以高弟入爲長安令。京師治理，遷冀州刺史。

博本武吏，不更文法，〔一〕及爲刺史行部，〔二〕吏民數百人遮道自言，官寺盡滿。從事白請且留此縣錄見諸自言者，事畢乃發，欲以觀試博。博心知之，告外趣駕。〔三〕既白駕辦，博出就車見自言者，使從事明敕告吏民：「欲言縣丞尉者，刺史不察黃綬，各自詣郡。〔四〕欲言二千石墨綬長吏者，使者行部還，詣治所。〔五〕其民爲吏所冤，及言盜賊辭訟事，各使屬其部從事。」〔六〕博駐車決遣，四五百人皆罷去，如神。吏民大驚，不意博應事變乃至於此。後博徐問，果老從事教民聚會。博殺此吏，州郡畏博威嚴。徙爲幷州刺史、護漕都尉，遷琅邪太守。

〔一〕師古曰：「更，歷也，音工衡反。」
〔二〕師古曰：「行音下更反。」
〔三〕師古曰：「趣讀曰促。」
〔四〕師古曰：「丞尉職卑皆黃綬。」
〔五〕師古曰：「治所，刺史所止理事處。」
〔六〕師古曰：「屬，委也，音之欲反。」

齊郡舒緩養名，〔一〕博新視事，右曹掾史皆移病臥。〔二〕博問其故，對言「惶恐！〔三〕故事二千石新到，輒遣吏存問致意，乃敢起就職。」博奮髯抵几曰：〔四〕「觀齊兒欲以此爲俗邪！」乃召見諸曹史書佐及縣大吏，選視其可用者，出教置之。〔五〕皆斥罷諸病吏，白巾走出府門。郡中大驚。頃之，門下掾贛遂耆老大儒，教授數百人，拜起舒遲。博出教主簿：〔六〕「贛老生不習吏禮，主簿且教拜起，閑習乃止。」又敕功曹：「官屬多褒衣大袑，〔七〕不中節度，自今掾史衣皆令去地三寸。」博尤不愛諸生，所至郡輒罷去議曹，曰：「豈可復置謀曹邪！」文學儒吏時有奏記稱說云云，博見謂曰：「如太守漢吏，奉三尺律令以從事耳，亡奈生所言聖人道何也！〔八〕且持此道歸，堯舜君出，爲陳說之。」其折逆人如此。視事數年，大改其俗，掾史禮節如楚、趙吏。

〔一〕師古曰：「言齊人之俗，其性遲緩，多自高大以養名聲。」
〔二〕師古曰：「右曹，上曹也。移病，謂移書言病也，一曰以病而移居也。」
〔三〕師古曰：「言懼新太守之威。」
〔四〕師古曰：「髯，頰毛也。抵，擊也，音紙。」
〔五〕師古曰：「皆新補置，以代移病者。」
〔六〕師古曰：「以此敎告主簿。」
〔七〕師古曰：「袑音紹，謂大袴也。」

〔八〕師古曰：「言不能用。」

博治郡，常令屬縣各用其豪桀以爲大吏，文武從宜。〔一〕縣有劇賊及它非常，博輒移書以詭責之。其盡力有效，必加厚賞；懷詐不稱，誅罰輒行。〔二〕以是豪強慹服。〔三〕姑幕縣有羣輩八人報仇廷中，皆不得。〔四〕長吏自繫書言府，賊曹掾史自白請至姑幕。事留不出。功曹諸掾即皆自白，復不出。於是府丞詣閤，博乃見丞掾曰：「以爲縣自有長吏，府未嘗與也，丞掾謂府當與之邪？」〔五〕閤下書佐入，博口占檄文曰：〔六〕「府告姑幕令丞：言賊發不得，有書。〔七〕檄到，令丞就職，游徼王卿力有餘，如律令！」〔八〕王卿得敕惶怖，親屬失色，晝夜馳鶩，十餘日間捕得五人。博復移書曰：「王卿憂公甚效！檄到，齎伐閱詣府。〔九〕部掾以下亦可用，漸盡其餘矣。」〔一〇〕其操持下，皆此類也。

〔一〕師古曰：「各因其材而任之。」

〔二〕師古曰：「稱，副也。」

〔三〕師古曰：「慹音之涉反。」

〔四〕師古曰：「於縣廷之中報仇殺人，而其賊亡，捕不得也。」

〔五〕師古曰：「與讀皆曰豫。」

〔六〕師古曰：「隱度其言口授之。占音之贍反。」

〔七〕師古曰：「言已得縣之文書如此。」

〔八〕師古曰：「游徼職主捕盜賊，故云如律令。」
〔九〕師古曰：「伐，功勞也。閱，所經歷也。」
〔一〇〕師古曰：「部掾，所部之掾也。」

以高弟入守左馮翊，滿歲爲眞。其治左馮翊，文理聰明殊不及薛宣，而多武譎，網絡張設，少愛利，敢誅殺。〔一〕然亦縱舍，時有大貸，〔二〕下吏以此爲盡力。

〔一〕師古曰：「言少仁愛而不能便利於人。」
〔二〕師古曰：「縱，放也。舍，置也。貸謂寬假於下也，音吐戴反。」

長陵大姓尚方禁〔一〕少時嘗盜人妻，見斫，創著其頰。府功曹受賂，白除禁調守尉。博聞知，以它事召見，視其面，果有瘢。〔二〕博辟左右問禁：〔三〕「是何等創也？」禁自知情得，〔四〕叩頭服狀。博笑曰：「(大)〔丈〕夫固時有是。〔五〕馮翊欲洒卿恥，拔拭用禁，〔六〕能自效不？」禁且喜且懼，對曰：「必死！」〔七〕博因敕禁：「毋得泄語，有便宜，輒記言。」〔八〕因親信之以爲耳目。禁晨夜發起部中盜賊及它伏姦，有功效。博擢禁連守縣令。久之，召見功曹，閉閤數責以禁等事，與筆札(便)〔使〕自記，「積受取一錢以上，無得有所匿。〔九〕欺謾半言，斷頭矣！」〔一〇〕功曹惶怖，具自疏姦臧，大小不敢隱。博知其對以實，乃令就席，受敕自改而已。投刀使削所記，遣出就職。功曹後常戰栗，不敢蹉跌，〔一一〕博遂成就之。〔一二〕

〔一〕師古曰：「姓倘方，名禁。」
〔二〕師古曰：「瘢，創痕也，音盤。痕音胡恩反。」
〔三〕師古曰：「辟讀曰闢。」
〔四〕師古曰：「言其得被斫之情狀。」
〔五〕師古曰：「言情欲之事，人所不免。」
〔六〕師古曰：「抆拭，摩也。洒音先禮反。抆音文粉反。」
〔七〕師古曰：「言盡死力也。」
〔八〕師古曰：「不令泄抆拭之言，而外有便宜之事，爲書記以言於博。」
〔九〕師古曰：「積累前後受取之事。」
〔10〕師古曰：「謾，誑也，音慢，又音莫連反。」
〔11〕師古曰：「蹉音千何反。跌音徒結反。」
〔12〕師古曰：「言進達也。」

遷爲大司農。歲餘，坐小法，左遷犍爲太守。先是南蠻若兒數爲寇盜，〔一〕博厚結其昆弟，使爲反間，襲殺之，〔二〕郡中清。

〔一〕師古曰：「若兒，其豪長之名。」
〔二〕師古曰：「間音居莧反。」

徙爲山陽太守，病免官。復徵爲光祿大夫，遷廷尉，職典決疑，當讞平天下獄。博恐爲官屬所誣，視事，召見正監典法掾史，謂曰：「廷尉本起於武吏，不通法律，幸有衆賢，亦何憂！然廷尉治郡斷獄以來且二十年，亦獨耳剽日久，〔一〕三尺律令，人事出其中。〔二〕掾史試與正監共撰前世決事吏議難知者數十事，持以問廷尉，得〔爲〕諸君覆意之。」〔三〕正監以爲博苟强，意未必能然，即共條白焉。博皆召掾史，並坐而問，爲平處其輕重，十中八九。〔四〕官屬咸服博之疏略，材過人也。每遷徙易官，所到輒出奇譎如此，以明示下爲不可欺者。

〔一〕師古曰：「剽，劫也，猶言行聽也。剽音頻妙反。」

〔二〕師古曰：「言可以人情知之。」

〔三〕如淳曰：「但欲用意覆之，不近法律事故也。」師古曰：「覆音芳目反。」

〔四〕師古曰：「中音竹仲反。」

久之，遷後將軍，與紅陽侯立相善。立有罪就國，有司奏立黨友，博坐免。後歲餘，哀帝即位，以博名臣，召見，起家復爲光祿大夫，遷爲京兆尹，數月超爲大司空。

初，漢興襲秦官，置丞相、御史大夫、太尉。至武帝罷太尉，始置大司馬以冠將軍之號，非有印綬官屬也。及成帝時，何武爲九卿，建言「古者民樸事約，〔一〕國之輔佐必得賢聖，然猶則天三光，備三公官，各有分職。〔二〕今末俗〔文〕〔之〕弊，政事煩多，宰相之材不能及古，而丞相獨兼三公之事，所以久廢而不治也。宜建三公官，定卿大夫之任，分職授政，以考功效。」其後上以問師安昌侯張禹，禹以爲然。時曲陽侯王根爲大司馬票騎將軍，而何武爲御史大夫。於是上賜曲陽侯根大司馬印綬，置官屬，罷票騎將軍官，以御史大夫何武爲大司空，封列侯，皆增奉如丞相，〔三〕以備三公官焉。議者多以爲古今異制，漢自天子之號下至佐史皆不同於古，而獨改三公，職事難分明，無益於治亂。是時御史府吏舍百餘區井水皆竭；又其府中列柏樹，常有野烏數千棲宿其上，晨去暮來，號曰「朝夕烏」，烏去不來者數月，長老異之。〔四〕後二歲餘，朱博爲大司空，奏言「帝王之道不必相襲，各繇時務。〔五〕高皇帝以聖德受命，建立鴻業，置御史大夫，位次丞相，典正法度，以職相參，總領百官，上下相監臨，歷載二百年，天下安寧。今更爲大司空，與丞相同位，未獲嘉祐。故事，選郡國守相高第爲中二千石，選中二千石爲御史大夫，任職者爲丞相，位次有序，所以尊聖德，重國相也。今中二千石未更御史大夫而爲丞相，〔六〕權輕，非所以重國政也。臣愚以爲大司空官可罷，復置御史大夫，遵奉舊制。臣願盡力，以御史大夫爲百僚率。」哀帝從之，乃更拜博爲御史大夫。會大司馬喜免，以陽安侯丁明爲大司馬衞將軍，置官屬，大司馬冠號如故事。後四歲，哀帝遂改丞相爲大司徒，復置大司空、大司馬焉。

〔一〕師古曰：「立此議而奏之也。約，少也。」
〔二〕師古曰：「則，法也。三光，日、月、星也。分音扶問反。」

〔三〕師古曰：「奉音扶用反。」

〔四〕師古曰：「史言此者，著御史大夫之職當休廢也。」

〔五〕師古曰：「繇讀與由同。」

〔六〕師古曰：「更，經也，音工衡反。」

初，何武爲大司空，又與丞相方進共奏言：「古選諸侯賢者以爲州伯，書曰『咨十有二牧』，〔一〕所以廣聽明，燭幽隱也。今部刺史居牧伯之位，秉一州之統，選第大吏，所薦位高至九卿，所惡立退，任重職大。春秋之義，用貴治賤，不以卑臨尊。刺史位下大夫，而臨二千石，輕重不相準，失位次之序。臣請罷刺史，更置州牧，以應古制。」奏可。及博奏復御史大夫官，又奏言：「漢家至德溥大，宇內萬里，〔二〕立置郡縣。部刺史奉使典州，督察郡國，吏民安寧。故事，居部九歲舉爲守相，其有異材功效著者輒登擢，秩卑而賞厚，咸勸功樂進。〔三〕前丞相方進奏罷刺史，更置州牧，秩眞二千石，位次九卿。九卿缺，以高弟補，其中材則苟自守而已，恐功效陵夷，〔四〕姦軌不禁。臣請罷州牧，置刺史如故。」奏可。

〔一〕師古曰：「虞書舜典之辭也。」

〔二〕師古曰：「溥與普同。」

〔三〕師古曰：「勸功，自勸勉而立功也。」

〔四〕師古曰：「陵夷，漸廢替。」

博爲人廉儉，不好酒色游宴。自微賤至富貴，食不重味，案上不過三桮。夜寢早起，妻希見其面。有一女，無男。然好樂士大夫，爲郡守九卿，賓客滿門，欲仕宦者薦舉之，欲報仇怨者解劍以帶之。其趨事待士如是，博以此自立，然終用敗。

初，哀帝祖母定陶太后欲求稱尊號，太后從弟高武侯傅喜爲大司馬，與丞相孔光、大司空師丹共持正議。孔鄉侯傅晏亦太后從弟，諂諛欲順指，會博新徵用爲京兆尹，與交結，謀成尊號，以廣孝道。繇是師丹先免，〔一〕博代爲大司空，數燕見奏封事，言「丞相光志在自守，不能憂國；大司馬喜至尊至親，阿黨大臣，無益政治。」上遂罷喜遣就國，免光爲庶人，以博代光爲丞相，封陽鄉侯，食邑二千戶。博上書讓曰：「故事封丞相不滿千戶，而獨臣過制，誠慙懼，願還千戶。」上許焉。傅太后怨傅喜不已，使孔鄉侯晏風丞相，令奏免喜侯。〔二〕博受詔，與御史大夫趙玄議，玄言「事已前決，得無不宜？」〔三〕博曰：「已許孔鄉侯有指。匹夫相要，尚相得死，何況至尊？博唯有死耳！」玄卽許可。博惡獨斥奏喜，以故大司空氾鄉侯何武前亦坐過免就國，〔四〕事與喜相似，卽并奏：「喜、武前在位，皆無益於治，雖已退免，爵土之封非所當得也。請皆免爲庶人。」上知傅太后素常怨喜，疑博、玄承指，卽召玄詣尚書問狀。玄辭服，有詔左將軍彭宣與中朝者雜問。宣等劾奏：「博宰相，玄上卿，晏以外親封位特進，股肱大臣，上所信任，不思竭誠奉公，務廣恩化，爲百寮先，皆知喜、武前已蒙恩詔決，事更三赦，〔五〕博執左道，虧損上恩，以結信貴戚，背君鄉臣，〔六〕傾亂政治，姦人之雄，附下罔上，爲臣不忠不道；玄知博所言非法，枉義附從，大不敬；晏與博議免喜，失禮不敬。臣請詔謁者召博、玄、晏詣廷尉詔獄。」制曰：「將軍、中二千石、二千石、諸大夫、博士、議郎議。」右將軍蟜望等四十四人〔七〕以爲「如宣等言，可許。」諫大夫龔勝等十四人以爲「春秋之義，姦以事君，常刑不舍。〔八〕魯大夫叔孫僑如欲顓公室，譖其族兄季孫行父於晉，晉執囚行父以亂魯國，春秋重而書之。〔九〕今晏放命圮族，干亂朝政，要大臣以罔上，本造計謀，職爲亂階，〔一〇〕宜與博、玄同罪，罪皆不道。」上減玄死罪三等，削晏戶四分之一，假謁者節召丞相詣廷尉詔獄。博自殺，國除。

〔一〕師古曰：「繇讀與由同。」

〔二〕師古曰：「風讀曰諷。」

〔三〕師古曰：「得無猶言無乃也。」

〔四〕師古曰：「氾音凡。」

〔五〕師古曰：「詔已罷官，事又經三赦也。更音工衡反。」

〔六〕師古曰：「鄉讀曰嚮。」

〔七〕師古曰：「蟜音矯。」

〔八〕師古曰：「舍，置也。」

〔九〕師古曰：「僑如，叔孫宣伯也。行父，季文子也。宣伯通於成公之母穆姜，欲去季孟而取其室，使告晉曰：『魯之有季孟，猶晉之有欒范也，政令於是乎成。今其謀曰晉政多門，不可從也。若欲得志於魯，請止行父而殺之。不然，歸必畔矣。』晉人執文子于苕丘。事在成十六年。」

〔一〇〕師古曰：「此引詩小雅巧言之章也。職，主也。階者，基之漸也。」

初博以御史爲丞相，封陽鄉侯，玄以少府爲御史大夫，並拜於前殿，延登受策，有音如鍾聲。語在五行志。

贊曰：薛宣、朱博皆起佐史，歷位以登宰相。宣所在而治，爲世吏師，及居大位，以苛察失名，〔一〕器誠有極也。博馳騁進取，不思道德，已亡可言，〔二〕又見孝成之世委任大臣，假借用權。〔三〕世主已更，好惡異前，〔四〕復附丁、傅，稱順孔鄉。〔五〕事發見詰，遂陷誣罔，辭窮情得，仰藥飲鴆。〔六〕孔子曰：「久矣哉，由之行詐也！」博亦然哉！〔七〕

〔一〕師古曰：「苛，（副）〔細〕也。」

〔二〕師古曰：「言其事行不足可道也。」

〔三〕鄧展曰：「假音休假。借音以物借人。」

〔四〕師古曰：「更，改也。」

〔五〕師古曰：「稱，副也。副其所求而順其意也。稱音尺孕反。」

〔六〕師古曰：「仰藥謂仰頭而飲藥也。」

〔七〕師古曰：「論語云子疾病，子路欲使門人爲臣。子曰：『久矣哉，由之行詐也！無臣而爲有臣，吾誰欺？欺天乎？』故贊引之。」

校勘記

三三八七頁二行　始高陵令（陽）〔楊〕湛、　景祐、殿本都作「楊」。

三三九二頁九行　大雅（蒸人）〔烝民〕之詩，　殿本作「烝民」，景祐本作「烝人」。

三三九九頁四行　徙雲陽、平陵（三）〔二〕縣，　楊樹達說「三」當作「二」，景祐本亦誤。

三四〇二頁一〇行　（大）丈夫固時有是。　景祐本無「大」字。王念孫說「大」字後人所加。

三四〇三頁一三行　與筆札（便）〔使〕自記，　景祐、殿本都作「使」。朱一新說作「使」是。

三四〇四頁三行　得〔爲〕諸君覆意之。　景祐、殿本都有「爲」字，此脫。

三四〇四頁一四行　今末俗（文）〔之〕弊，政事煩多。　景祐、殿本都作「之」。

三四〇九頁一一行　苛，（副）〔細〕也。　景祐、殿本都作「細」，此誤。

漢書卷八十四

翟方進傳第五十四

翟方進字子威，汝南上蔡人也。家世微賤，至方進父翟公，好學，爲郡文學。方進年十二三，失父孤學，給事太守府爲小史，號遲頓不及事，〔一〕數爲掾史所詈辱。方進自傷，乃從汝南蔡父相問己能所宜。〔二〕蔡父大奇其形貌，謂曰：「小史有封侯骨，當以經術進，努力爲諸生學問。」方進既厭爲小史，聞蔡父言，心喜，因病歸家，辭其後母，欲西至京師受經。母憐其幼，隨之長安，織屨以給方進讀，經博士受春秋。積十餘年，經學明習，徒衆日廣，諸儒稱之。以射策甲科爲郎。二三歲，舉明經，遷議郎。

〔一〕師古曰：「頓讀曰鈍。」

〔二〕師古曰：「言從何術藝可以自達。」

是時宿儒有清河胡常，〔一〕與方進同經。常爲先進，名譽出方進下，〔二〕心害其能，論議不右方進。〔三〕方進知之，候伺常大都授時，〔四〕遣門下諸生至常所問大義疑難，因記其說。

如是者久之，常知方進之宗讓己，〔三〕內不自得，其後居士大夫之間未嘗不稱述方進，遂相親友。

〔一〕師古曰：「宿，久舊也。」
〔二〕師古曰：「常官學雖在前，而名譽不及方進。」
〔三〕師古曰：「毀短也。」
〔四〕師古曰：「都授，謂總集諸生大講授也。」
〔五〕師古曰：「宗，尊也。」

河平中，方進轉爲博士。數年，遷朔方刺史，居官不煩苛，所察應條輒舉，甚有威名。再三奏事，〔一〕遷爲丞相司直。從上甘泉，行馳道中，司隸校尉陳慶劾奏方進，沒入車馬。既至甘泉宮，會殿中，慶與廷尉范延壽語，時慶有章劾，自道：「行事以贖論，〔二〕今尚書持我事來，當於此決。前我爲尚書時，嘗有所奏事，忽忘之，留月餘。」〔三〕方進於是舉劾慶曰：「案慶奉使刺舉大臣，故爲尚書，知機事周密壹統，明主躬親不解。〔四〕慶有罪未伏誅，無恐懼心，豫自設不坐之比。〔五〕又暴揚尚書事，言遲疾無所在，虧損聖德之聰明，奉詔不謹，皆不敬，〔六〕臣謹以劾。」慶坐免官。

〔一〕師古曰：「刺史歲盡輒奏事京師也。」
〔二〕師古曰：「當祭泰畤時，行事有闕失，罪合贖。」

〔三〕師古曰：「言此者，冀尙書忘己之事不奏。」
〔四〕師古曰：「解讀曰懈。」
〔五〕師古曰：「比，例也，音必寐反。」
〔六〕師古曰：「既自云不坐，又言遲疾無所在，此之二條於法皆爲不敬。」

會北地浩商爲義渠長所捕，亡，〔一〕長取其母，與豭豬連繫都亭下。〔二〕商兄弟會賓客，自稱司隸掾、長安縣尉，殺義渠長妻子六人，亡。丞相、御史請遣掾史與司隸校尉、部刺史并力逐捕，察無狀者，〔三〕奏可。司隸校尉涓勳奏言：「春秋之義，王人微者序乎諸侯之上，尊王命也。臣幸得奉使，以督察公卿以下爲職，〔四〕今丞相宣請遣掾史，以宰士督察天子奉使命大夫，〔五〕甚誖逆順之理。〔六〕宣本不師受經術，因事以立姦威。案浩商所犯，一家之禍耳，而宣欲專權作威，乃害於乃國，不可之大者。〔七〕願下中朝特進列侯、將軍以下，正國法度。」議者以爲丞相掾不宜移書督趣司隸。〔八〕會浩商捕得伏誅，家屬徙合浦。

〔一〕師古曰：「義渠，北地之縣也。商被縣長捕而逃亡。」
〔二〕師古曰：「以深辱之。豭，牡豕也，音家。」
〔三〕師古曰：「無狀，謂商及義渠長本狀之違曲也。」
〔四〕師古曰：「督，視也。」
〔五〕師古曰：「謂丞相掾史爲宰士者，言其宰相之屬官，而位爲士也。奉使命大夫，謂司隸也。」

〔六〕師古曰：「誖，乖也，音布內反。」

〔七〕師古曰：「周書洪範云『臣之有作福作威，乃凶于乃國，害于厥躬』，故引之。」

〔八〕師古曰：「趣讀曰促。」

故事，司隸校尉位在司直下，初除，謁兩府，〔一〕其有所會，居中二千石前，與司直並迎丞相、御史。初，方進新視事，而涓勳亦初拜爲司隸，不肯謁丞相、御史大夫，後朝會相見，禮節又倨。〔二〕方進陰察之，勳私過光祿勳辛慶忌，又出逢帝舅成都侯商道路，下車立，須過，乃就車。〔三〕於是方進舉奏其狀，因曰：「臣聞國家之興，尊尊而敬長，爵位上下之禮，王道綱紀。〔四〕春秋之義，尊上公謂之宰，海內無不統焉。丞相進見聖主，御坐爲起，在輿爲下。〔五〕羣臣宜皆承順聖化，以視四方。〔六〕勳吏二千石，幸得奉使，不遵禮儀，輕謾宰相，賤易上卿，〔七〕而又詘節失度，邪諂無常，〔八〕色厲內荏。〔九〕墮國體，〔一〇〕亂朝廷之序，不宜處位。臣請下丞相免勳。」

〔一〕師古曰：「丞相及御史也。」

〔二〕師古曰：「倨，傲也。」

〔三〕師古曰：「須，待也。」

〔四〕師古曰：「言王道綱紀以尊卑上下之禮爲大也。」

〔五〕師古曰：「漢舊儀云皇帝見丞相起，謁者贊稱曰『皇帝爲丞相起』。起立乃坐。皇帝在道，丞相迎謁，謁者贊稱曰

『皇帝爲丞相下輿』。立乃升車。」

〔六〕師古曰：「視讀曰示。」

〔七〕師古曰：「謾讀與慢同。易音弋豉反。」

〔八〕師古曰：「讇，古諂字也。私過辛慶忌，見王商而下車，是邪諂也。」

〔九〕應劭曰：「荏，屈橈也。」師古曰：「論語稱孔子曰：『色厲而內荏，譬諸小人，其猶穿窬之盜也與！』言外色莊厲而內懷荏弱，故方進引以爲言。」

〔一〇〕師古曰：「隳，毀也，音火規反。」

時太中大夫平當給事中，奏言「方進國之司直，不自敕正以先羣下，前親犯令行馳道中，司隸慶平心舉劾，方進不自責悔而內挾私恨，伺記慶之從容語言，〔一〕以詆欺成罪。〔二〕後丞相宣以一不道賊，〔三〕請遣掾督趣司隸校尉，司隸校尉勳自奏暴於朝廷，今方進復舉奏勳。議者以爲方進不以道德輔正丞相，苟阿助大臣，欲必勝立威，〔四〕宜抑絕其原。勳素行公直，姦人所惡，可少寬假，使遂其功名。」上以方進所舉應科，不得用逆詐廢正法，〔五〕遂貶勳爲昌陵令。方進旬歲間免兩司隸，〔六〕朝廷由是憚之。丞相宣甚器重焉，常誡掾史：「謹事司直，翟君必在相位，不久。」

〔一〕師古曰：「從音七容反。」

〔二〕師古曰：「詆，毀也，音丁禮反。」

〔三〕如淳曰：「律，殺不辜一家三人爲不道。」

〔四〕師古曰：「必勝，必取勝。」

〔五〕師古曰：「逆詐者，謂以詐意逆猜人也。逆，迎也。論語（曰子）〔子曰〕『不逆詐』。」

〔六〕師古曰：「旬，徧也，滿也。旬歲猶言滿歲也，若十日之一周。」

是時起昌陵，營作陵邑，貴戚近臣子弟賓客多辜榷爲姦利者，〔一〕方進部掾史覆案，發大姦臧數千萬。上以爲任公卿，〔二〕欲試以治民，徙方進爲京兆尹，（博）〔搏〕擊豪彊，京師畏之。時胡常爲青州刺史，聞之，與方進書曰：「竊聞政令甚明，爲京兆能，則恐有所不宜。」〔三〕方進心知所謂，其後少弛威嚴。〔四〕

〔一〕師古曰：「榷，專也。辜榷者，言己自專之，它人取者輒有辜罪。」

〔二〕師古曰：「任，堪也。」

〔三〕師古曰：「言當犯迕貴戚而見毀。」

〔四〕師古曰：「弛，解也。」

居官三歲，永始二年遷御史大夫。數月，會丞相薛宣坐廣漢盜賊羣起及太皇太后喪時三輔吏並徵發爲姦，〔一〕免爲庶人。方進亦坐爲京兆尹時奉喪事煩擾百姓，左遷執金吾。二十餘日，丞相官缺，羣臣多舉方進，上亦器其能，遂擢方進爲丞相，封高陵侯，食邑千戶。身既富貴，而後母尚在，方進內行修飾，供養甚篤。〔二〕及後母終，既葬三十六日，除服起視事，以爲身備漢相，不敢踰國家之制。〔三〕爲相公絜，請託不行郡國。〔四〕持法刻深，舉奏牧守九卿，峻文深詆，〔五〕中傷者尤多。如陳咸、朱博、蕭育、逢信、孫閎之屬，皆京師世家，以材能少歷牧守列卿，知名當世，而方進特立後起，十餘年間至宰相，據法以彈咸等，皆罷退之。

〔一〕師古曰：「並音步浪反。」

〔二〕師古曰：「飭，謹也。篤，厚也。」

〔三〕師古曰：「漢制自文帝遺詔之後，國家遵以爲常。大功十五日，小功十四日，緦麻七日。方進自以大臣，故云不敢踰制。」

〔四〕師古曰：「言不以私事託於四方郡國。」

〔五〕師古曰：「詆，毀也，音丁禮反。」

初，咸最先進，自元帝初爲御史中丞顯名朝廷矣。成帝初即位，擢爲部刺史，歷楚國、北海、東郡太守。陽朔中，京兆尹王章譏切大臣，而薦琅邪太守馮野王可代大將軍王鳳輔政，東郡太守陳咸可御史大夫。是時方進甫從博士爲刺史云。〔一〕後方進爲京兆尹，咸從南陽太守入爲少府，與方進厚善。先是逢信已從高弟郡守歷京兆、太僕爲衞尉矣，官簿皆在方進之右。〔二〕及御史大夫缺，三人皆名卿，俱在選中，而方進得之。會丞相宣有事與方進相連，上使五二千石雜問丞相、御史，〔三〕咸詰責方進，冀得其處，方進心恨。初大將軍鳳奏除陳湯爲中郎，與從事。〔四〕鳳薨後，從弟車騎將軍音代鳳輔政，亦厚湯。逢信、陳咸皆與湯善，湯數稱之於鳳、音所。久之，音薨，鳳弟成都侯商復爲大司馬衞將軍輔政。商素憎陳湯，白其罪過，下有司案驗，遂免湯，徙敦煌。時方進新爲丞相，陳咸內懼不安，乃令小冠杜子夏往觀其意，微自解說。〔五〕子夏既過方進，揣知其指，不敢發言。〔六〕居亡何，〔七〕方進奏咸與逢信「邪枉貪汙，營私多欲。皆知陳湯姦佞傾覆，利口不軌，而親交賂遺，以求薦舉。後爲少府，數饋遺湯。信、咸幸得備九卿，不思盡忠正身，內自知行辟亡功效，〔八〕而官媚邪臣，欲以徼幸，苟得亡恥。孔子曰：『鄙夫可與事君也與哉！』〔九〕咸、信之謂也。過惡暴見，不宜處位，臣請免以示天下。」奏可。

〔一〕師古曰：「甫，始也。」
〔二〕師古曰：「簿謂伐閱也。簿音主簿之簿。」
〔三〕晉灼曰：「大臣獄重，故以秩二千石五人詰責之。」
〔四〕師古曰：「每有政事皆與謀之而行也。」
〔五〕師古曰：「解說猶今言分疏。」
〔六〕師古曰：「揣謂探求之，音初委反。」
〔七〕師古曰：「無何猶言無幾，謂少時。」
〔八〕師古曰：「辟讀曰僻。」

〔九〕師古曰：「論語載孔子之言也，謂鄙夫不可與事君也。與哉，與讀曰歟。」

後二歲餘，詔舉方正直言之士，紅陽侯立舉咸對策，拜爲光祿大夫給事中。方進復奏：「咸前爲九卿，坐爲貪邪免，自知罪惡暴陳，依託紅陽侯立徼幸，有司莫敢舉奏。冒濁苟容，〔一〕不顧恥辱，不當蒙方正舉，備內朝臣。」并劾紅陽侯立選舉故不以實。有詔免咸，勿劾立。

〔一〕師古曰：「冒，貪蔽也。」

後數年，皇太后姊子侍中衞尉定陵侯淳于長有罪，上以太后故，免官勿治罪。有司奏請遣長就國，長以金錢與立，立上封事爲長求留曰：「陛下既託文以皇太后故，〔一〕誠不可更有它計。」〔二〕後長陰事發，遂下獄。方進劾立「懷姦邪，亂朝政，欲傾誤要主上，狡猾不道，請下獄。」上曰：「紅陽侯，朕之舅，不忍致法，遣就國。」於是方進復奏立黨友曰：「立素行積爲不善，衆人所共知。邪臣自結，附託爲黨，庶幾立與政事，欲獲其利。〔三〕今立斥逐就國，所交結尤著者，不宜備大臣，爲郡守。案後將軍朱博、鉅鹿太守孫閎、故光祿大夫陳咸與立交通厚善，相與爲腹心，有背公死黨之信，〔四〕欲相攀援，死而後已；〔五〕皆內有不仁之性，而外有儁材，過絕(於)人〔倫〕，勇猛果敢，處事不疑，所居皆尚殘賊酷虐，苛刻慘毒以立威，而亡纖介愛利之風。〔六〕天下所共知，愚者猶惑。孔子曰：『人而不仁如禮何！人而不仁如樂何！』〔七〕言不仁之人，亡所施用；不仁而多材，國之患也。此三人皆內懷姦猾，國之所患，而深相與結，信於貴戚姦臣，此國家大憂，大臣所宜沒身而爭也。〔八〕昔季孫行父有言曰：『見有善於君者愛之，若孝子之養父母也；見不善者誅之，若鷹鸇之逐鳥爵也。』〔九〕翅翼雖傷，不避也。貴戚彊黨之衆誠難犯，犯之，衆敵並怨，善惡相冒。〔一〇〕臣幸得備宰相，不敢不盡死。請免博、閎、咸歸故郡，以銷姦雄之黨，絕羣邪之望。」奏可。咸既廢錮，復徙故郡，以憂發疾而死。

〔一〕蘇林曰：「託於詔文也。」
〔二〕師古曰：「言不宜遣長就國。」
〔三〕師古曰：「與讀曰豫。」
〔四〕師古曰：「死黨，盡死力於朋黨也。」
〔五〕師古曰：「援，引也。已，止也。援音爰。」
〔六〕師古曰：「愛利，謂仁愛而欲安利人也。」
〔七〕師古曰：「論語載孔子之言也。言用不仁之人，則禮樂廢壞。」
〔八〕師古曰：「沒，盡也。」
〔九〕師古曰：「事見左氏傳。行父，魯卿季文子也。鸇似鷂而小，今謂之鸇。鸇音之然反。」
〔一〇〕師古曰：「冒，覆蔽也。」

方進知能有餘，兼通文法吏事，以儒雅緣飭法律，號爲通明相，天子甚器重之，奏事亡不當意，內求人主微指以固其位。初，定陵侯淳于長雖外戚，然以能謀議爲九卿，新用事，方進獨與長交，稱薦之。及長坐大逆誅，諸所厚善皆坐長免，上以方進大臣，又素重之，爲隱諱。方進內慙，上疏謝罪乞骸骨。上報曰：「定陵侯長已伏其辜，君雖交通，傳不云乎，朝過夕改，君子與之，〔一〕君何疑焉？其專心壹意毋怠，近醫藥以自持。」方進乃起視事，條奏長所厚善京兆尹孫寶、右扶風蕭育，刺史二千石以上免二十餘人，其見任如此。

〔一〕師古曰：「與，許也。」

方進雖受穀梁，然好左氏傳、天文星曆，其左氏則國師劉歆，星曆則長安令田終術師也。〔一〕厚李尋，以爲議曹。爲相九歲，綏和二年春熒惑守心，尋奏記言：「應變之權，君侯所自明。往者數白，三光垂象，變動見端，〔二〕山川水泉，反理視患，〔三〕民人訛謠，斥尋感名。〔四〕三者既效，可爲寒心。今提揚眉，矢貫中，〔五〕狼奮角，弓且張，〔六〕金歷庫，土逆度，〔七〕輔湛沒，火守舍，〔八〕萬歲之期，近慎朝暮。〔九〕上無惻怛濟世之功，下無推讓避賢之效，欲當大位，爲具臣以全身，難矣！〔一〇〕大責日加，安得但保斥逐之勠？〔一一〕闔府三百餘人，唯君侯擇其中，與盡節轉凶。」〔一二〕

〔一〕如淳曰：「劉歆及田終術二人皆受學於方進。」

〔二〕張晏曰：「九年之中而日三食，月眺側匿，星孛營室、東井，熒惑守心。」

〔三〕張晏曰：「元延中，岷山崩，壅江，江水不流。山，地之鎮，宜固而崩。水逆流，反於常理，所以示人患也。」師古曰：「視讀曰示。」

〔四〕如淳曰：「斥事，井水溢之事也。有言溢者，後果井溢。感名，『燕燕尾涎涎』是也。」

〔五〕服虔曰：「提，攝提星也。揚眉，揚其芒角也。矢，枉矢也。」孟康曰：「綏和元年正月，枉矢從東南入北斗攝提與北斗杓建寅貫攝提中是也。」張晏曰：「矢一星。貫中者，謂正直弧中也。」

〔六〕張晏曰：「狼，一星。奮角者，有芒角也。狼芒角則盜賊起。天弓九星不欲明，明猶張也，兵起之象。」

〔七〕張晏曰：「庫二十星在軫南。金，太白也，歷武庫則兵起。土，鎮星也。逆度，逆行也。」

〔八〕張晏曰：「北斗第四星旁一小星曰輔，沈沒不見，則天下之兵銷。三十日爲守舍，謂日月所經宿舍也。一曰火守舍，熒惑守心。」師古曰：「湛讀曰沈。」

〔九〕師古曰：「萬歲之期，謂死也。愼朝暮者，言其事在朝夕。」

〔一〇〕師古曰：「具，謂具位之臣，無功德也。」

〔一一〕師古曰：「言其事重，不但斥逐而已也。」

〔一二〕師古曰：「三百餘人，謂丞相之官屬也。」

方進憂之，不知所出。會郎賁麗善爲星，〔一〕言大臣宜當之。上乃召見方進。還歸，未及引決，上遂賜册曰：「皇帝問丞相：君有孔子之慮，孟賁之勇，朕嘉與君同心一意，庶幾有成。惟君登位，於今十年，災害並臻，民被飢餓，加以疾疫溺死，關門牡開，〔二〕失國守備，盜賊黨輩。〔三〕吏民殘賊，毆殺良民，〔四〕斷獄歲歲多前。上書言事，交錯道路，懷姦朋黨，相為隱蔽，皆亡忠慮，羣下兇兇，更相嫉妒，〔五〕其咎安在？觀君之治，無欲輔朕富民便安元元之念。間者郡國穀雖頗孰，〔六〕百姓不足者尚衆，前去城郭，未能盡還，夙夜未嘗忘焉。朕惟往時之用，與今一也，〔七〕百僚用度各有數。君不量多少，一聽羣下言，用度不足，奏請一切增賦，稅城郭堧及園田，過更，算馬牛羊，〔八〕增益鹽鐵，變更無常。朕既不明，隨奏許可。〔使〕〔後〕議者以為不便，制詔下君，君云賣酒醪，後請止。未盡月，復奏議令賣酒醪。朕誠怪君，何持容容之計，無忠固意，〔九〕將何以輔朕帥道羣下？而欲久蒙顯尊之位，豈不難哉！〔一〇〕傳曰：『高而不危，所以長守貴也。』〔一一〕欲退君位，尚未忍。君其孰念詳計，塞絕姦原，憂國如家，務便百姓以輔朕。朕既已改，君其自思，強食慎職。使尚書令賜君上尊酒十石，養牛一，君審處焉。」

〔一〕師古曰：「賁，姓也。麗，名也。賁音肥。」

〔二〕張晏曰：「元延元年，章門、函谷門牡自亡。」

〔三〕師古曰：「黨，衆多。」

〔四〕師古曰：「毆，擊也，音一口反。」

〔五〕師古曰：「更音工衡反。」

〔六〕師古曰：「間謂近者以來也。」

〔七〕師古曰：「謂財用也。」

〔八〕張晏曰：「一切，權時也。堧，城郭旁地。園田入多，益其稅也。百人爲卒，取一人所贍常爲之月用二千，使人直之，謂之過更。又牛馬羊頭數出稅，算千輸二十也。」師古曰：「堧音人緣反，解在食貨志。」

〔九〕師古曰：「容容，隨衆上下也。」

〔一〇〕師古曰：「蒙，冒也。」

〔一一〕師古曰：「孝經之言也。」

方進即日自殺。〔一〕上祕之，遣九卿册贈以丞相高陵侯印綬，賜乘輿祕器，少府供張，柱檻皆衣素。〔二〕天子親臨弔者數至，禮賜異於它相故事。〔三〕謚曰恭侯。長子宣嗣。

〔一〕如淳曰：「漢儀注有天地大變，天下大過，皇帝使侍中持節乘四白馬，賜上尊酒十斛，牛一頭，策告殃咎。使者去半道，丞相即上病。使者還，未白事，尚書以丞相不起病聞。」

〔二〕師古曰：「柱，屋柱也。檻，軒前闌版也。皆以白素衣之。」

〔三〕師古曰：「漢舊儀云丞相有疾，皇帝法駕親至問疾，從西門入。即薨，移居第中，車駕往弔，賜棺、棺斂具，賜錢、葬地。葬日，公卿已下會葬焉。」

宣字太伯，亦明經篤行，君子人也。及方進在，爲關都尉、南郡太守。〔一〕

〔一〕師古曰：「言方進未死之時宣已爲此官。」

少子曰義。義字文仲，少以父任爲郎，稍遷諸曹，年二十出爲南陽都尉。宛令劉立與曲陽侯爲婚，又素著名州郡，輕義年少。義行太守事，行縣至宛，〔一〕丞相史在傳舍。立持酒肴謁丞相史，對飲未訖，會義亦往，外吏白都尉方至，立語言自若。〔二〕須臾義至，內謁徑入，〔三〕立乃走下。義既還，大怒，陽以他事召立至，以主守盜十金，賊殺不辜，部掾夏恢等收縛立，傳送鄧獄。〔四〕恢亦以宛大縣，恐見篡奪，白義可因隨後行縣送鄧。〔五〕義曰：「欲令都尉自送，則如勿收邪！」〔六〕載環宛市乃送，〔七〕吏民不敢動，威震南陽。

〔一〕師古曰：「行音下更反。其下並同。」

〔二〕師古曰：「自若，言如故。」

〔三〕師古曰：「內謁，猶今之通名也。」

〔四〕師古曰：「部分其掾而遣之。鄧亦南陽之縣。」

〔五〕師古曰：「因太守行縣，以立自隨，即送鄧之獄。」

〔六〕師古曰：「言者都尉自送至獄，不如本不收治。」

〔七〕師古曰：「環，繞也，音下串反。」

立家輕騎馳從武關入語曲陽侯，曲陽侯白成帝，帝以問丞相。方進遣吏敕義出宛令。宛令已出，吏還白狀。方進曰：「小兒未知爲吏也，其意以爲入獄當輒死矣。」〔一〕

〔一〕師古曰：「謂其不知立有所恃挾以自免脫。」

後義坐法免，起家而爲弘農太守，遷河（南）〔內〕太守，青州牧。所居著名，有父風烈。徙爲東郡太守。

數歲，平帝崩，王莽居攝，義心惡之，乃謂姊子上蔡陳豐曰：「新都侯攝天子位，號令天下，故擇宗室幼稚者以爲孺子，依託周公輔成王之義，且以觀望，〔一〕必代漢家，其漸可見。方今宗室衰弱，外無彊蕃，天下傾首服從，莫能亢扞國難。吾幸得備宰相子，身守大郡，父子受漢厚恩，義當爲國討賊，以安社稷。欲舉兵西誅不當攝者，選宗室子孫輔而立之。設令時命不成，死國埋名，猶可以不慙於先帝。〔二〕今欲發之，乃肯從我乎？」〔三〕豐年十八，勇壯，許諾。

〔一〕師古曰：「言漸試天下人心。」

〔二〕師古曰：「埋名，謂身埋而名立。」

〔三〕師古曰：「乃，汝也。」

義遂與東郡都尉劉宇、嚴鄉侯劉信、信弟武平侯劉璜結謀。及東郡王孫慶素有勇略，以明兵法，徵在京師，義乃詐移書以重罪傳逮慶。〔一〕於是以九月都試日〔二〕斬觀令，〔三〕因勒其車騎材官士，募郡中勇敢，部署將帥。嚴鄉侯信者，東平王雲子也。雲誅死，信兄開明嗣爲王，薨，無子，而信子匡復立爲王，故義舉兵幷東平，立信爲天子。義自號大司馬柱天大將軍，以東平王傅蘇隆爲丞相，中尉皋丹爲御史大夫，移檄郡國，言莽鴆殺孝平皇帝，矯

攝尊號，今天子已立，共行天罰。〔四〕郡國皆震，比至山陽，衆十餘萬。〔五〕

〔一〕師古曰：「追赴獄也。」

〔二〕如淳曰：「太守、都尉、令長、丞尉會都試，課殿最也。」

〔三〕文穎曰：「觀，縣名。」師古曰：「音工喚反。」

〔四〕師古曰：「共讀曰恭。」

〔五〕師古曰：「比音必寐反。」

莽聞之，大懼，乃拜其黨親輕車將軍成武侯孫建爲奮武將軍，光祿勳成都侯王邑爲虎牙將軍，明義侯王駿爲强弩將軍，春王城門校尉王況爲震威將軍，〔一〕宗伯忠孝侯劉宏爲奮衝將軍，中少府建威侯王昌爲中堅將軍，中郎將震羌侯竇兄爲奮威將軍，〔二〕凡七人，自擇除關西人爲校尉軍吏，將關東甲卒，發奔命以擊義焉。復以太僕武讓爲積弩將軍屯函谷關，將作大匠蒙鄉侯逯並爲横壄將軍屯武關，〔三〕羲和紅休侯劉歆爲揚武將軍屯宛，太保後丞丞陽侯甄邯爲大將軍屯霸上，〔四〕常鄉侯王惲爲車騎將軍屯平樂館，騎都尉王晏爲建威將軍屯城北，城門校尉趙恢爲城門將軍，皆勒兵自備。

〔一〕師古曰：「春王，長安城東出北頭第一門也。本名宣平門，莽更改焉。」

〔二〕師古曰：「兄讀曰況。」

〔三〕師古曰：「逯，姓也。並，名也。逯音祿，又音鹿。今東郡有逯姓，二音並行。書本逯字或作逮。今河朔有逮姓，自呼音徒戴反，其義兩通。」

〔四〕師古曰：「丞陽侯音烝。」

莽日抱孺子（謂）〔會〕羣臣而稱曰：「昔成王幼，周公攝政，而管蔡挾祿父以畔，〔一〕今翟義亦挾劉信而作亂。自古大聖猶懼此，況臣莽之斗筲！」〔二〕羣臣皆曰：「不遭此變，不章聖德。」莽於是依周書作大誥，〔三〕曰：

〔一〕師古曰：「祿父，紂子也。父讀曰甫。」

〔二〕師古曰：「斗筲，自喻材器小也，解在公孫劉田傳。」

〔三〕師古曰：「武王崩，周公相成王而三監、淮夷叛，周公作大誥。莽自比周公，故依放其事。」

惟居攝二年十月甲子，攝皇帝若曰：大誥道諸侯王、三公、列侯于汝卿大夫、元士御事。〔一〕不弔，天降喪于趙、傅、丁、董。〔二〕洪惟我幼沖孺子，當承繼嗣無疆大歷服事，〔三〕予未遭其明悊能道民於安，況其能往知天命！〔四〕熙！我念孺子，若涉淵水，〔五〕予惟往求朕所濟度，奔走〔六〕以傅近奉承高皇帝所受命，〔七〕予豈敢自比於前人乎！〔八〕天降威明，用寧帝室，遺我居攝寶龜。〔九〕太皇太后以丹石之符，乃紹天明意，〔一〇〕詔予卽命居攝踐祚，如周公故事。

〔一〕應劭曰：「言以大道告於諸侯以下也。御事，主事也。」

〔二〕應劭曰：「趙飛燕、傅太后、丁太后、董賢也。」師古曰：「不弔，言不爲天所弔閔。降，下也。」
〔三〕師古曰：「洪，大也。惟，思也。沖，稚也。大思幼稚孺子，當承繼漢家無竟之歷，服行政事。」
〔四〕師古曰：「予，莽自稱也。言不遭遇明智之人以自輔佐，而道百姓於安，蓋爲謙辭也。道讀曰導。」
〔五〕師古曰：「熙，嘆辭。」
〔六〕師古曰：「言我當求所以濟度之，故奔走盡力，不憚勤勞。」
〔七〕師古曰：「傅讀曰附。近音其靳反。」
〔八〕師古曰：「前人謂周公。」
〔九〕師古曰：「威明猶言明威也。遺音弋季反。」
〔一〇〕師古曰：「紹，承也。」

反虜故東郡太守翟義擅興師動衆，曰「有大難于西土，西土人亦不靖。」〔一〕於是動嚴鄉侯信，誕敢犯祖亂宗之序。〔二〕天降威遺我寶龜，固知我國有呰災，使民不安，〔三〕是天反復右我漢國也。〔四〕粵其聞日，〔五〕宗室之儁有四百人，〔六〕民獻儀九萬夫，〔七〕予敬以終於此謀繼嗣圖功。〔八〕我有大事，休，予卜幷吉，〔九〕故我出大將告郡太守、諸侯相、令、長曰：「予得吉卜，予惟以汝于伐東郡嚴鄉逋播臣。」〔一〇〕爾國君或者無不反曰：「難大，民亦不靜，亦惟在帝宮諸侯宗室，於小子族父，敬不可征。」〔一一〕帝不違卜，〔一二〕故予爲沖人長思厥難曰：「烏虖！義、信所犯，誠動鰥寡，哀哉！」〔一三〕予遭天役遺，大解難於

予身，以爲孺子，不身自卹。〔一四〕

〔一〕師古曰：「曰者，述翟義之言云爾也。西土謂〔西京〕〔京師〕也，言在東郡之西也。」

〔二〕師古曰：「誕，大也。」

〔三〕師古曰：「呰，病也。言天所以降威遺龜者，知國有災病，義、信當反，天下不安之故也。呰讀與疵同。」

〔四〕師古曰：「復音扶目反。右讀曰祐。」

〔五〕孟康曰：「翟義反書上聞日也。」師古曰：「粤，發語辭也。」

〔六〕孟康曰：「諸劉見在者。」

〔七〕孟康曰：「民之表儀，謂賢者。」

〔八〕師古曰：「我用此宗室之儁及獻儀者共謀圖國事，終成其功。」

〔九〕師古曰：「大事，戎事也。言人謀既從，卜又并吉，是爲美也。」

〔一〇〕師古曰：「逋，亡也。播，散也。」

〔一一〕師古曰：「言爾等國君或有言曰，禍難既大，衆庶不安，又劉信國之宗室，於孺子爲族父，當加禮敬，不可征討。」

〔一二〕師古曰：「卜既得吉，天命不違。」

〔一三〕師古曰：「無妻無夫之人亦同受其害，故可哀哉。」

〔一四〕師古曰：「言天以漢家役事遺我，而令身解其難，故我征伐以爲孺子除亂，非自憂己身也。」

予義彼國君泉陵侯上書〔一〕曰：「成王幼弱，周公踐天子位以治天下，六年，朝諸侯於明堂，制禮樂，班度量，而天下大服。〔二〕太皇太后承順天心，成居攝之義。皇太子爲孝平皇帝子，〔三〕年在襁褓，宜且爲子，知爲人子道，令皇太后得加慈母恩。畜養成就，加元服，然後復(予)〔子〕明辟。」〔四〕

〔一〕應劭曰：「泉陵侯，劉慶也。上書令莽行天子事。」

〔二〕師古曰：「班謂布行也。」

〔三〕師古曰：「皇太子卽謂孺子。」

〔四〕師古曰：「辟，君也。以明君之事還孺子。」

熙！爲我孺子之故，〔一〕予惟趙、傅、丁、董之亂，遏絕繼嗣，變剝適庶，危亂漢朝，以成三阸，〔二〕隊極厥命。〔三〕烏虖！害其可不旅力同心戒之哉！〔四〕予不敢僭上帝命。〔五〕天休於安帝室，興我漢國，惟卜用克綏受茲命。〔六〕今天其相民，況亦惟卜用！〔七〕

〔一〕師古曰：「重歎而言。」

〔二〕晉灼曰：「古厄字。」服虔曰：「厄，會也，謂三七二百一十歲。」師古曰：「適讀曰嫡。」

〔三〕師古曰：「隊，隕也。極，盡也。」

〔四〕師古曰：「害讀曰曷。曷，何也。旅，陳也。」

〔五〕師古曰：「僭，不信也。言順天命而征討。」

〔六〕師古曰：「言天美於興復漢國，故我惟用卜吉，能安受此命。」

〔七〕師古曰：「言天道當思助人，況更用卜，吉可知矣。」

太皇太后肇有元城沙鹿之右，〔一〕陰精女主聖明之祥，〔二〕配元生成，以興我天下之符，遂獲西王母之應，〔三〕神靈之徵，〔四〕以祐我帝室，以安我大宗，以紹我後嗣，以繼我漢功。厥害適統不宗元緒者，辟不違親，辜不避戚。〔五〕夫豈不愛？亦惟帝室。〔六〕是以廣立王侯，並建曾玄，俾屏我京師，綏撫宇內；〔七〕博徵儒生，講道於廷，論序乖繆，制禮作樂，同律度量，混壹風俗；〔八〕正天地之位，昭郊宗之禮，定五時廟祧，咸秩亡文；〔九〕建靈臺，立明堂，設辟雍，張太學，尊中宗、高宗之號。〔一〇〕昔我高宗崇德建武，克綏西域，以受白虎威勝之瑞，〔一一〕天地判合，乾坤序德。〔一二〕太皇太后臨政，有龜龍麟鳳之應，五德嘉符，相因而備。河圖雒書遠自昆侖，出於重壄。〔一三〕古讖著言，肆今享實。〔一四〕此乃皇天上帝所以安我帝室，俾我成就洪烈也。〔一五〕烏虖！天(用)〔明〕威輔漢始而大大矣。〔一六〕爾有惟舊人泉陵侯之言，爾不克遠省，爾豈知太皇太后若此勤哉！〔一七〕

〔一〕張晏曰：「沙鹿在元城縣。春秋時沙鹿崩，王莽以為元后之祥，語在元后傳。」師古曰：「右讀曰祐。」

〔二〕李奇曰：「李親懷元后，夢月入懷，陰精女主之祥。」

〔三〕孟康曰：「民傳祀西王母之應也。」

〔四〕師古曰：「徵，證也。」

〔五〕師古曰：「其有害國之正統，不奪大緒者，當速加刑辟，不避親戚。適讀曰嫡。」

〔六〕師古曰：「非不愛此人，但爲帝室不得止。」

〔七〕師古曰：「屏謂蔽捍其難也。」

〔八〕師古曰：「混亦同也，音胡本反。」

〔九〕孟康曰：「諸廢祀無文籍皆祭之。」

〔一〇〕服虔曰：「宣帝、元帝也。」

〔一一〕應劭曰：「元帝誅滅郅支單于，懷輯西域，時有獻白虎者，所以威遠勝猛也。」

〔一二〕師古曰：「言元帝既有威德，太后又兆符應，則是天地乾坤夫妻之義相配合也。判之言片也。」

〔一三〕師古曰：「昆侖河所出，重壄洛所出，皆有圖書，故本言之。壄，古野字。」

〔一四〕師古曰：「肆，故也。言有其讖，故今當其實。」

〔一五〕師古曰：「洪，大也。烈，業也。」

〔一六〕師古曰：「言因此難更以强大。」

〔一七〕師古曰：「言爾當思久舊之人泉陵侯所言，爾不克遠省識古事，豈知太后之勤乎？」

天毖勞我成功所，〔一〕予不敢不極卒安皇帝之所圖事。〔二〕肆予告我諸侯王公列侯卿大夫元士御事：〔三〕天輔誠辭，〔四〕天其累我以民，予害敢不於祖宗安人圖功所終？〔五〕天亦惟勞我民，若有疾，予害敢不於祖宗所受休輔？〔六〕予聞孝子善繼人之意，忠臣善成人之事。予思若考作室，厥子堂而構之；〔七〕厥父菑，厥子播而穫之。〔八〕予害敢不於身撫祖宗之所受大命？〔九〕若祖宗乃有效湯武伐厥子，民長其勸弗救。〔一〇〕烏虖肆哉！〔一一〕諸侯王公列侯卿大夫元士御事，其勉助國道明！〔一二〕亦惟宗室之俊，民之表儀，迪知上帝命。〔一三〕〔粵天輔誠，爾不得易定！〕〔一四〕況今天降定于漢國，惟大囏人翟義、劉信大逆，欲相伐於厥室，豈亦知命之不易乎？〔一五〕予永念曰天惟喪翟義、劉信，若嗇夫，予害敢不終予晦？〔一六〕天亦惟休於祖宗，予害其極卜，害敢不〔卜〕〔于〕從？〔一七〕率寧人有旨疆土，況今卜并吉！〔一八〕故予大以爾東征，命不僭差，〔一九〕卜陳惟若此。〔二〇〕

〔一〕孟康曰：「天慎勞我國家成功之所在。」

〔二〕師古曰：「卒，終也。言我不敢不終祖宗之業，安帝室所謀之事。」

〔三〕師古曰：「肆，陳也，陳其理而告之。」

〔四〕師古曰：「言有至誠之辭則為天所輔。」

〔五〕師古曰：「累，託也。言天以百姓託我，我曷敢不謀終祖宗安人之功也。累音力瑞反。害讀曰曷。下皆類此。」

〔六〕師古曰：「言天欲撫勞我衆，衆若有疾苦，我曷敢不順祖宗之意，休息而輔助之。勞，來到反。」

〔七〕師古曰：「父有作室之意，則子當築(室)〔堂〕而(御名)〔構〕棼橑以成之。」

〔八〕師古曰：「父菑耕其田，子當布種而收穫之。反土為菑。一曰田一歲曰菑。」

〔九〕師古曰：「作室農人猶不棄其本業，我於今日不得有避而不征討叛逆也。」

〔10〕師古曰：「譬有人來伐其子，而長養彼心，反勸助之，弗救其子者，正以子惡故也。言湯武疾惡，其心亦然，今所征討不得避親，當以公義。」

〔11〕師古曰：「肆，陳也，勸令陳力。」

〔12〕師古曰：「道，由也。言當由於明智之事，以助國也。」

〔13〕師古曰：「迪亦道也，言當遵道而知天命。」

〔14〕〔師古曰：「粤，辭也。天道輔誠，爾不得改易天之定命。」〕

〔15〕師古曰：「言義、信不知天命不可改易，乃大爲囏難以干國紀，是自相謀誅伐其室也。囏，古艱字。」

〔16〕師古曰：「嗇夫治田，志除草穢。天之欲喪義、信，事亦如之。我當順天以終竟田畮之事。」

〔17〕師古曰：「言天美祖宗之事，我何其極卜法，敢不往從，言必從也。」

〔18〕師古曰：「言循祖宗之業，務在安人而美疆土，況今卜并吉乎！言不可不從也。」

〔19〕師古曰：「言必信之矣。」

〔20〕師古曰：「卜兆陳列惟如此。」

乃遣大夫桓譚等班行諭告當反位孺子之意。還，封譚爲明告里附城。〔一〕

〔一〕師古曰：「明告者，以其出使能明告諭於外也。附城，云如古附庸也。」

諸將東（破）〔至〕陳留菑，〔一〕與義會戰，破之，斬劉璜首。莽大喜，復下詔曰：「太皇太后遭家不造，國統三絕，〔二〕絕輒復續，恩莫厚焉，信莫立焉。孝平皇帝短命蚤崩，〔三〕幼嗣孺沖，詔予居攝。予承明詔，奉社稷之任，持大宗之重，養六尺之託，受天下之寄，戰戰兢兢，不敢安息。伏念太皇太后惟經藝分析，王道離散，〔四〕漢家制作之業獨未成就，故博徵儒士，大興典制，備物致用，立功成器，以爲天下利。王道粲然，基業既著，千載之廢，百世之遺，於今乃成，道德庶幾於唐虞，功烈比齊於殷周。〔五〕今翟義、劉信等謀反大逆，流言惑衆，欲以篡位，賊害我孺子，罪深於管蔡，惡甚於禽獸。信父故東平王雲，不孝不謹，親毒殺其父思王，名曰鉅鼠，〔六〕後雲竟坐大逆誅死。義父故丞相方進，險詖陰賊，〔七〕兄宣靜言令色，外巧內嫉，〔八〕所殺鄉邑汝南者數十人。今積惡二家，迷惑相得，此時命當殄，天所滅也。義始發兵，上書言宇、信等與東平相輔謀反，〔九〕執捕械繫，欲以威民，先自相被以反逆大惡，〔一〇〕轉相捕械，此其破殄之明證也。已捕斬斷信二子穀鄉侯章、德廣侯鮪，義母練、兄宣、親屬二十四人皆磔暴于長安都市四通之衢。當其斬時，觀者重疊，〔一一〕天氣和清，可謂當矣。命遣大將軍共行皇天之罰，〔一二〕討海內之讎，功效著焉，予甚嘉之。司馬法不云乎？『賞不踰時。』欲民速覩爲善之利也。今先封車騎都尉孫賢等五十五人皆爲列侯，戶邑之數別下。遣使者持黃金印、赤韍縌、朱輪車，卽軍中拜授。」〔一三〕因大赦天下。

〔一〕孟康曰：「菑，故戴國，在梁，後屬陳留，今曰考城。」

〔二〕師古曰：「謂成帝、哀帝、平帝皆無子矣。」

〔三〕師古曰：「蚤，古早字。」

〔四〕師古曰：「惟，思也。」

〔五〕師古曰：「烈，業也。」

〔六〕師古曰：「鉅，大也。莽誣雲呼其父曰鉅鼠也。」

〔七〕師古曰：「詖，佞也，音彼義反。」

〔八〕師古曰：「靜，安也。令，善也。言其陽爲安靜之言，外有善色，而實嫉害也。」

〔九〕師古曰：「輔者，東平王相之名也。」

〔一〇〕師古曰：「被，加也，音皮義反。」

〔一一〕師古曰：「言人多而聚積。」

〔一二〕師古曰：「共讀曰恭。」

〔一三〕服虔曰：「縌郎今之綬也。」師古曰：「韍，所以繫印也。縌者，系也，謂逆受之也。郎，就也。韍音弗。縌音逆。」

於是吏士精銳遂攻圍義於圉城，破之，義與劉信棄軍庸亡。〔一〕至固始界中捕得義，尸磔陳都市。卒不得信。

〔一〕孟康曰：「謂挺身逃亡，如奴庸也。」

初，三輔聞翟義起，自茂陵以西至汧二十三縣盜賊並發，趙明、霍鴻等自稱將軍，攻燒官寺，殺右輔都尉及斄令，〔一〕劫略吏民，衆十餘萬，火見未央宮前殿。莽晝夜抱孺子禱宗廟。復拜衞尉王級爲虎賁將軍，大鴻臚望鄉侯閻遷爲折衝將軍，與甄邯、王晏西擊趙明等。正月，虎牙將軍王邑等自關東還，便引兵西。彊弩將軍王駿以無功免，揚武將軍劉歆歸故官。復以邑弟侍中王奇爲揚武將軍，城門將軍趙恢爲彊弩將軍，中郎將李棽爲厭難將軍，〔二〕復將兵西。二月，明等殄滅，諸縣悉平，還師振旅。莽乃置酒白虎殿，勞饗將帥，大封拜。先是益州蠻夷及金城塞外羌反畔，時州郡擊破之。莽乃并錄，以小大爲差，封侯伯子男凡三百九十五人，曰「皆以奮怒，東指西擊，羌寇蠻盜，反虜逆賊，不得旋踵，應時殄滅，天下咸服」之功封云。莽於是自謂大得天人之助，至其年十二月，遂卽眞矣。

〔一〕師古曰：「鄴讀曰部。」

〔二〕師古曰：「棽音所林反。」

初，義所收宛令劉立聞義舉兵，上書願備軍吏爲國討賊，內報私怨。莽擢立爲陳留太守，封明德侯。

始，義兄宣居長安，先義未發，家數有怪，〔一〕夜聞哭聲，聽之不知所在。宣教授諸生滿堂，有狗從外入，齧其中庭羣鴈數十，比驚救之，已皆斷頭。〔二〕狗走出門，求不知處。宣大惡之，謂後母曰：「東郡太守文仲素俶儻，〔三〕今數有惡怪，恐有妄爲而大禍至也。大夫人可歸，爲棄去宣家者以避害。」〔四〕母不肯去，後數月敗。

〔一〕師古曰：「言義未發兵之前。」
〔二〕師古曰：「比音必寐反。」
〔三〕師古曰：「俶音士歷反。」
〔四〕師古曰：「言歸其本族，自絕於翟氏。」

莽盡壞義第宅，汙池之。〔一〕發父方進及先祖冢在汝南者，燒其棺柩，夷滅三族，誅及種嗣，至皆同坑，以棘五毒并葬之。〔二〕而下詔曰：「蓋聞古者伐不敬，取其鱷鯢築武軍，封以為大戮，於是乎有京觀以懲淫慝。〔三〕乃者反虜劉信、翟義誖逆作亂於東，而芒竹羣盜趙明、霍鴻造逆西土，〔四〕遣武將征討，咸伏其辜。惟信、義等始發自濮陽，結姦無鹽，殄滅於圉。趙明依阻槐里環隄，〔五〕霍鴻負倚盩厔芒竹，〔六〕咸用破碎，亡有餘類。其取反虜逆賊之鱷鯢，聚之通路之旁，濮陽、無鹽、圉、槐里、盩厔凡五所，各方六丈，高六尺，築為武軍，封以為大戮，薦樹之棘。〔七〕建表木，高丈六尺。〔八〕書曰『反虜逆賊鱷鯢』，在所長吏常以秋循行，〔九〕勿令壞敗，以懲淫慝焉。」

〔一〕師古曰：「汙，停水也，音烏。」
〔二〕如淳曰：「野葛、狼毒之屬也。」
〔三〕師古曰：「此左傳載楚莊王之辭也。鱷鯢，大魚為害者也。以此比敵人之勇桀者。京，高丘也。觀謂如闕形也。懲，創乂也。慝，惡也。鱷，古鯨字，音其京反。鯢音五奚反。觀音工喚反。」

〔四〕師古曰：「芒竹在盩厔南界，芒水之曲而多竹林也，即（中）〔今〕司竹園是其地矣。芒音亡。」
〔五〕師古曰：「槐里縣界其中，有環曲之隄，而甿依之以自固也。」
〔六〕師古曰：「負，恃也。倚音於綺反。」
〔七〕師古曰：「薦讀曰荐。荐，重也，聚也。」
〔八〕師古曰：「表者，所以標明也。」
〔九〕師古曰：「行音下更反。」

初，汝南舊有鴻隙大陂，郡以爲饒，〔一〕成帝時，關東數水，陂溢爲害。方進爲相，與御史大夫孔光共遣掾行（事）〔視〕，〔二〕以爲決去陂水，其地肥美，省隄防費而無水憂，遂奏罷之。及翟氏滅，鄉里歸惡，言方進請陂下良田不得而奏罷陂云。王莽時常枯旱，郡中追怨方進，童謠曰：「壞陂誰？翟子威。飯我豆食羹芋魁。〔三〕反乎覆，陂當復。〔四〕誰云者？兩黃鵠。」〔五〕

〔一〕師古曰：「鴻隙，陂名，藉其溉灌及魚鼈萑蒲之利，以多財用。」
〔二〕師古曰：「行音下更反。」
〔三〕師古曰：「言田無溉灌，不生秔稻，又無黍稷，但有豆及芋也。豆食者，豆爲飯也。羹芋魁者，以芋根爲羹也。飯音扶晚反。食音飤。」
〔四〕師古曰：「事之反覆無常，言禍兮福所倚。」

〔五〕師古曰：「託言有神來告之。」

司徒掾班彪曰：「丞相方進以孤童攜老母，羈旅入京師，身爲儒宗，致位宰相，盛矣。當莽之起，蓋乘天威，雖有賁育，奚益於敵？〔一〕義不量力，懷忠憤發，以隕其宗，悲夫！」

〔一〕師古曰：「賁謂孟賁，育謂夏育，皆古之勇士。言得之無益，不能敵莽也。賁音奔。」

校勘記

三四一六頁三行　論語（曰子）〔子曰〕『不逆詐』。　殿本作「子曰」。王先謙說殿本是。按景祐本亦誤倒。

三四一六頁六行　（博）〔搏〕擊豪彊，　景祐、殿本都作「搏」。王先謙說作「搏」是。

三四一九頁一四行　而外有儁材，過絕（於）人〔倫〕；　景祐本無「於」字。景祐、殿本都有「倫」字。

三四二三頁五行　（使）〔後〕議者以爲不便，　景祐、殿本都作「後」，此誤。

三四二五頁一六行　遷河（南）內太守，　景祐、殿本都作「河內」。

三四二八頁三行　莽日抱孺子（謂）〔會〕羣臣而稱曰：　景祐、殿、局本都作「會」。朱一新說作「會」是。

三四二八頁一二行　予惟往求朕所濟度，　奔走〔六〕以傳近奉承高皇帝所受命，　王念孫說「奔走」當屬下句。皮錫瑞說王說是。

三四三〇頁二行　西土謂（西京）〔京師〕也。　景祐、殿本都作「京師」。

三四三二頁三行　然後復（予）〔子〕明辟。　景祐、殿、局本都作「子」。王先謙說作「子」是。

三四三三頁一〇行　天（用）〔明〕威輔漢始而大大矣。　景祐、殿本都作「明」。朱一新說作「明」是。

三四三四頁四行　〔粵天輔誠，爾不得易定！〕　景祐、殿本都有此九字，此脫，注十九字亦脫。

三四三四頁六行　害敢不（卜）〔于〕從？　景祐、殿本都作「于」。按注云「往從」，作「于」是。

三四三四頁一四行　則子當築（室）〔堂〕而（御名）〔構〕棼橑以成之。　景祐、殿本「室」都作「堂」，「御名」都作「構」。

三四三五頁一五行　諸將東（破）〔至〕陳留菑，　景祐、殿本都作「至」。錢大昭說「破」字誤。

三四四〇頁一行　卽（中）〔今〕司竹園是其地矣。　景祐、殿本都作「今」，此誤。

三四四〇頁八行　共遣掾行（事）〔視〕，　景祐、殿本都作「視」，此誤。